Meisterwerke der Fotografie

Meisterwerke der Fotografie

Von Bernd Stiegler
und Felix Thürlemann

Mit 153 Abbildungen

Reclam

RECLAMS UNIVERSAL-BIBLIOTHEK Nr. 19664
2011, 2020 Philipp Reclam jun. Verlag GmbH,
Siemensstraße 32, 71254 Ditzingen
info@reclam.de
Durchgesehene und erweiterte Ausgabe 2020
Umschlagabbildung: Pierre-Louis Pierson,
Comtesse de Castiglione (Ausschnitt)
Druck und Bindung: Esser printSolutions GmbH,
Untere Sonnenstraße 5, 84030 Ergolding
Printed in Germany 2025
RECLAM, UNIVERSAL-BIBLIOTHEK und
RECLAMS UNIVERSAL-BIBLIOTHEK sind eingetragene Marken
der Philipp Reclam jun. GmbH & Co. KG, Stuttgart
ISBN 978-3-15-019664-9
reclam.de

Inhalt

Einleitung

Spricht man von Meisterwerken, so denkt man an Kunstwerke. Die Geschichte der Fotografie auf Kunstwerke zu beschränken, würde aber bedeuten, weite und zudem gewichtige Aspekte des Mediums auszublenden. Zwar stand die Fotografie seit ihren Anfängen in einem Dialog mit der Malerei und den graphischen Künsten, um schließlich manche Aufgaben von diesen zu übernehmen, insbesondere die Darstellung des Menschen im Porträt. Die Fotografie war und ist jedoch weit mehr als ein Teil der Kunstgeschichte – und hatte ohnehin lange damit zu kämpfen, dass ihr der Kunststatus zugebilligt wurde. Auch wenn die Fotografie heute auf dem Kunstmarkt mehr als nur gut etabliert und inzwischen in Kunstmuseen breit vertreten ist, liegen die Anfänge dieser Entwicklung nur gerade hundert Jahre zurück: Um 1900 waren es Amateure, die – unterstützt durch Museumsleiter wie Alfred Lichtwark in Hamburg – sich für die Anerkennung der Fotografie als Kunst einsetzten. Dabei entwickelten sie neue originelle Verfahren, um die Detailgenauigkeit zu reduzieren und so die Resultate Vorbildern aus der Malerei anzunähern. Alfred Stieglitz gründete 1905 eine erste Galerie, die auch mit Fotografien handelte, und bereits 1903 mit *Camera Work* eine der ersten Zeitschriften, die sich fast ausschließlich auf Kunstfotografie konzentrierte und diese als Bewegung zu positionieren versuchte. Mit den Avantgarden der Zwischenkriegszeit hat sich die Fotografie schließlich definitiv im Bereich der Kunst etabliert und musste auch in ihrer Erscheinungsform nicht mehr länger mit der Malerei wetteifern. Im Gegenteil: Fotografie wurde selbst zum Arbeitsfeld für neue Kunstkonzepte. Doch mit dem einzigen Label ›Kunst‹ kann das Phänomen der Fotografie nicht adäquat erfasst werden, weder in ihren zahlreichen historischen noch in ihren ebenso zahlreichen zeitgenössischen Ausprägungen.

Wenn heute viele der frühen Fotografien als Kunst- und sogar mitunter als Meisterwerke gehandelt, gesammelt und ausgestellt werden, so wird damit eine Charakterisierung und Wertung vorgenommen, die in weiten Teilen nicht durch die Fotografiegeschichte belegt ist. Die Fotografie ist ein Medium, das seit seiner Erfindung in höchst unterschiedlichen Feldern Anwendung fand und gerade dadurch seine besondere Bedeutung gewann. Will man der Fotografie gerecht werden, so kann man sie nicht einfach nur unter die Meisterwerke der Kunst reihen. Wer sich der Aufgabe stellt, ca. 150 Meisterwerke der Fotografie auszuwählen und mit einem knappen Essay vorzustellen, hat dieser Sachlage Rechnung zu tragen. Es konnte deshalb nicht unser Ziel sein, ausschließlich bedeutende, als solche anerkannte und weitverbreitete Kunstwerke zu präsentieren. Das Resultat wäre ein Bilderbuch gewesen, das der so besonderen wie eigenwilligen Geschichte der Fotografie nicht gerecht würde. Ziel musste es vielmehr sein, die eigentümlich vielfältige und weitverzweigte Geschichte der Fotografie in den wichtigsten, wenn auch nicht allen Aspekten vorzustellen. Die Bilder und Texte dieses Bandes versuchen daher auch nicht, eine kohärente Geschichte der Fotografie zu skizzieren. Angesprochen werden in den ausgewählten Beispielen vielmehr Geschichten der Fotografie, die zu vielfältigen Erkundungen einladen. Die Kategorie des Meisterwerks ist in diesem Sinne seines kunsthistorischen Gewands zu entkleiden, um es in anderem Sinn neu zu profilieren: als ästhetisches, aber auch historisches, kulturgeschichtliches und nicht zuletzt wissenschaftliches Dokument. Fotografien verfügen über unterschiedliche Qualitäten und werden als Bilder in völlig verschiedenen Funktionen – als Mittel der Dokumentation, der Werbung, der Forschung und des künstlerischen Ausdrucks – eingesetzt.

Die Geschichte der Fotografie ist zuallererst eine Geschichte der Entdeckungen. Das ist einmal technisch gemeint, da viele der frühen Fotografien neue technische Möglichkeiten erkunden und ausloten. Die Frühzeit der Fotografie ist reich an Pionieren, die neue Verfahren experimentell ausprobieren und in innovativer Weise Bilder im Wortsinn entwickeln. Von Daguerrre über Talbot bis hin zu Le Gray, Le Secq in den 1830er und 1840er Jahren, aber selbst noch bis Robinson oder Rejlander in den 1850er Jahren ist die Fotografie ein regelrechtes technisches Bildlaboratorium, das neue Materialien ausprobiert, mit Montagen arbeitet, mit Positiven und Negativen experimentiert und dabei kaum einem Standard verpflichtet ist. Dieser Lust am Erkunden neuer technischer Möglichkeiten ist die Fotografie bis in die Gegenwart hinein treu geblieben.

Technische Innovation geht dabei durchweg mit der Entwicklung neuer Bildkonzepte einher. Neue Verfahren führen zu neuen Bildern, die nicht selten ohne jene nicht möglich gewesen wären. Zwar sind die ausgewählten Meisterwerke vielfach auch Meisterstücke in einem technischen Sinn, indem sie neue Materialien, Apparaturen, Techniken oder auch Bildträger erproben. Sie erschöpfen sich aber durchweg nicht in ihrer technischen Innovation. Die Geschichte der Fotografie kann nicht als eine bloße Fortschrittsgeschichte der Technik verstanden werden, wie das zu Beginn des 20. Jahrhunderts mitunter noch getan wurde. Erich Stenger, einer der ersten Fotohistoriker, betitelte 1938 eines seiner Bücher in diesem Sinne programmatisch noch mit *Siegeszug der Photographie in Kultur, Wissenschaft, Technik* und lieferte eine griffige Formel für eine solche Deutung der Geschichte. Fotografiegeschichte ist jedoch weit mehr als Technikgeschichte. Sie erweist heute mehr denn je ihre besondere Bedeutung in der komplexen Interferenz von einer Fülle von Techniken und Praktiken, einem breiten Spektrum von Theorien, einer komplexen Ästhetik, immer neuen Anwendungsbereichen und nicht zuletzt auch mitunter höchst eigenwilligen Vorstellungen, die zu Bildern werden. Auch davon zeugen die ausgewählten Beispiele, wie, um nur die exzentrischsten Positionen dieses Bandes anzuführen, die Kompositfotografie Galtons um 1880, die Fluidalfotografie Baraducs 1893 oder die fotografischen Experimente August Strindbergs nach 1861/62.

Die Geschichte der Fotografie ist aber auch in einem anderen Sinn als eine Geschichte von immer neuen Entdeckungen zu verstehen. Jenseits von technischen Fragen erkundet die Fotografie seit ihren Anfängen neue Bereiche des Sichtbaren, das sie in Bilder bannt. Bereits Betrachter der ersten, 1838 entstandenen Daguerreotypien oder anderer frühen Fotografien brachten ihre Verwunderung zum Ausdruck, dass sich vermeintlich Bekanntes – denn etwas anderes als das, was sie ohnehin schon kannten, zeigten diese Bilder nicht – mit einem Mal verwandelt hatte und immer neue Details erkennen ließ. Ein halbes Jahrhundert später konnte die Momentfotografie eines Muybridge oder Marey für das menschliche Auge unsichtbare Felder des Sichtbaren aufzeichnen und analysierbar machen. Und weitere zwanzig Jahre später, 1895, erlaubten Röntgenfotografien einen Blick in das Innere von Körpern. Auch diese Liste ließe sich fortsetzen. Der französische Astronom Jules Janssen hat sie 1888 auf die prägnante Formel gebracht, dass die Fotografie die wahrhafte Retina des Wissenschaftlers sei. Entscheidend ist aber auch hier, dass es nicht bei einer reinen, vermeintlich technisch begründeten Entdeckung bleibt, zeichnet sich die Geschichte der Fotografie doch dadurch aus, dass auch neue ästhetische Einstellungen den Blick auf die Wirklichkeit verändern, ja diese selbst verändern.

Weite Teile der Avantgarde erblicken gerade in der Fotografie die Möglichkeit, die Wahrnehmung nachhaltig zu verändern. Die Formel des »Neuen Sehens«, auf die sie gebracht wird, ist ein ästhetisch-epistemischer Schlüssel für die Entdeckung einer Geschichtlichkeit der Wahrnehmung, die hier zum Programm wird. Und weit über die Entdeckerlust der Avantgarden hinaus gilt das auch für die

Pressefotografie, die sozialdokumentarische Fotografie und die Kriegsfotografie, die Blicke auf das richten, was Gesellschaften mitunter nicht sehen wollen. Dies gilt auch – um noch ein letztes Beispiel anzuführen – für weite Teile der künstlerischen Fotografie der Nachkriegszeit. Die Beispiele dieses Bandes sind in diesem Sinn auch Beiträge zu einer Wahrnehmungsgeschichte.

Die Fotografie ist aber darüber hinaus auch in dem Sinn eine Geschichte von Entdeckungen, dass sie das Verhältnis von Nähe und Ferne radikal verändert hat. Im 19. Jahrhundert fanden Reisefotografien einen massenhaften Absatz und brachten Bilder aus der Ferne, etwa aus den Kolonien und dem heiligen Land in die heimische Stube. Sie wurden in höchst unterschiedlicher Weise vertrieben: als einzelne Abzüge, die ein Reisender für sein Album erwerben konnte, als Stereofotos, die man im Stereobildbetrachter dreidimensional betrachtete und nicht zuletzt auch in Gestalt von Buchillustrationen. Viele Beispiele von Frith und Alinari über Bourne und Bonfils bis Sommer zeugen pars pro toto für diesen bedeutenden Zweig der Fotografiegeschichte. Im 20. Jahrhundert hingegen gilt ein ethnographischer Blick auch der eigenen Umgebung. Curtis etwa unternimmt eine monumentale Dokumentation der indianischen Ureinwohner Amerikas in Text und Bild. Und wenn August Sander mit dem berühmten Band *Antlitz der Zeit* die gesellschaftlichen Typen seiner Epoche einzufangen sucht oder wenn Bernd und Hilla Becher Serien von Fachwerkhäusern und Industriearchitektur anfertigen, so dient das einem vergleichenden Sehen, das Walter Benjamin, auf Sander bezogen, als Übungsatlas bezeichnet hat. Schließlich eröffnen Fotografien von Goldin, Tillmans oder Parr einen neuen Blick auf die Nähe, die sich gerade durch die Distanz der Fotografie perspektiviert.

Viele weitere Formen von Entdeckungen wären anzuführen: etwa das Spiel mit Inszenierungen, das von Nadars Pierrot über Lady Hawarden und Lewis Carrolls Aufnahmen bis hin zu Fred Holland Days nachgestellten Kreuzigungsbildern, Moses' Spiegelporträts und den subtilen Kompositionen Jeff Walls geführt und großartige Bilder hervorgebracht hat. Oder die Lust an der Abstraktion, die von Coburn über Dubreuil, Moholy-Nagy bis hin zu Callahan, Siskind und den medienreflexiven Experimenten eines Ugo Mulas und Gottfried Jäger ein Medium auf neue Wege geführt hat, das vermeintlich auf eine wirklichkeitstreue Darstellung verpflichtet sei. Oder die Bedeutung der Fotografie als »Kunstwerk im Zeitalter seiner technischen Reproduzierbarkeit« (Walter Benjamin), die in vielfältiger Weise genutzt wurde: als Mittel des Kunstunterrichts und der Verbreitung von Bildern, die man im Original kaum zu Gesicht bekam (etwa bei Joly-Grangedor, Rothier oder auch Blossfeldt). Oder als Instrumente der Propaganda und Gegenpropaganda (so etwa bei Heartfield und Blumenfeld), als Vorlage für Maler (Cuvelier, Atget) und nicht zuletzt als Pressefotos (Cartier-Bresson, Chaldej, Adams und vielen anderen mehr). Oder als genuine künstlerische Ausdrucksform, wie sie sich in zahlreichen, höchst unterschiedlichen Formen im vorliegenden Band findet. Oder als Mode- und Porträtfotografie, als Teil einer Serie, als konzeptuelle Kunst, als Material für Montagen u. a. m.

Die Liste wäre fraglos fortzusetzen. Die hier ausgewählten Bilder sind durchweg prägnante wie bemerkenswerte Beispiele einer visuellen Entdeckerlust, die Fotografie in sehr unterschiedlicher Weise versteht und einsetzt. Diese im doppelten Sinn des Wortes abzubilden, versucht der vorliegende Band. Zum einen sollen die wichtigsten Stationen der Fotografiegeschichte von ihren Anfängen bis hin zur Gegenwart berücksichtigt werden. Viele der Bilder sind dementsprechend Inkunabeln der Fotografie, wie man dereinst sagte, oder Ikonen, wie man heute vielleicht sagen würde: Bilder, die in keinem Band fehlen dürfen, der mit »Meisterwerke der Fotografie« überschrieben ist. Angesichts der Beschränkung des Umfangs auf etwa 150 Bilder fehlen gleichwohl viele, die fraglos in jedem Sinn zu den »Meisterwerken der Fotografie« zu zählen sind. Jede Fotografin bzw. jeder Fotograf ist zudem nur mit einer Aufnahme vertreten. Um die mittlerweile fast zweihundertjährige Geschichte der Fotografie repräsentativ vorstellen zu können, haben wir die Beispiele chronologisch angeordnet und dabei versucht, aus jedem Jahr nur ein einziges aufzunehmen.

Zum anderen wurden aber auch zahlreiche Fotografien ausgewählt, die man in anderen Bänden dieses Typs vergeblich suchen wird: überraschende Bilder, die mitunter kaum bekannt sind, aber gleichwohl erhellend sein können, wenn man sich mit der Geschichte der Fotografie beschäftigen möchte. Einige haben selbst in der fotografiehistorischen Forschung bisher kaum Berücksichtung gefunden. Gleichwohl konnten viele wichtige Bilder, Fotografinnen und Fotografen sowie Bereiche der Fotografiegeschichte nicht aufgenommen werden. Die erforderliche Beschränkung versteht sich daher nicht als Versuch einer impliziten oder expliziten Kanonisierung, sondern – fast fotografisch gesprochen – als eine Serie von Momentaufnahmen, Ausschnitten oder Ansichten, die dennoch die Geschichte der Fotografie in Bilder zu bringen sucht.

Die kurzen Essays, die die Aufnahmen begleiten, haben einen sehr unterschiedlichen Charakter und können durchweg auch einzeln ohne Kenntnis der anderen gelesen werden. Einige versuchen beschreibend und umschreibend den Blick auf das je Besondere zu lenken, andere erzählen Geschichten, die in anderer Weise die Entdeckerlust wecken sollen. Bei den Angaben zu den Bildern wurde – außer bei Unikaten – weitgehend auf Informationen zu Formaten oder auch Museen oder Sammlungen verzichtet, in denen sich Originale, sogenannte Vintage Prints usw. finden. Der Charakter der Fotografie als Reproduktionskunst führt nicht zuletzt auch dazu, dass mitunter mehrere Formate eines Bildes existieren und dieses in mehreren, manchmal zahlreichen Sammlungen gleichzeitig vertreten ist.

In der Bibliographie am Ende des Bandes findet sich neben einigen allgemeinen Darstellungen für jede Fotografie ein einziger Literaturhinweis. Dieser beansprucht nicht mehr als ein Hinweis für eine weitere Beschäftigung mit dem Autor und seinem Werk zu sein. Dem Format des Bandes ist eine Konzentration auf Hochformate geschuldet, die allerdings für die Fotografiegeschichte insgesamt keineswegs typisch ist. Das Gros der Bilder vor allem im 20. und 21. Jahrhundert sind Querformate, die, wenn hier dennoch solche ausgewählt sind, proportional stärker verkleinert erscheinen. Aus technischen Gründen konnten weiterhin nur einige wenige Abbildungen vierfarbig abgedruckt werden. Da diese wiederum als zusammenhängende Folge ihren Platz im Buch finden mussten und wir die Chronologie nicht unterbrechen wollten, konnte die Frühzeit der Farbfotografie nicht berücksichtigt werden, auch wenn das fraglos wünschenswert gewesen wäre. Dennoch entspricht das besondere Gewicht, das die farbige Fotografie am Ende des Bandes einnimmt, ihrer tatsächlichen Verbreitung in der jüngeren Zeit, wobei das Entstehungsdatum 1969 der ersten hier reproduzierten Farbfotografie ihrem plötzlichen, damals als überraschend empfundenen Auftreten in Ausstellungen entspricht.

Wer heute von Fotografie spricht und diese in ihrer historischen Entwicklung präsentiert, hat sich unweigerlich der Frage nach dem medialen Wandel zu stellen, der mit dem Gegensatz ›analog‹ vs. ›digital‹ bezeichnet wird. Die Behauptung, das fotografische Medium habe sich durch die digitale Revolution radikal verändert und sei in ihrer klassischen, analogen Form historisch geworden, ist mittlerweile – wenn auch bisweilen kritisch hinterfragt – zu einem Gemeinplatz geworden. Die hier vorliegende Auswahl von Meisterwerken der Fotografie geht nicht davon aus, dass das Medium der Fotografie ein Ende gefunden habe. Allein die Tatsache, dass alle hier präsentierten Reproduktionen der technisch sehr unterschiedlichen Originale mit Hilfe digitaler Mittel reproduziert sind, spricht zwar für die Macht der neuen Technologie, fordert aber gleichzeitig dazu auf, der These vom Verschwinden der Fotografie mit Vorsicht zu begegnen. Auch wenn man zurecht auf die radikal neuen Bedingungen bei der Produktion der Bilder verweist und auf die grundsätzliche Manipulierbarkeit der digitalen Daten abhebt, bedeutet dies nicht, dass die Geschichte der Fotografie zu einem Ende gekommen wäre. Es sollte nicht vergessen werden, dass bereits im Zeitalter ihrer handwerklichen Herstellung Fotografien mit besonderer Vorliebe geschönt und manipuliert wurden, und es sollte weiter bedacht werden, dass jede Fotografie innerhalb des Regelwerks von sozialen Konventionen ästhetischer und juristischer Art produziert und rezipiert wird. Diese Konventionen haben sich, wie es die aktuellen Diskussionen um Phänomene der Fälschung und das Recht auf Privatheit zeigen, weniger radikal verändert als das Medium in seiner technischen Verfasstheit. Mit dem Siegeszug der digitalen Instrumente bei der Produktion, Bearbeitung und Distribution ist aber zweifellos ein neues Kapitel in der Geschichte der Fotografie aufgeschlagen, das dem hier vorgelegten historischen Überblick ein zusätzliches Gewicht gibt.

Eine Geschichte in Bildern

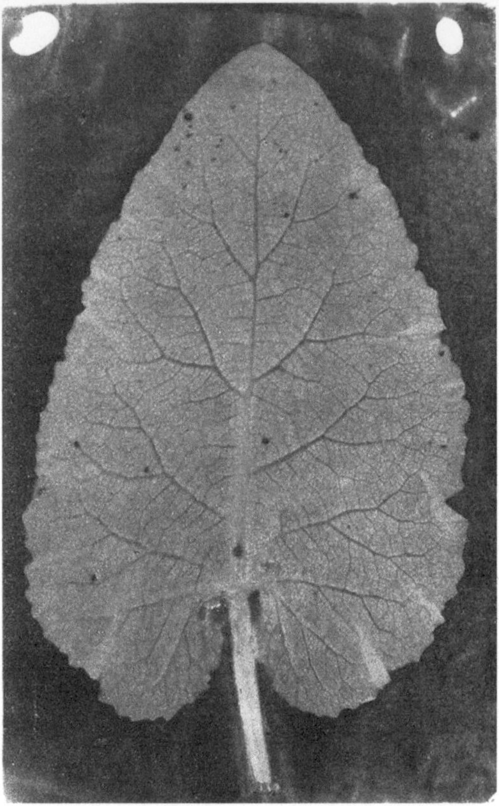

Thomas Wedgwood (zugeschr.): Blatt, um 1800 (?)
Photogramm, 18,4 × 11,4 cm
The Quillan Collection of 19th and 20th Century Photographs

Thomas Wedgwood: Blatt

Die Anfänge der Fotografie sind vielfältig. Und mit ihnen die Bilder. Es gibt keine erste Fotografie, auch wenn immer wieder neue Aufnahmen auftauchen, die nachweislich vor den bisher entdeckten entstanden sind. Zuletzt dieses Bild, das dem englischen Chemiker Thomas Wedgwood (1771–1805) zugeschrieben wird, der, was bereits bekannt war, Bilder erzeugte, indem er Gegenstände auf mit Silbernitrat bestrichenes Papier legte und dieses der Sonne aussetzte. Doch er verstand es nicht, so nahm man zumindest bis vor kurzem an, diese Bilder zu fixieren. Die Sonne, die sie hervorgebracht hatte, ließ sie auch wieder verschwinden.

Auch dieses Dokument markiert nicht den Anfang der Fotografie. Ihre Vorgeschichte ist weitverzweigt. Nicht nur, dass der apparativ-physikalische Teil des chemisch-physikalischen Verfahrens der Fotografie bis in die Antike zurückreicht – so finden sich bereits bei Aristoteles Notizen zur Camera obscura –, auch der chemische Part kennt Vorgänger: Spätestens Johann Heinrich Schulze (1687–1744) experimentierte mit Silbersalzen, die Licht und Wärme ausgesetzt wurden, ohne dass aber Bilder hätten konserviert werden können. Tiphaigne de la Roches utopischer Roman *Giphantie* aus dem Jahr 1760 schließlich breitet bereits das fotografische Imaginarium aus. Hier findet sich die Beschreibung eines Raums, der flüchtige Augenblicke in Bildern festhält, auch wenn es klebrige Stoffe auf der Leinwand sind, die sie bannen, und Elementargeister, die sie anfertigen. Um das Elementare geht es auch bei diesem Pflanzenblatt: Das Blatt wie sein fotografisches Abbild verdanken ihre Existenz der Sonne, die nun nicht nur Leben, sondern auch »Lichtbilder« hervorbringt.

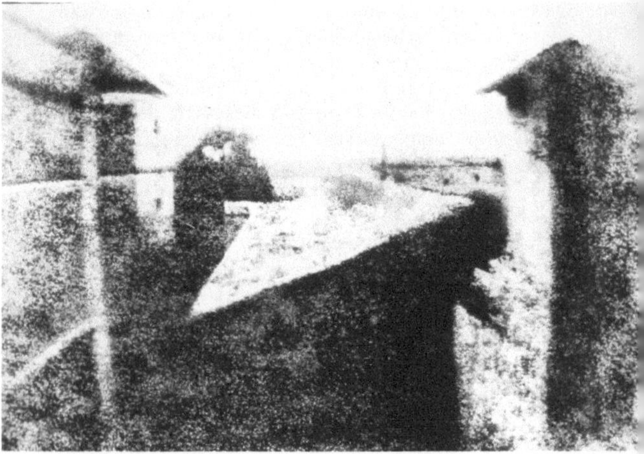

Nicéphore Niépce: Blick aus dem Arbeitszimmer, 1827
Heliographie, 16,5 × 20,5 cm
Austin TX, Gernsheim Collection, Harry Ransom Humanities Research Center, The University of Texas at Austin

Nicéphore Niépce:
Blick aus dem Arbeitszimmer

Im Juni oder Juli 1827 gelang es dem Franzosen Nicéphore Niépce (1765–1833), ein in einer Camera obscura auf eine Fläche projiziertes Bild mit Hilfe von ölbehandeltem Asphalt dauerhaft zu fixieren. Für die Aufnahme stellte er die Kamera – das Fensterkreuz links im Bild belegt es – am offenen Fenster seines Arbeitszimmers im Familienwohnsitz südlich von Chalon-sur-Saône auf. Das Außen wurde über die Lichtstrahlen ins Innere des Gehäuses geholt und dort festgehalten: ein von der Natur selbst »gezeichneter« Blick hinaus auf die Welt. Damit stand die Fotografie in ihrer Geburtsstunde in der Tradition und letztlich auch in Konkurrenz mit der von der Fluchtpunktperspektive kontrollierten Malerei, die ihr theoretischer Begründer, Leon Battista Alberti, zu Beginn des 15. Jahrhunderts als »offenes Fenster« beschrieben hatte.

Nicéphore Niépce widmete sich, nachdem er als Leutnant in der Revolutionsarmee gedient hatte, der Verwaltung seiner Familiengüter und entwickelte zusammen mit seinem Bruder Claude einen Schiffsmotor, bevor er sich 1813 mit der neu erfundenen Lithographie und drei Jahre später auch mit der Camera obscura und der Heliographie, wie er sein fotografisches Verfahren nannte, beschäftigte. Die hier gezeigte, hinter Glas gerahmte Aufnahme wurde erst 1952 wiederentdeckt. In der fotografischen Reproduktion hat das schwer lesbare Unikat mit seinem groben Korn und der quasi-kubistischen geometrischen Ordnung einen eigentümlichen ästhetischen Reiz. Zwischen zwei Türmen erstreckt sich eine aus dem Helldunkel-Kontrast zweier Flächen gebildete scharfe Diagonale. Da die Innenseiten beider Türme beleuchtet sind, muss Nicéphore Niépce das sensibilisierte Papier mehr als acht Stunden belichtet haben.

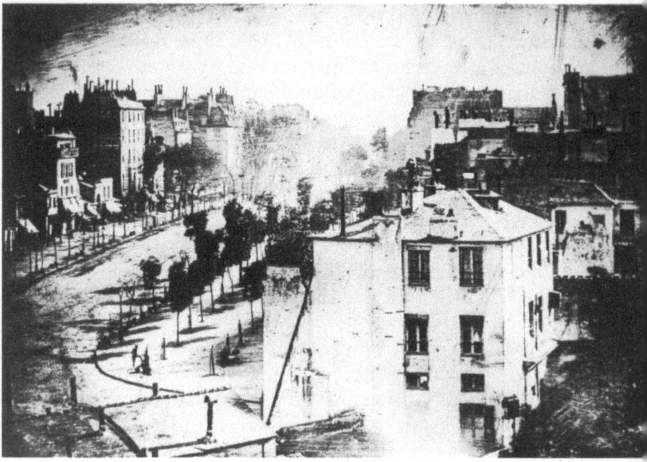

Louis-Jacques Mandé Daguerre: Blick auf den Boulevard du Temple in Paris, vermutlich 1838
Daguerreotypie, 16 × 21 cm
München, Bayerisches Nationalmuseum (Kopie des im Zweiten Weltkrieg zerstörten Originals)

Louis-Jacques Mandé Daguerre: Blick auf den Boulevard du Temple

Auch eine der ersten der von Louis-Jacques Mandé Daguerre (1787–1851) mit dem von ihm entwickelten fotografischen Verfahren, der Daguerreotypie, hergestellten Aufnahmen zeigt einen Fensterausblick. Daguerre, Maler und Unternehmer, war Miteigentümer des »Dioramas«, eines Pariser Theaters, in dem mit Hilfe von großformatigen, doppelseitig bemalten und variabel beleuchteten Gemälden höchst erfolgreiche Bild-Lichtspiele vorgeführt wurden. Für die Herstellung der Diorama-Gemälde verwendete Daguerre die Camera obscura. Wie gleichzeitig viele andere widmete auch er sich Versuchen, das in der »dunklen Kammer« sichtbare Bild mit chemischen Verfahren festzuhalten. Im Dezember 1829 ging Daguerre mit Niépce, nachdem er von diesem in seine erfolgreichen Versuche eingeweiht worden war, einen Partnerschaftsvertrag ein. Daguerre konnte das von ihm verbesserte Verfahren – er verwendete als Bildträger nicht mehr Papier, sondern polierte, versilberte Metallplatten – am 7. Januar 1839 vor der Pariser Académie des Sciences der Öffentlichkeit vorstellen. Auf Betreiben ihres Sekretärs François Arago kaufte der französische Staat das Patent an, um es jedermann zur Verfügung zu stellen, und sprach Daguerre eine Staatsrente zu.

Von einer zweiten Aufnahme des gleichen Ortes unterscheidet sich die vorliegende durch ein interessantes Detail: Während die Menschen und die Karossen, die den Boulevard belebt haben müssen, wegen der langen Belichtungszeit keine Spuren auf der Platte hinterlassen haben, sieht man in der linken unteren Ecke – zweifellos von Daguerre an diesem Ort bewusst plaziert – einen Mann, der sich die Schuhe putzen lässt. Da er in dieser Stellung einige Minuten verharrte, wurde er zum ersten fotografierten Menschen überhaupt.

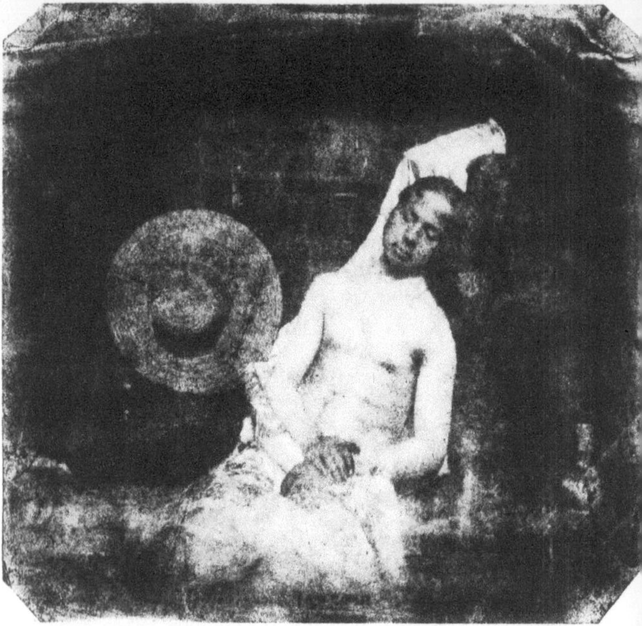

Hippolyte Bayard: Selbstbildnis als Ertrunkener, 1840
Papierdruck, 21 × 24,7 cm
Paris, Société Française de Photographie

Hippolyte Bayard: Selbstbildnis als Ertrunkener

Der nackte Oberkörper des jungen Mannes ist, von einem Leintuch hinterfangen, gegen einen Säulenstumpf gelehnt; seine Hände sind über dem Unterleib verschränkt, die Augen geschlossen; ein großer Strohhut hängt wie ein abgenommener Nimbus an der Rückwand, in der rechten unteren Ecke steht auf der Brüstung ein Krug: Anklänge an die Ikonographie der Beweinung Christi sind ebenso deutlich wie die Erinnerung an *Marats Tod* von Jacques-Louis David. Eine Inschrift auf der Rückseite der Aufnahme nennt den Namen des seltsam lächelnden Opfers – es handelt sich um Hippolyte Bayard (1801–1887) – und die Vorgeschichte seines tragischen Tods: Bayard, der sich drei Jahre lang der Vervollkommnung seiner Erfindung gewidmet hatte, habe sich wegen der ungerechten Bevorzugung Daguerres durch den französischen Staat ertränkt. Hände und Füße würden, wie es ihre dunkle Farbe zeige, »sich bereits zu zersetzen beginnen«. Dies alles ist natürlich Fiktion, eine effektvoll inszenierte, von einem Augenzwinkern begleitete Selbstdarstellung Bayards. Das Zusammenspiel von Bild und Text dient dazu, auf den Fotografen und das Verfahren aufmerksam zu machen, das zum »wunderbaren Resultat« geführt hat, welches auf der Vorderseite zu bewundern ist.

Der begnadete Selbstdarsteller Bayard – von ihm sind zahlreiche weitere Selbstporträts erhalten – gehörte zu jenen, die nach der Ankündigung von Daguerres Erfindung fieberhaft an einem eigenen Verfahren zur Fixierung lichtgenerierter Bilder arbeiteten. Das Patent, das er im November 1839 der Pariser Académie des Sciences präsentierte, ermöglichte die Herstellung von Papierpositiven, erlaubte aber – im Gegensatz zu jenem des Engländers Fox Talbot, das dieser parallel zu Bayard entwickelt hatte – keine mehrfachen Abzüge.

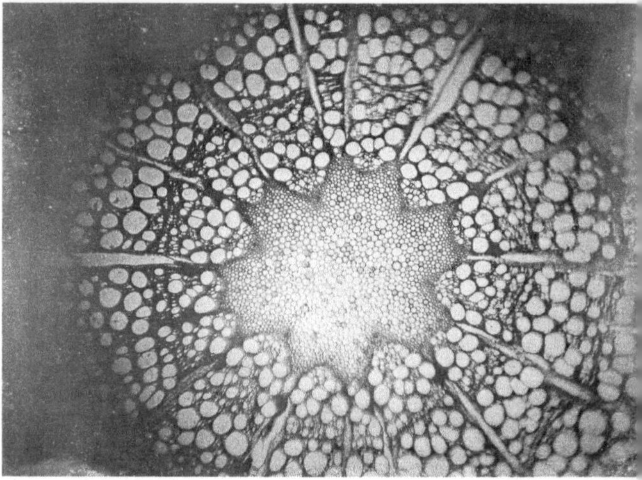

Andreas von Ettingshausen: Querschnitt durch den Stengel einer Clematis (14fache Vergrößerung), 1840
Daguerreotypie (Mikrofotografie unter Gaslicht), 16 × 21 cm
Wien, Albertina

Andreas von Ettingshausen: Querschnitt durch den Stengel einer Clematis

Der an der Wiener Universität als Professor für Mathematik und Physik lehrende Ritter Andreas von Ettingshausen (1796–1878) nahm als offizieller Abgesandter des österreichischen Staatskanzlers, des Fürsten von Metternich, am 19. August 1839 an der Präsentation des fotografischen Verfahrens durch Daguerre in Paris teil. Sofort reservierte er sich eine der Giroux-Kameras und ließ sich von Daguerre höchstpersönlich in die neue Kunst einweihen. Im darauf folgenden Jahr ist diese unter Gaslicht entstandene Mikrofotografie des Querschnitts durch den Stengel einer Weinrebe entstanden. Die auch ästhetisch äußerst wirkungsvolle Aufnahme ist eines der frühesten Zeugnisse für den Versuch, die »Objektivität« der Fotografie in den Dienst der Wissenschaft zu stellen. Von Ettingshausen war der Ansicht, dass die Entdeckung der Fotografie »der Wissenschaft und namentlich der Optik, mehr als der Kunst, zum Nutzen gereichen werde«. Es war aber nicht von Ettingshausen selbst, sondern der aus Berlin stammende Naturforscher Carl Schuh, der die Mikrofotografien ab April 1840 einem begeisterten Publikum als Wandprojektionen vorführte.

Andreas von Ettingshausen lieferte für die weitere Entwicklung der Fotografie eine entscheidende Anregung: Er erkannte, dass viele der technischen Mängel des neuen Mediums von der minderwertigen Leistung der verwendeten Linsen herrührten, und regte Josef von Petzval, ebenfalls Professor an der Universität Wien, zur Berechnung eines Linsensystems an, das nach 1840 vom Optiker Peter Wilhelm Friedrich von Voigtländer jahrzehntelang mit großem Erfolg produziert wurde. Es erlaubte, bei Porträtaufnahmen die Belichtungszeit von 15 Minuten auf 45 Sekunden zu reduzieren.

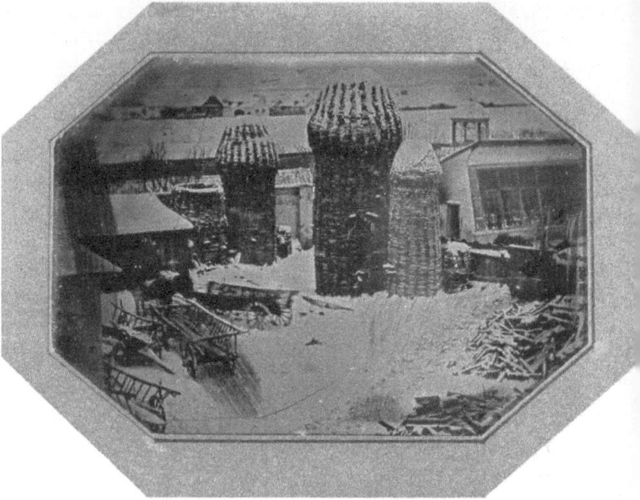

Anton Georg Martin:
Hinterhof mit Brennholz im Schnee, 1840/41
Daguerreotypie, 4,9 × 7 cm
Hamburg, Museum für Kunst und Gewerbe

Anton Georg Martin: Hinterhof mit Brennholz im Schnee

Diese frühe Daguerreotypie in Miniaturformat – erneut ein Fensterausblick – überrascht durch ihr Motiv. Der Blick auf einen Hinterhof ist von Anton Georg Martin (1812–1882) vermutlich auf einer Reise nach Karlsbad und Dresden Ende 1840 festgehalten worden. Die Aufnahme zeigt keine Menschen, hat aber eine thematische Einheit: das Beschaffen von Brennholz. Abgeholzte Bäume werden auf Karren herangeschafft, zerkleinert, und in merkwürdig phallischen, wie Riesenkakteen aus dem Boden wachsenden, kunstvoll geschichteten Türmen gelagert. Der frühe Schnee gibt den Scheitertürmen eine überraschend skulpturale Präsenz. Das Bildchen – »ohne Sonnenlicht aufgenommen«, wie es auf dem Passepartout heißt – wirkt wohl auch deshalb so eindringlich, weil die Farblosigkeit des neuen Mediums hier gleichsam überspielt wird. Es ist eine schwarzweiße Winterwelt, die uns die Daguerreotypie vor Augen führt. Die Aufnahme hält eine Situation fest, die malerisch wirkt, aber bis dahin noch nie Gegenstand der Malerei war. So entstanden Claude Monets Heuhaufen-Bilder, die einen vergleichbaren Gegenstand zeigen, nach 1890, also erst 50 Jahre später. Die Fotografie erweist sich als das Bildmedium, das den Blick des Fotografen als das eigentliche schöpferische Agens ins Zentrum stellt und uns so die Welt immer wieder neu entdecken lässt.

Anton Georg Martin, zuerst Assistent, dann Bibliothekar am Wiener Polytechnischen Institut, gehörte zur sogenannten Fürstenhofrunde um Andreas von Ettingshausen. Er war der erste Präsident der Österreichischen Fotografischen Gesellschaft, Autor des ersten Handbuchs über Fotografie in deutscher Sprache und einer der Pioniere der frühen Fotografie. Das äußerst gründliche, 1846/48 publizierte Werk erschien 1854 bereits in vierter Auflage unter dem Titel *Handbuch der gesammten Photographie*.

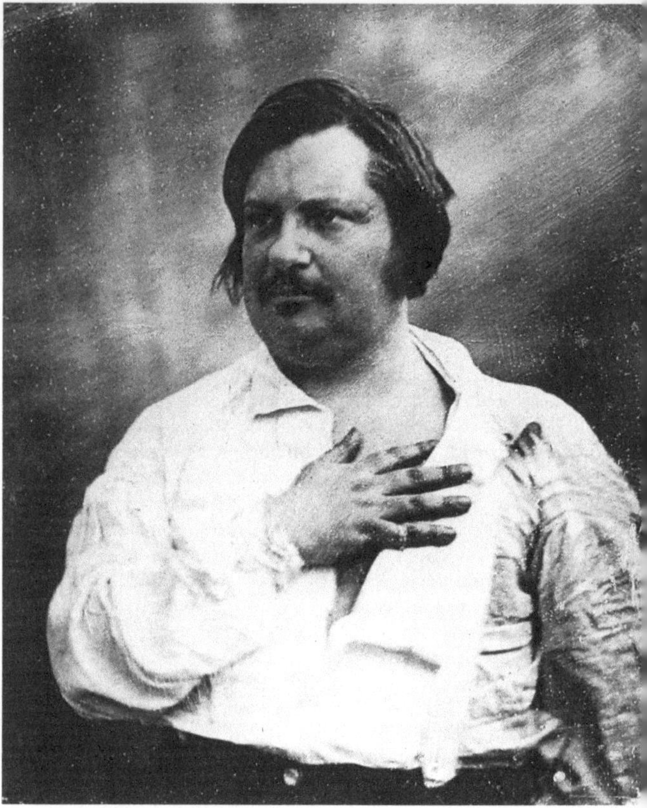

Louis-Auguste Bisson: Honoré de Balzac, 1842
Daguerreotypie, 8,3 × 6,7 cm
Paris, Bibliothèque de l'Institut de France

Louis-Auguste Bisson: Honoré de Balzac

Die Daguerreotypie aus dem Besitz des Institut de France galt lange als die einzige fotografische Aufnahme, die sich vom großen französischen Romancier erhalten hat. Entstanden ist sie im Jahre 1842. Tatsächlich belegen zwei Briefstellen, dass sich Balzac am 2. und am 14. Mai zum »daguerréotypeur« begeben hat, um Porträts herstellen zu lassen, die er für seine engsten Vertrauten bestimmt hatte. Balzacs Ziel war das Porträtstudio, das Louis-Auguste Bisson (1814–1876) ein Jahr zuvor in der Nähe der Madeleine-Kirche eröffnet hatte und in das später auch sein jüngerer Bruder Auguste-Rosalie als Teilhaber eintrat. »Ganz verblüfft von der Perfektion, mit der das Licht wirkt«, kehrte der Autor von der Sitzung zurück. Die Aufnahme lebt vom Kontrast zwischen der edlen Pose, der – seitenverkehrt wiedergegebenen – auf die Brust gedrückten linken Hand und der lässigen, um nicht zu sagen vernachlässigten Kleidung des Dargestellten. Auf diesem Kontrast beruht die einzigartige Präsenz des Unikats, das die Regeln des gemalten Porträts imitiert und gleichzeitig in Frage stellt. Denn die Daguerreotypie war für die individuelle, gleichsam heimliche Betrachtung bestimmt, da sie erst beim richtigen Einfallswinkel des Lichts sichtbar wurde. Nadar, der einst im Besitz von Bissons Porträtaufnahme war, berichtet in seiner Autobiographie, dass der Dargestellte ein zwiespältiges Verhältnis zur neuen Erfindung hatte. Nach Balzac waren alle Körper der Natur aus einer unendlichen Serie übereinandergelegter Schichten von »Spektren« zusammengesetzt. Jede daguerresche Operation habe zur Folge, dass eine dieser Schichten vom Körper des Porträtierten abgelöst und in die Fotografie überführt würde. Wenn der Autor dieser auf die Antike zurückgehenden Theorie wirklich ernsthaft anhing, war das Geschenk einer Daguerreotypie tatsächlich einer der schönsten Liebesbeweise, die man sich vorstellen kann.

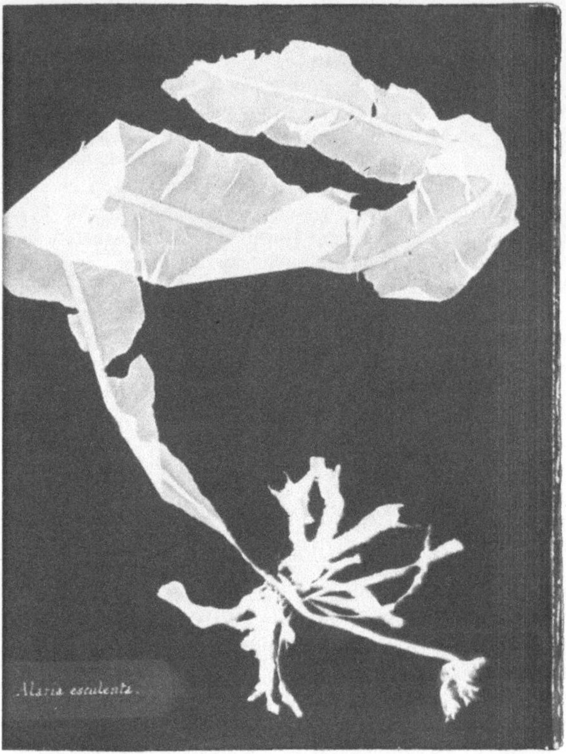

Anna Atkins: Alaria esculenta, 1843
Cyanotypie / Photogramm, 58 × 79 cm

Anna Atkins: Alaria esculenta

Die Darstellung einer Alge hebt sich im Original, akkurat beschriftet, als weißer Schemen von einem satten blauen Grund ab, der wie Meerwasser wirkt. Das Blatt ist eine wissenschaftliche Illustration, die mit Blick auf Zeitgewinn und Genauigkeit entstand. Es stammt von Anna Atkins (1799–1871), die von ihrem Vater, dem Naturwissenschaftler John George Children, eine exzellente Ausbildung erhielt, zu der auch das künstlerische Fach gehörte. Mit 24 Jahren bereits illustrierte die fleißige Tochter ein Werk ihres Vaters mit Lithographien. Children führte ein offenes Haus. Zu den regelmäßigen Gästen gehörten die beiden wichtigsten Pioniere der britischen Fotografie, der Privatgelehrte William Henry Fox Talbot und der Physiker Sir John Herschel. So erfuhr Anna von den ersten Versuchen Talbots mit sogenannten *photogenic drawings*, d. h. »vom Licht hervorgebrachten Zeichnungen«, und Herschel weihte sie in das von ihm 1839 erfundene Verfahren der Cyanotypie, des Eisenblaudrucks, ein. Als sich Anna Atkins, die selber Biologin wie ihr Vater geworden war, dazu entschied, das maßgebliche Werk von William Harvey über die britischen Algenarten zu illustrieren, musste sie nicht mehr zum Zeichenstift greifen. Die jeweilige Alge, auf ein Papier gelegt, das in der von Herschel gemischten Flüssigkeit getränkt war, produzierte, wenn sie der Sonne ausgesetzt wurde, ihr Bild selbst. Atkins nannte die Sammlung der Algenbilder, die sie in den Jahren 1843–53 in Alben gebunden in kleiner Auflage im Selbstverlag herausgab, ihr »fotografisches Herbarium«.

Die von Herschel entwickelte Cyanotypie hatte zwar weniger Erfolg als das gleichzeitig von Fox Talbot entwickelte Positiv-Negativ-Verfahren, wurde aber bis ins 20. Jahrhundert von Amateurfotografen und bei der Reproduktion von technischen Zeichnungen eingesetzt.

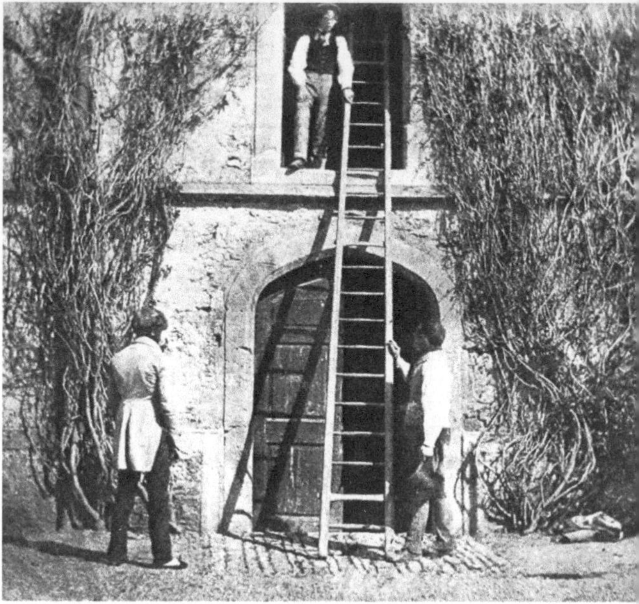

William Henry Fox Talbot: Die Leiter (»The Ladder«), 1844
Heliotypie (Talbotypie), 18,8 × 23,1 cm

William Henry Fox Talbot: Die Leiter

Als der englische Privatgelehrte William Talbot (1800–1877) im Januar 1839 von der Ankündigung des fotografischen Verfahrens von Louis Daguerre erfuhr, nahm er seine früheren Versuche zur Fixierung der Bilder der Camera obscura wieder auf. Wie auch Bayard, aber anders als Niépce und Daguerre, arbeitete Talbot mit Papier als Bildträger. Da das von Talbot festgehaltene Bild ein sogenanntes »Negativ« war, musste er ein Verfahren zu dessen Umkehrung in ein positives Bild entwickeln. Dies führte dazu, dass das Lichtbild mehrfach reproduziert werden konnte. Die nun überhaupt erst möglich gewordene Reproduzierbarkeit ist auch die Grundlage für die erste Publikation mit originalen Fotografien, die Talbot 1844–45 zur Subskription unter dem Titel *The Pencil of Nature* auflegte. Der Titel verweist auf die Tatsache, dass die fotografischen Bilder von der Natur selbst ohne Mitwirken eines Künstlers geschaffen worden sind. Die Kommentare zu den eingeklebten Kalotypien, wie Talbot die Aufnahmen nannte, ergeben zusammen eine erste, skizzenhafte Theorie der Fotografie. Die hier reproduzierte Tafel XIV soll – heißt es im Text – die Möglichkeit des neuen Verfahrens aufzeigen, ohne großen Aufwand Porträts herzustellen. Der bildliche Beleg aber ist kein Porträt. Die auffallend symmetrisch gebaute Komposition stellt zwar drei Männer dar, doch gerade ihre Gesichter sind nicht zu erkennen. Der zentrale und eigentliche Gegenstand ist – der Titel ist hier ehrlicher – die Leiter, mit der die Männer sich beschäftigen. Die Rückenfigur links übernimmt dabei die Rolle des Betrachters. Das, worauf der gutgekleidete Herr schaut, scheint jedoch nicht die Leiter selbst, sondern ihr Schatten zu sein, der sich als schwarze Zeichnung auf Mauer und Türflügel abzeichnet. Auch in William Henry Fox Talbots fotografischen Aufnahmen zeigt sich das Licht zuerst als Negativ, als dunkle Spur.

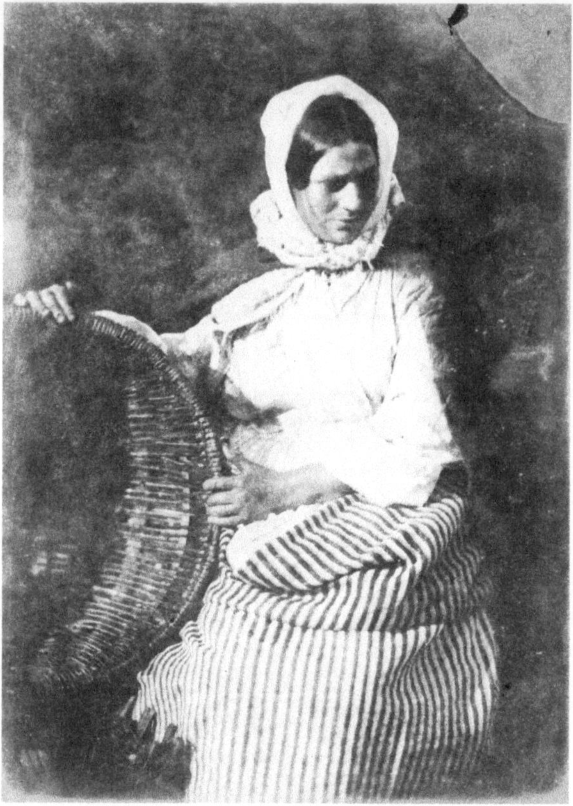

David Octavius Hill und Robert Adamson:
Das Fischweib – Mrs. Elizabeth Johnstone Hall,
›It's no fish ye're buying it's men's lives‹, um 1845
Kalotypie, 19,4 × 14,8 cm

David Octavius Hill und Robert Adamson: Das Fischweib

Und ich frage: wie hat dieser haare zier
Und dieses blickes die früheren wesen umzingelt!
Wie dieser mund hier geküsst zu dem die begier
Sinnlos hinan als rauch ohne flamme sich ringelt!

Diese Gedichtzeilen von Stefan George zitiert Walter Benjamin in seiner *Kleinen Geschichte der Photographie* beim Betrachten des »Fischweibs« von Octavius Hill (1802–1870) und Robert Adamson (1821–1848), nachdem er beobachtet hat, dass selbst bei dieser idealisierenden Menschendarstellung der Dokumentcharakter der Fotografie nicht zum Schweigen gebracht werden kann. Der Gedanke an den Tod scheint aber auch schon in dem – Benjamin noch unbekannten – Titel auf, den Hill der Fotografie zusätzlich zum bürgerlichen Namen der Abgebildeten beigegeben hat: »Nicht Fisch kauft ihr, sondern Menschenleben«, ein Zitat von Walter Scott. Damit spielt Hill auf die Gefahr an, dass auch die Dargestellte, die Frau eines Fischers, bald die Witwentracht tragen könnte. Dieses Pendeln zwischen realistischer und idealistischer Auffassung ist charakteristisch für das fotografische Werk des schottischen Fotografenpaars. Der Titel zeigt auch, wie wichtig für diese die Arbeitskleidung der Abgebildeten war, die mit ihren dekorativen Streifen in ein attraktives Zusammenspiel mit ihrem eigentlichen Attribut, dem leeren Fischkorb, tritt.

David Octavius Hill wurde als Maler ausgebildet. Mit der Fotografie kam er 1843 in Kontakt. Er bediente sich ihrer, um die zahlreichen Personen schneller festhalten zu können, die er in einem riesigen Gemälde darstellen wollte, das die Gründung der schottischen Free Church zum Gegenstand hatte. Bei seiner Arbeit wurde Hill vom technisch versierten Robert Adamson unterstützt.

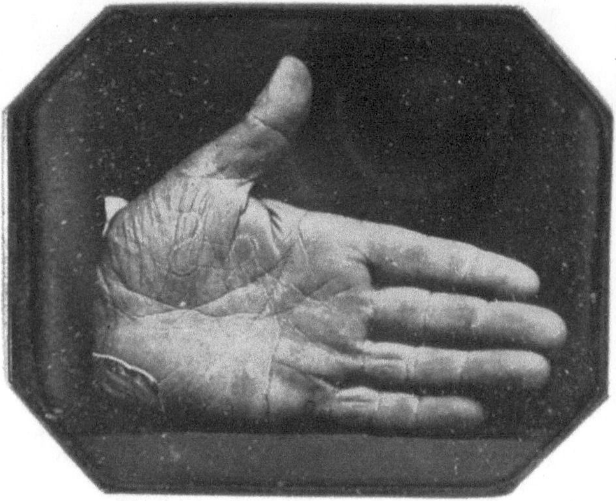

Albert S. Southworth: Die gebrandmarkte Hand von Kapitän
Jonathan Walker, 1845
Daguerreotypie, 7 × 8 cm, Boston,
The Massachusetts Historical Society

Albert S. Southworth: Die gebrandmarkte Hand von Kapitän Jonathan Walker

Was uns die Daguerreotypie der Innenseite dieser – seitenverkehrt dargestellten – rechten Hand zeigen will, sind nicht in erster Linie die feinen Handlinien, die ihren Besitzer als Individuum charakterisieren. Die Hand – unten auf einer Holzkante hart aufgesetzt, links vom unscharfen Rand der Fotografie wie abgeschnitten – zeigt auf dem Handballen unterhalb des Daumens eine mit glühenden Eisen eingebrannte Überschreibung: zwei »S«, zwei Buchstaben, die von den Gerichten der amerikanischen Südstaaten als »*Slave Stealer*«, »Sklavendieb«, verstanden, in den Nordstaaten aber bald als »*Slave Saviour*«, »Sklavenretter«, interpretiert wurden. Die Hand gehörte dem Kapitän Jonathan Walker, der im Jahre 1844 bei seinem Versuch, sieben flüchtigen Sklaven zur Überfahrt auf die Bahamas zu verhelfen, in Florida verhaftet, ein Jahr eingekerkert und gebrandmarkt wurde. Walker wurde nach seiner Freilassung in den Nordstaaten wie ein Held gefeiert. Im August 1845 hat Albert S. Southworth (1811–1894), der in Boston zusammen mit Jesiah J. Hawes ein erfolgreiches Fotostudio führte, Walkers gebrandmarkte Hand während einer Vortragstournee in dieser eindrücklichen Aufnahme festgehalten. Das Bild der überschriebenen Hand, als Holzstich in Zeitungen bald massenhaft reproduziert, wurde zu einem Emblem für die mutige Tat eines Einzelnen in einem angespannten politischen Umfeld. Fotografie ist hier mehr als bloßes Dokument: Sie ist ein zeichenhaftes Kondensat, das der Betrachter in einem Diskurs zu entfalten hat. Einer der ersten, der auf die Darstellung von Walkers Hand in diesem Sinn reagierte, war der Quäker-Autor John Greenleaf Whittier mit seinem Gedicht *The Branded Hand*. Die bekannteste Strophe daraus lautet: »Then lift that manly right hand / Bold plowman of the wave / Its branded palm shall prophesy / Salvation for the slave.«

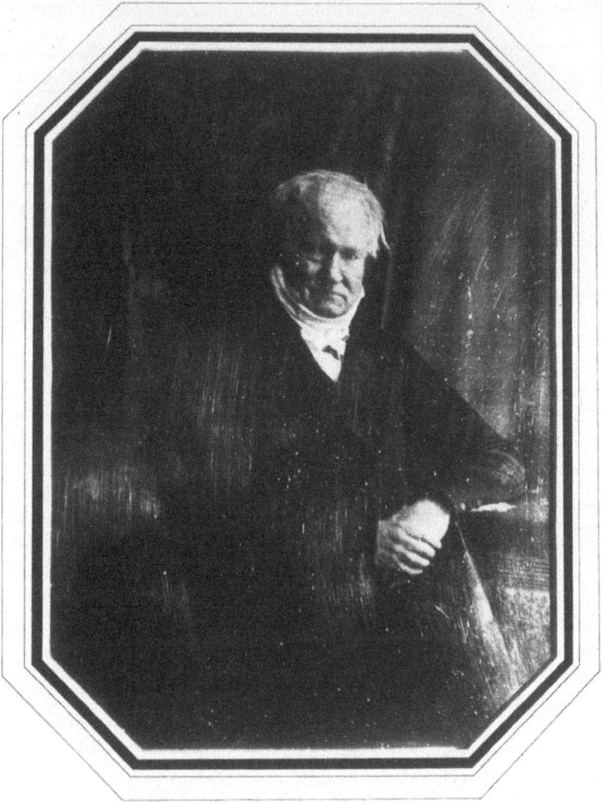

Hermann Biow: Alexander von Humboldt, 1847
Daguerreotypie, 19,6 × 14,6 cm
Hamburg, Museum für Kunst und Gewerbe

Hermann Biow: Alexander von Humboldt

Alexander von Humboldt ist während seines langen Lebens – er starb 1859 als 90-Jähriger in Berlin – immer wieder porträtiert worden: Ein frühes Gemälde von Friedrich Georg Weitzsch zeigt den jungen Forscher nach seinen erfolgreichen Amerika-Reisen vor einer Urwald-Szenerie, wie er eine seltene Blume für sein Herbarium vorbereitet; zahllose Lithographien – meist Vorsatzblätter seiner zahlreichen und populären Bücher – haben Humboldts Gestalt weit verbreitet; schließlich wurde er mit offiziellen Büsten geehrt, sowie – nach seinem Tod – mit dem großen Denkmal von Reinhold Begas vor der Berliner Universität, die heute seinen Namen trägt. All diese Bildnisse haben dazu beigetragen, das ›image‹ des erfolgreichen Naturforschers seiner Leistung entsprechend zu verewigen. Keines dieser Porträts aber hat die besondere Qualität und Wirkung des fotografischen Abbilds, das der aus Hamburg stammende Hermann Biow (1804–1850) im Jahre 1847 in dieser ungewöhnlich großformatigen Daguerreotypie festgehalten hat. Keines der von Malern, Lithographen und Bildhauern handwerklich hergestellten Bildwerke hat die menschliche Intensität dieses einen, apparativ produzierten Bildes. Der 78 Jahre alte Mann sitzt mit prüfendem Blick an einer Tischkante, die Hände gefaltet, das weiße Haar leicht zerzaust, den Kopf mit den deutlich hervortretenden Adern auf der Stirn in den Kragen eingesunken. Die Tatsache, dass sich Alexander von Humboldt bereits am 25. Februar 1839, also noch vor der offiziellen Präsentation durch Daguerre in der Académie des Sciences, in einem Brief aus Paris an seinen Freund Carl Gustav Carus über das neue Medium enthusiastisch geäußert hat, gibt dem acht Jahre später entstandenen Porträt einen zusätzlichen Wert.

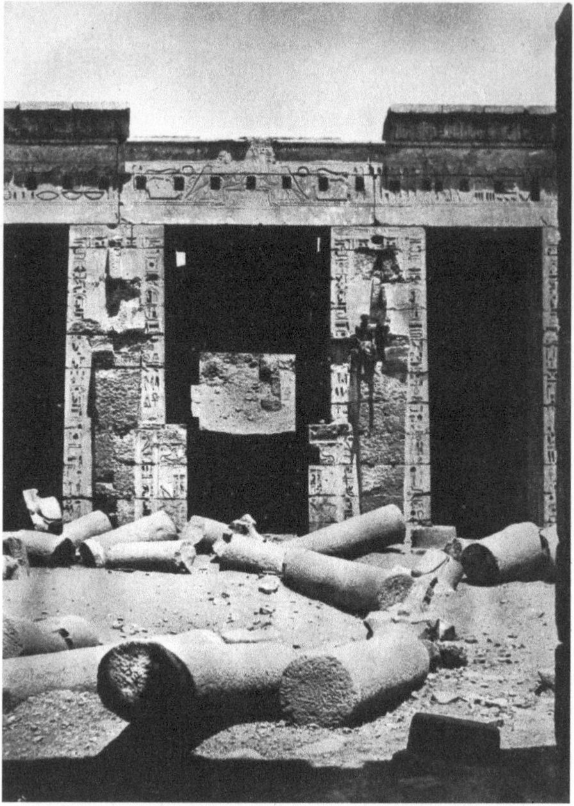

Maxime Du Camp: Ostseite des Tempels
von Ramses III. in Theben, 1850
Salzpapierabzug, 20 × 14,9 cm

Maxime Du Camp: Ostseite des Tempels von Ramses III. in Theben

»Diese erstaunlichen Bauwerke erscheinen auf den ersten Blick gar nicht so groß, weil nichts da ist, was als Bezugspunkt dienen könnte.« Dies bemerkte beim Anblick der Pyramiden von Gizeh der Schriftsteller Gustave Flaubert, der Maxime Du Camp (1822–1894) auf seiner Reise in den Orient begleitete. Flauberts Beobachtung mag für diesen Anlass gewesen sein, in späteren Aufnahmen – wie dies auch Orientfotografen nach ihm taten –, regelmäßig eine Maßstabfigur einzufügen. Auch hier erkennt man auf einem Vorsprung des Pfeilers rechts den Matrosen Hadji-Ismaël, dem diese Rolle meist zufiel. Die imposante Wirkung verdankt die fotografierte Tempelanlage jedoch nicht dem Nubier, sondern der raffinierten Kadrierung. Maxime Du Camp hatte sich erst im Hinblick auf die 1849 angetretene Orientreise von Gustave Le Gray in die neue Kunst des Lichtbildes einweisen lassen. Nach seiner Rückkehr im Jahre 1851 gab Du Camp die Fotografie wieder auf und war ausschließlich als Journalist und Schriftsteller tätig.

Die bei hochstehender Sonne aufgenommene Fotografie ist raffiniert komponiert. Das mittlere, torähnliche Joch der Fassade dient als Zentrum der Aufnahme, ist jedoch etwas nach links verschoben. Die Öffnung wirkt wie eine schwarze Kammer, an deren Ende sich – querformatig – ein Ausblick auf einen weiteren, damals noch nicht vollständig ausgegrabenen Gebäudeteil auftut. In der Vertikalen ist die Aufnahme zweigeteilt: Den oberen zwei Dritteln, die ganz von der starren horizontal-vertikalen Ordnung des mächtigen Bauwerks bestimmt sind, steht unten das Chaos der gestürzten Säulenschäfte gegenüber. Erfahrbar werden in dieser komplexen Komposition gleichzeitig das stolze Überdauern einer dreitausendjährigen Kultur und deren Untergang.

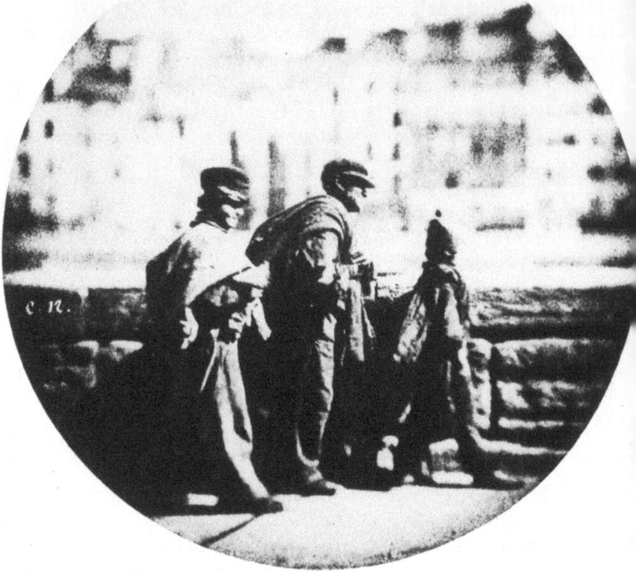

Charles Nègre: Die kleinen Schornsteinfeger, 1851
Albumindruck, 10 cm Durchmesser
Paris, Société Française de Photographie

Charles Nègre: Die kleinen Schornsteinfeger

Am 29. Mai 1852 berichtet der Kritiker Charles Bauchal in *La Lumière*, der ersten fotografischen Zeitschrift Europas, von einer *Soirée photographique* im Hause ihres Chefredakteurs Ernest Lacan. Besonders bedacht wird dabei ein Werk des jungen Malers und Fotopioniers Charles Nègre (1820–1880): »Er hatte diesmal eine Perle mitgebracht, einen kleinen Abzug von 10 Zentimetern Durchmesser. Nichts Köstlicheres als diese Skizze, die an die Zeichnungen Rembrandts erinnert. Im Grunde ein richtiges Gemälde, diese ›Schornsteinfeger‹! Alle drei entfernen sich, dunkle Wintervögel, die mit ihrem der Bise entgegen geworfenen Schrei die harte Jahreszeit ankündigen. [...] Den Sack auf dem Rücken, die Kelle an der Seite baumelnd, die fröstelnden Glieder unter ihren Lumpen, gehen sie lässig der grauen Brüstung eines unserer Kais entlang, wo die untergehende Sonne ihre Schatten verlängert und schärft. Der ganze Murillo lebt in dieser naiven, malerischen und prägnanten Szene wieder auf.« Nichts zeigt besser als diese Beschreibung, wie sehr die damals noch junge Fotografie sich den für die bildende Kunst gültigen ästhetischen Kategorien unterwarf, um sogleich mit diesen gemessen zu werden. Nègres Straßenszene entspricht der Gattung der Genremalerei, die mit den Darstellungen charakteristischer Berufe in jenen Jahren eine Renaissance erlebte. Nègre selbst malte solche Szenen, zum Teil nach eigenen fotografischen Vorlagen, und Henri Le Secq, Maler und Fotograf wie Nègre, hat mehrere Aufnahmen seines Freundes in Radierungen umgesetzt und so ihre Kunstwürdigkeit bewiesen. Die Fotografie der Schornsteinfeger sollte wie eine Momentaufnahme wirken. Die ruhende Position der Füße der drei Buben jedoch verrät, dass Nègre seine Modelle wegen der minutenlangen Belichtungszeit zuvor sorgfältig in Schrittstellung arrangiert hat.

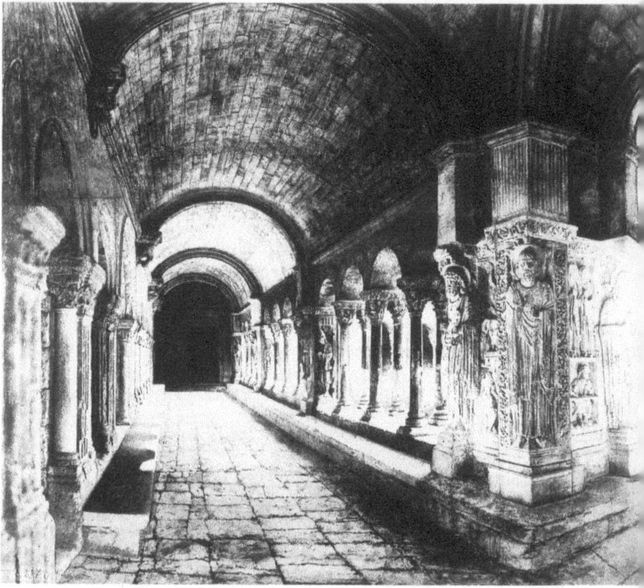

Edouard Baldus: Kreuzgang von Saint-Trophîme in Arles, 1851
handkolorierter Salzpapierabzug, 44,8 × 50,2 cm
Paris, Musée d'Orsay

Edouard Baldus: Kreuzgang von Saint-Trophîme in Arles

»Herr Baldus besitzt das Geheimnis der großen Perspektiven und der fernen Horizonte. Sein Objektiv fängt Räume ein, die das Auge nur mit Mühe ermessen kann.« Diese Sätze eines zeitgenössischen Kritikers charakterisieren sehr gut das Werk von Edouard Baldus (1813–1889), freilich ohne das Geheimnis selbst zu lüften. Baldus war einer der fünf Teilnehmer der Mission héliographique von 1851, die im Auftrag des französischen Staates gefährdete historische Baudenkmäler mit Hilfe der Fotografie inventarisierte. Weitere Teilnehmer an der Mission waren Hippolyte Bayard, Henri le Secq und Gustave le Gray. Sie sind in diesem Band mit Aufnahmen vertreten, die in anderen Kontexten entstanden sind. Als Baldus daran scheiterte, eines der Monumente mit den ihm zur Verfügung stehenden Objektiven einzufangen, kam er auf die Idee, für einen Abzug zwei Negative zu kombinieren. Während der tausend Kilometer, die ihn in vielen Etappen von Paris nach Arles führten, verbesserte Baldus das Verfahren laufend. Die hier gezeigte, am Ende der Expedition entstandene Aufnahme des Kreuzgangs der Kathedrale Saint-Trophîme in Arles mit ihrer raffinierten, aus den Graphiken Piranesis bekannten Übereckperspektive ist das komplexeste Beispiel. Um einen vollständigen Raumeindruck zu simulieren und dabei die eindrücklichen Pfeilerskulpturen vorne rechts in idealer Beleuchtung wiederzugeben, hat Baldus einen Abzug mit Hilfe von zehn Negativen hergestellt. Die Grenzen zwischen den einzelnen Aufnahmen verdeckte er anschließend mittels Aquarell-Retuschen sorgfältig. An diesem Beispiel wird deutlich, wie intensiv die Pioniere der Fotografie daran arbeiteten, dass die Bilder von der Welt, die sie mit Hilfe der Kamera herstellten, den Darstellungsmustern entsprachen, die in der Geschichte der bildenden Künste vorgeprägt waren.

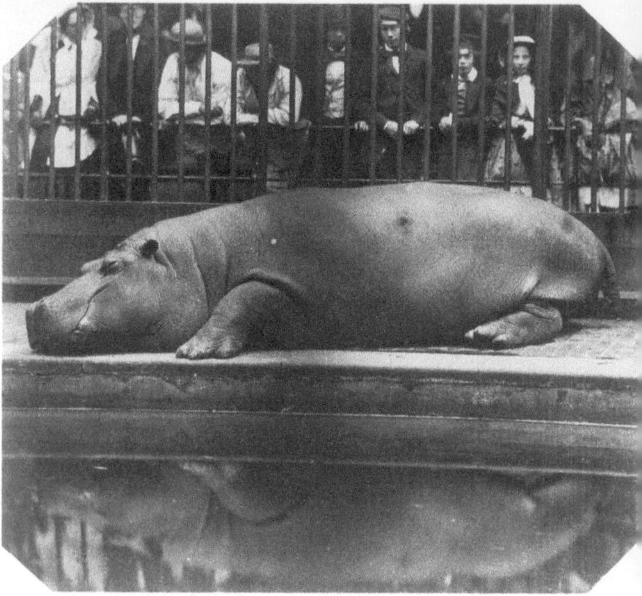

Juan Carlos de Montizón: Das Flusspferd Obaysch
im Zoo von Regent's Park, 1852

Juan Carlos de Montizón: Das Flusspferd Obaysch im Zoo von Regent's Park

Die Aufnahme ist im Grunde ein Porträt. Festgehalten ist ein ganz besonderes Exemplar eines exotischen Tieres: das Flusspferd Obaysch, das im August 1849 auf der gleichnamigen Insel des weißen Nil gefangen genommen und dabei verletzt worden war. Im darauffolgenden Jahr kam das noch junge Tier als Geschenk des ägyptischen Vizekönigs Abbas Pascha an die Königin Viktoria in London an. Im Zoo von Regent's Park wurde Obaysch, das erste Flusspferd seit der römischen Antike auf europäischem Boden, an Samstagen von bis zu 10000 Besuchern bewundert. Die Aufnahme zeigt die Attraktion friedlich schlafend, mit einem Ausdruck von in sich ruhendem Glück, von dem sich jeder Betrachter gerne anstecken lässt. Jenseits des Gitters stehen – Vertreter unserer selbst und gleichzeitig von uns getrennt – die Zoobesucher. Das Tier selbst liegt am Rand eines Teichs, in dem es sich spiegelt. Der knapp gehaltene Ausschnitt links und rechts unterstreicht seine massige Präsenz. Die Aufnahme, die im *Photographic Album for the year 1855* verbreitet wurde, stammt von Don Juan Carlos Maria Isidro de Borbón, Graf von Montizón (1822–1887). Von der spanischen Thronfolge ausgeschlossen hatte sich Juan Montizón mit seiner Familie zusammen in England niedergelassen. Dort betätigte er sich als Amateurfotograf, der jedoch über eine höchst professionelle Ausrüstung verfügte. Das Bild des Flusspferdes ist eine scharf gezeichnete Momentaufnahme, die mit einem mit zwei Linsen bestückten Objektiv zustande kam, über das damals erst wenige Fotografen verfügen konnten. Mit ihrer raffinierten Inszenierung der Betrachtersituation erinnert die Fotografie an das damals berühmte, Goya zugeschriebene Gemälde »Majas am Balkon«, das der gebildete Spanier zweifellos gekannt hat.

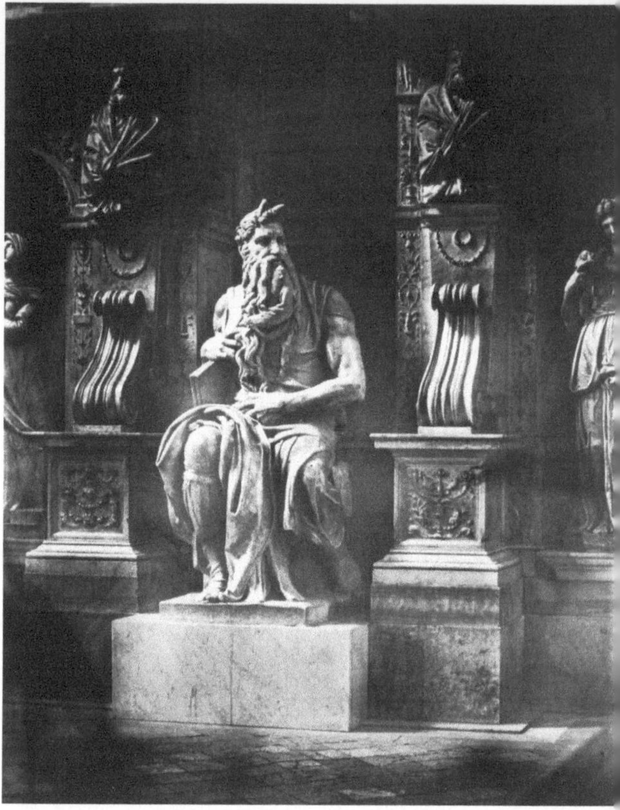

James Anderson: Moses von Michelangelo, frühe 1850er Jahre
Salzpapierabzug, 11,2 × 12,7 cm

James Anderson: Moses von Michelangelo

Einer der ersten Fotografen, der in Rom mit Kunstreproduktionen seinen Lebensunterhalt bestritt, war der Engländer James Anderson (1813–1877), der, als Maler ausgebildet, bereits 1838 über Paris in die heilige Stadt gekommen war. Anders als die Reproduktion von Gemälden, die in erster Linie die Beherrschung des Handwerks voraussetzt, ist die Wiedergabe von Werken der Architektur und der Bildhauerkunst zusätzlich einem subjektiven, interpretatorischen Zugriff unterworfen. Andersons Fotografie der Mosesstatue aus dem Grab von Papst Julius II. in der Kirche S. Pietro in Vincoli macht dies deutlich. Zwei Mittel werden bei der Wiedergabe des Grabmals als Elemente der Deutung eingesetzt: die Beleuchtung und die perspektivische Inszenierung. Anderson muss eine besondere natürliche Beleuchtungssituation abgewartet haben, bei der die Hauptfigur sich von allen anderen deutlich abhebt. Dass bei dem starken Licht von oben die Augen des Propheten im Dunkel bleiben und so den finsteren Gesichtseindruck der Figur betonen, den Bart und die Draperien dramatisieren, hat den Fotografen zweifellos nicht gestört. Die Aufnahme lebt aber auch von der Differenz zwischen einer objektiven und einer subjektiven Darstellung des Gegenstandes: Während Moses seitlich von den beiden Hermenpilastern und den beiden angeschnittenen Sibyllen gerahmt und zentriert wird, hat Anderson mit der Verschiebung der Aufnahmeposition nach rechts eine starke Spannung eingebaut. Moses, deutlich links von der Mittelvertikalen dargestellt, wird nicht nur – so wurde die Figur im 19. Jahrhundert erzählerisch gedeutet – bald im Zorn aufspringen und die Gesetzestafeln zerstören. Er wird sich dabei auch nach rechts, d. h. direkt auf den Betrachter hin bewegen.

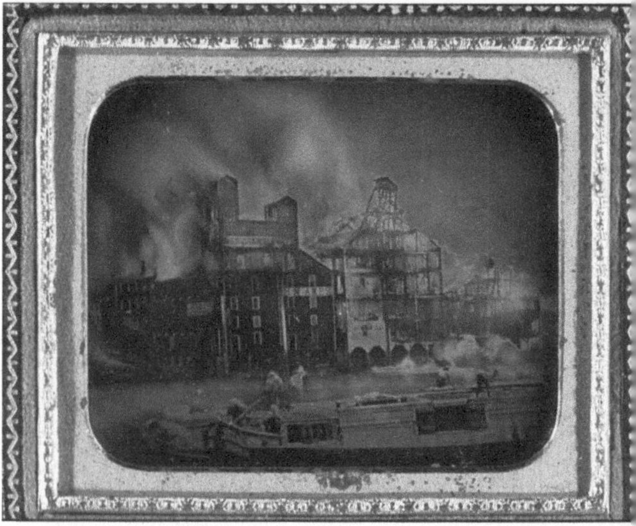

George N. Barnard: Brennende Mühlen bei Oswego,
Ontario, 5. Juli 1853
Kolorierte Daguerreotypie, 5,7 × 6,9 cm
Rochester, George Eastman House

George N. Barnard: Brennende Mühlen bei Oswego, Ontario

»Ein Feuer brach heute morgen um etwa 11 Uhr in der Getreidemühle von Fitzhugh's & Co. auf der Eastside aus. Da ein starker Westwind wehte, breitete es sich mit erstaunlicher Geschwindigkeit aus und fegte alles, was sich ihm entgegenstellte, hinweg. Schließlich war fast der ganze 2. Stadtbezirk ein Ruinenfeld mit einer Fläche von mindestens 45 Morgen. [...] Große Mengen von Korn, Mehl und anderen Waren wurden in den Mühlen und Speichern ein Raub der Flammen. Die ganze Szene war schrecklich, unbeschreiblich.« So berichtet eine Lokalzeitung von der Feuersbrunst, die am 5. Juli 1853 die Stadt Oswego am Ontario-See heimsuchte. Auch eine Daguerreotypie – eine der frühesten dieser Art – bezeugt die Katastrophe. Aber sie tut es anders, in der Form eines momentanen Seheindrucks, der das Feuer auf dem Höhepunkt seines Wütens festhält. Es waren die Art und das Ausmaß der Katastrophe, die eine solche Momentaufnahme damals überhaupt erst möglich machten. Das Feuer war so hell, dass selbst die züngelnden Flammen sichtbar sind. Auch die Feuerwehrmänner in ihren Booten beobachten im Vordergrund das Ereignis fassungslos, d.h. unbewegt.

Die Daguerreotypie ist eine der kleinformatigen Kopien des Originals, das George N. Barnard (1819–1902), der seit 1846 in Oswego ein Fotostudio betrieb, am Tag der Katastrophe neben einigen weiteren Aufnahmen vom Feuer gemacht hatte. Barnard hat die Kopien, die er zum Teil mittels Kolorierung in opernhafte Nachtszenen verwandeln ließ, in einer Zeitungsannonce als »treue Darstellungen« (*faithful representations*) angepriesen, und im redaktionellen Teil wurden sie als »die hübschesten Dinge, die man sich vorstellen kann« (*the prettiest things imaginable*) bezeichnet.

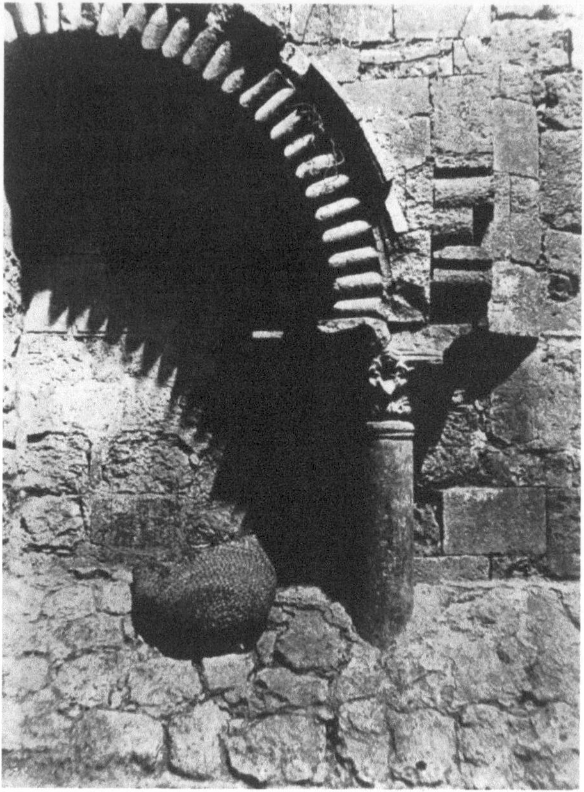

Auguste Salzmann: Grabeskirche in Jerusalem,
architektonisches Detail, 1853

Auguste Salzmann: Grabeskirche in Jerusalem, architektonisches Detail

Das Heilige Land und die heiligen Stätten Palästinas waren schon früh Ziel von fotografischen Expeditionen. Bereits im Dezember 1839, drei Monate, nachdem Daguerre in Paris sein Verfahren vorgestellt hatte, machte Frédéric Goupil-Fresquet Aufnahmen in Jerusalem. 1862/63 wurde in Glasgow eine Bibel herausgegeben, in die 55 Fotografien von Francis Frith eingeklebt waren. Von diesen und anderen Unternehmungen, die vor allem ein religiöses Publikum bedienten, unterscheidet sich jenes des aus Straßburg stammenden, als Künstler ausgebildeten Archäologen Auguste Salzmann (1824–1872). 1854 publizierte er unter dem Titel *Jérusalem. Étude et reproduction photographique des monuments de la ville sainte depuis l'époque judaïque jusqu'à nos jours* ein fotografisches Album. Mit ihm mischte sich Salzmann in eine damals aktuelle Diskussion über das Alter der architektonischen Zeugnisse Palästinas ein. Gegen die These, wonach alle Bauten, die man mit dem Wirken Christi zusammenbringe, aus nachrömischer und damit nachchristlicher Zeit stammten, hatte sich vor allem Salzmanns Freund Félicien de Saulcy erhoben. Auguste Salzmanns Aufnahmen, die in diesem Streit als visuelle Argumente dienen sollten, kommen – vor allem durch die Herauslösung einzelner Details – der ästhetischen Sensibilität des heutigen Betrachters entgegen. Das ausgewählte Beispiel zeigt eine Säule von der Westfassade der Jerusalemer Grabeskirche, die nachträglich in ein viel gröberes Mauerwerk eingebaut worden ist. Der starke Schatten gibt dem teilweise zerfallenen, charakteristisch verzierten Bogen eine starke Präsenz. Der Korb mit seinem feinen Flechtmuster wurde wohl bewusst in der Nische plaziert, um die Detailtreue des fotografischen Dokuments unter Beweis zu stellen.

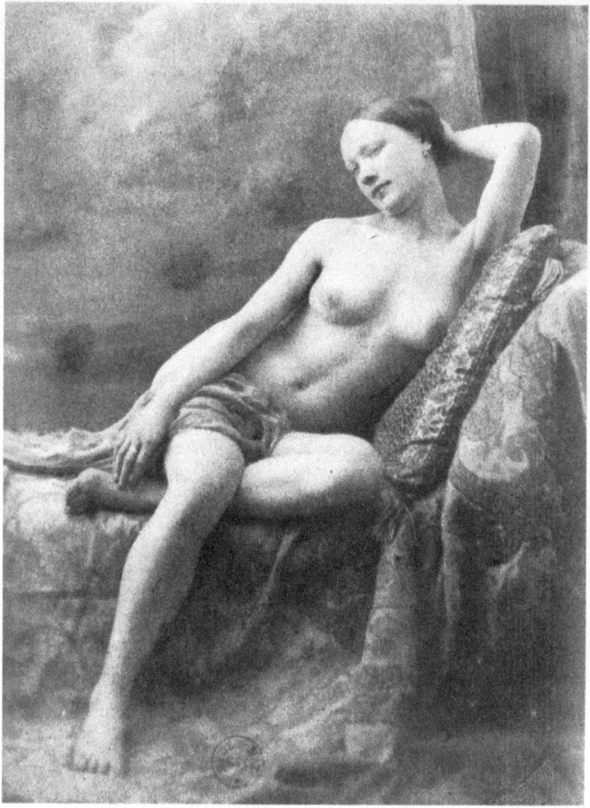

Eugène Durieu: Weiblicher Akt, 1853/54
Salzpapierabzug, 14 × 9,5 cm
Paris, Bibliothèque Nationale

Eugène Durieu: Weiblicher Akt

»Ich betrachte mit Leidenschaft und ohne zu ermüden diese Fotografien nach nackten Menschen, dieses wunderbare Gedicht, den menschlichen Körper, in dem ich zu lesen lerne.« Diese auf den 5. Oktober 1855 datierte Notiz im Tagebuch des französischen Malers Eugène Delacroix bezieht sich auf die Fotografien, die er kurz zuvor mit Hilfe von Eugène Durieu (1800–1874), einem ehemaligen Verwaltungsbeamten, aufgenommen hatte. Delacroix bestimmte jeweils die Posen der männlichen und weiblichen Modelle, Durieu war für deren fotografische Fixierung verantwortlich. Die so entstandenen Aktfotografien benutzte der Maler später zum Teil als Ausgangspunkte für eigene künstlerische Arbeiten. Zu einigen der im *»Album Durieu«* enthaltenen Aufnahmen – alles Unikate – haben sich Zeichnungen Delacroix' erhalten. Der hier gezeigte fotografische Akt mit seiner komplexen, durch Parallelismen und Kontraste geprägten, aber dennoch natürlich wirkenden Pose zwischen Sitzen und Liegen diente dem Maler 1857 als Vorlage für ein kleines Ölgemälde mit dem Titel »Odalisque«. Darin hat Delacroix die verführerische Sinnlichkeit der Fotografie durch einen flammenden Malduktus, eine starke Farbigkeit und einen schlangenhaft bewegten Dekor ausgedrückt und in die Kunst eines fernen, imaginären Orients versetzt. Das Gemälde ist nicht Umsetzung, sondern persönliche Lektüre der fotografischen Vorlage.

Eugène Delacroix hatte – wie viele seiner Zeitgenossen – ein gespaltenes Verhältnis zur Fotografie. Obwohl er 1851 eines der Gründungsmitglieder der Société Héliographique in Paris war und seine eigenen Gemälde fotografisch dokumentieren ließ, hielt er die Fotografie für ein bloß technisches Instrument: »In der Malerei spricht der Geist zum Geist und nicht die Wissenschaft, die zur Wissenschaft spricht.«

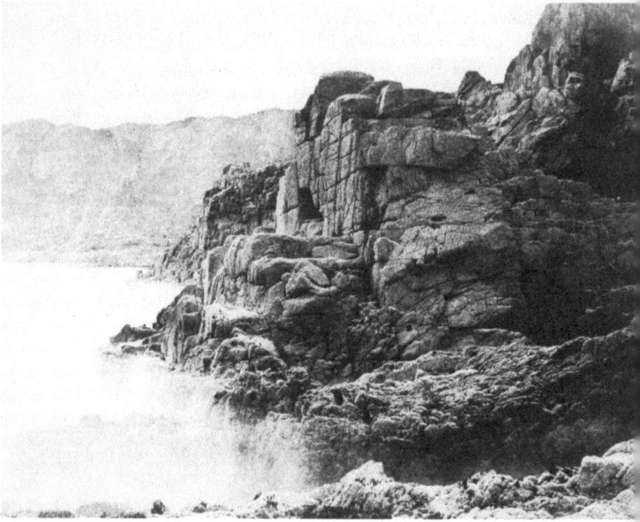

Thomas Sutton: Fiquet Bay bei steigender Flut, 1854

Thomas Sutton: Fiquet Bay bei steigender Flut

Die Fotografie hat die Vorstellung von Landschaft bereits in den ersten Jahrzehnten ihrer Existenz stark verändert, und zwar in doppelter, quantitativer wie qualitativer Hinsicht. Immer mehr Weltausschnitte haben durch das realistische Bildmedium eine Individualität bekommen, die das je Charakteristische stärker erfahrbar machte, als dies mittels der zur Idealisierung neigenden handwerklichen Bildmedien zuvor möglich gewesen war. Gleichzeitig wurden mit dem Siegeszug der Fotografie, der parallel zu den letzten großen imperialistischen Landnahmen der europäischen Nationen stattfand, immer mehr fremde Weltgegenden für die Daheimgebliebenen bildnerisch verfügbar und damit in anderer Weise zu eigen gemacht. Die Suche nach dem fotografisch Wirkungsvollen hat aber auch ihren Preis. Nur die ungewöhnlichen, fremd wirkenden Orte sind letztlich bildwürdig, und die meisten lernen diese zuerst oder sogar ausschließlich über die Fotografie kennen. So ist auch in dieser Landschaftsaufnahme keine exotische Insel wiedergegeben, sondern eine Steilküste der Insel Jersey, auf der Thomas Sutton (1819–1875) seit 1846 ein Fotostudio betrieb. Sutton hat in der Geschichte der Fotografie auch einen Namen als Erfinder. Er entwickelte eine Panoramalinse und die erste einäugige Spiegelreflexkamera. Im Jahre 1861 stellte er unter der Leitung des schottischen Physikers James Clerk Maxwell mit Hilfe von drei, einem roten, einem grünen und einem blauen Filter aufgenommenen Diapositiven des gleichen Gegenstandes die erste Fotografie mit beständigen Farben her. Sie diente Clerk Maxwell als Nachweis für seine Theorie der additiven Farbmischung. Thomas Sutton, der auch mehrere Bücher über Fototechnik verfasste, war in den ersten elf Jahren Herausgeber der 1856 gegründeten englischen Zeitschrift *Photographic Notes*.

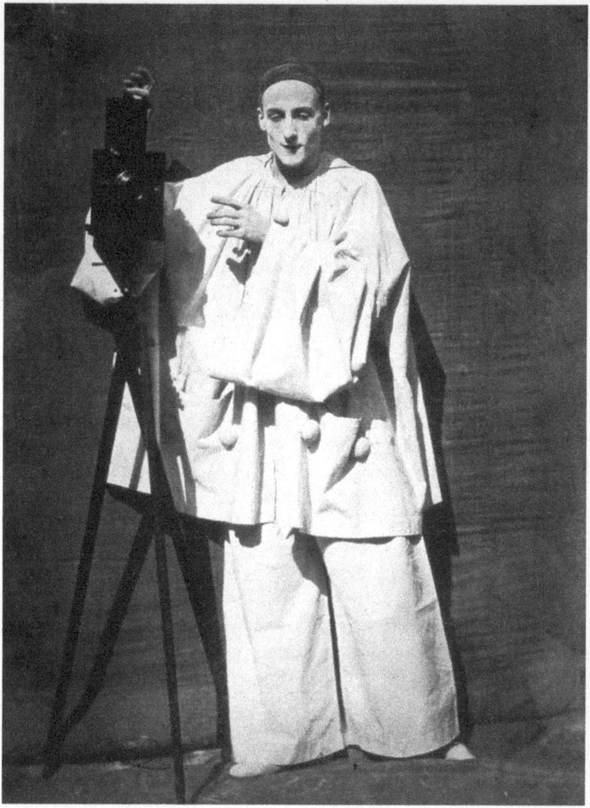

Nadar: Pierrot als Fotograf, 1854/55

NADAR: Pierrot als Fotograf

Was, so könnte man etwas beeindruckt fragen, war Nadar (1820–1910) nicht? Denn selbst eine nur unvollständige Liste ist schon lang genug: Student der Medizin, Karikaturist, Herausgeber einer Zeitschrift und aktiv in Kunst und Theater, Romanschriftsteller, Autor einer auch für die Fotografiegeschichte wichtigen Autobiografie, Unternehmer, der wohl bedeutendste französische Porträtfotograf seiner Zeit – und nicht zuletzt Ballonfahrer. Jules Verne gab dem Helden seiner Romane *Von der Erde zum Mond* und *Reise um den Mond* den Namen Ardan: ein Anagramm von Nadar. Hatte der als Gaspard-Félix Tournachon geborene Nadar als Karikaturist in seinem »*Panthéon Nadar*« noch mehrere hundert Berühmtheiten seiner Zeit in einem Bild versammelt, so kamen diese später zu ihm, um sich porträtieren zu lassen. Sein Werk ist heute so etwas wie das Who's who der französischen Gesellschaft des 19. Jahrhunderts. Und selbst wenn man nach Vorbildern für Prousts *Recherche* sucht, findet man diese in Nadars fotografischem Pantheon. Anders als die meisten seiner Kollegen arbeitete Nadar nicht mit Accessoires und gemalten Hintergründen, sondern mit Licht und Schatten. So setzte er in subtiler wie einfühlsamer Weise seine Modelle in Pose. Die Aufnahmen verkaufte er einzeln weiter. Man konnte bei ihm Fotografien im Carte-de-Visite- oder Carte-de-Cabinet-Format von Schauspielern und Schriftstellern, Politikern und anderen wichtigen Zeitgenossen einzeln erwerben und in sein eigenes Familienalbum einfügen. Zu den schönsten unter ihnen gehören dabei wohl die Aufnahmen von Sarah Bernhardt, die er gleich mehrfach porträtierte. Die hier ausgewählte Aufnahme des fotografierenden Pierrot war als Werbung für sein Atelier gedacht. Entstanden ist jedoch eine wunderbare Allegorie der Fotografie. Und welches Wunder sollte die Camera obscura nicht noch bereithalten?

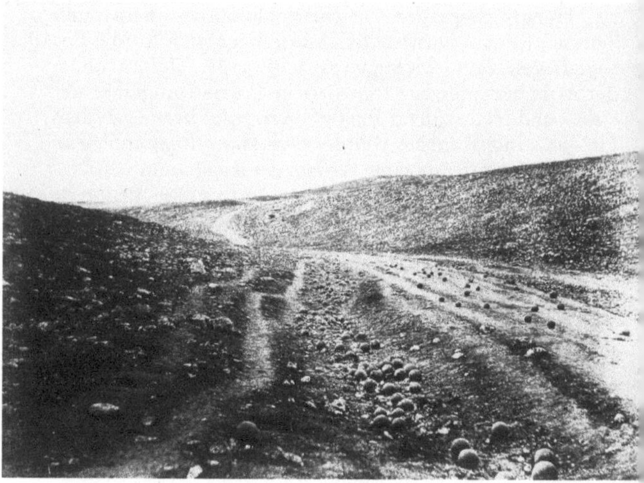

Roger Fenton, Tal des Todesschattens, 1855

Roger Fenton: Tal des Todesschattens

Der Krimkrieg von 1853–56, in dem eine von England und Frankreich angeführte Allianz die Großmachtambitionen Russlands einzudämmen versuchte, war der erste internationale Konflikt, bei dem die neuen Mittel der Kommunikation, die Telegrafie und die Tageszeitungen, aber auch die Fotografie, eine wichtige Rolle spielten. Bekannt sind neben den Aufnahmen von Felice Beato vor allem jene des Engländers Roger Fenton (1819–1869).

Im März 1855 zog Fenton, unterstützt vom Londoner Verleger Thomas Agnew, mit einem zur Dunkelkammer umgebauten Geländewagen durch die Krim. Nach vier Monaten, noch vor Kriegsende, kehrte er, an Cholera erkrankt, mit 350 Aufnahmen zurück. Diese wurden sofort in London ausgestellt und zum Verkauf angeboten. Die langen Belichtungszeiten erlaubten es damals nicht, bewegte Kriegshandlungen zu dokumentieren. Da Fenton die offizielle Seite unterstützte, zeigten seine Aufnahmen aber auch nicht die Opfer, die Verwundeten und Toten. Eine der Aufnahmen Fentons hat aufgrund ihrer suggestiven Bildsprache einen gleichsam emblematischen Status als Darstellung des ganzen Krieges gewonnen. Der Autor hat sie in Anspielung auf ein schon damals berühmtes Gedicht, in dem Alfred Lord Tennyson den verlustreichen Kampf einer englischen Kavallerie-Brigade vom 25. Oktober 1854 schildert, mit dem biblischen Ausdruck »*Valley of the Shadow of Death*« betitelt. Sie zeigt eine Landschaft vor den Toren der von den Alliierten belagerten Hafenstadt Sewastopol, die mit Kanonenkugeln übersät ist. Eigentlich sind es Projektile, die ihr Ziel verfehlt haben, doch erinnern sie gleichzeitig an Schädel von Gefallenen. Da es von Fenton auch eine Aufnahme der gleichen Straße ohne Kanonenkugeln gibt, ist davon auszugehen, dass er für das hier gezeigte, erfolgreichere Bild die bereits weggeräumten Kugeln wieder auf die Straße zurückgelegt hat.

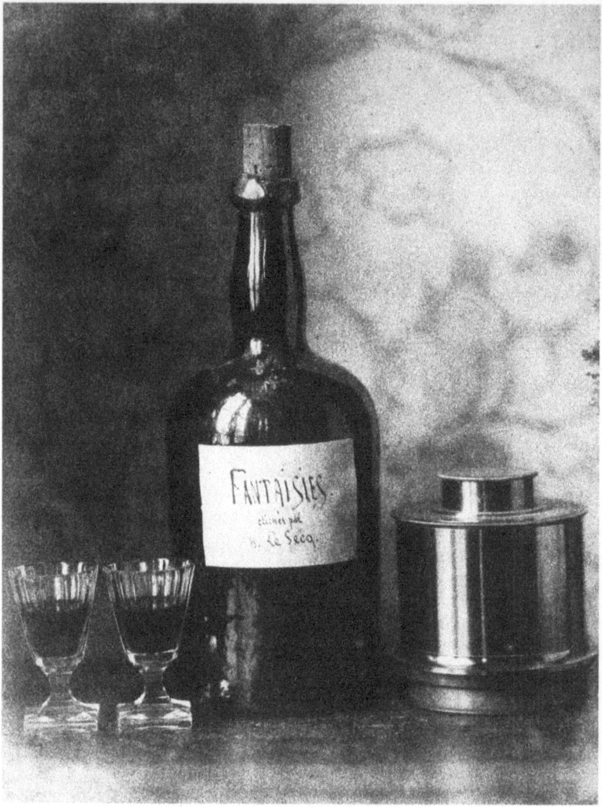

Henri Le Secq: »Fantaisies«
(fotografisches Frontispiz), um 1856

Henri Le Secq: »Fantaisies«

Dass der Autor dieses Stilllebens als Maler ausgebildet wurde, überrascht nicht. Henri Le Secq (1818–1882), einer aristokratischen Pariser Familie entstammend, war gleichzeitig mit dem gleichaltrigen Charles Nègre Schüler im Atelier von Paul Delaroche. Mit Nègre zusammen ließ er sich vom befreundeten Gustave Le Gray in die Technik der Kalotypie einführen. Bei den Zeitgenossen war Le Secq berühmt für seine Architekturfotografien. Zahlreiche gotische Kathedralen (Notre-Dame von Paris, Laon, Chartres, Straßburg, Reims, Amiens) hielt er in systematischen Fotografie-Kampagnen fest. 1851 war Le Secq zusammen mit Hippolyte Bayard, Edouard Baldus, Gustave Le Gray und Auguste Mestrel Mitglied der Mission héliographique. Le Secq, der in den späteren Jahren wieder vor allem als Maler tätig war, betätigte sich auch als Hobbyarchäologe und begeisterter Sammler. Die von ihm zusammengetragenen Zeugnisse alter Schmiedekunst bilden den Grundstock für das Musée le Secq des Tournelles in Rouen.

Das abgebildete Stillleben schuf der Fotograf als Frontispiz für seine »*Fantaisies photographiques*«, eine nach 1855 entstandene Serie von Stillleben in der Tradition des 17. und 18. Jahrhunderts. Es kann als ästhetisches Manifest verstanden werden: Eine mit »FANTAISIES / clichés / par H. Le Secq« beschriftete Flasche steht (als Quelle der Inspiration?) gerahmt von einem Paar gefüllter Likörgläser und einem glänzend polierten Objektiv vor einem fleckig marmorierten Bildgrund. Nicht auszuschließen, dass dieser in der Tradition von Leonardo da Vincis berühmten Mauerflecken als Projektionsfläche für das phantasiegeleitete Figurensehen des Betrachters verstanden werden soll. Diese Komposition zeigt sich jedenfalls weit entfernt von der Auffassung der Fotografie als einem dokumentarischen Medium.

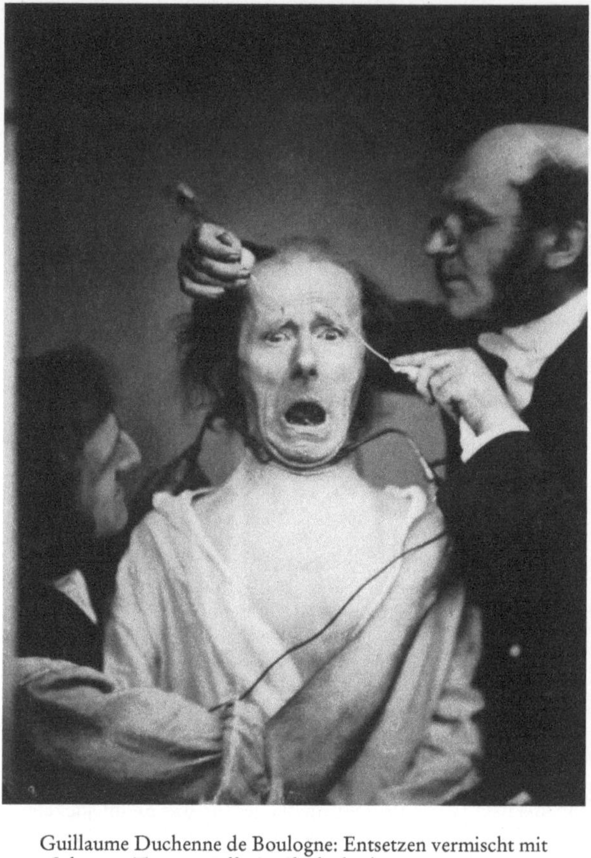

Guillaume Duchenne de Boulogne: Entsetzen vermischt mit Schmerz, Tortur (»Effroi mêlé de douleur, torture«), 1856
Albuminabzug, 23 × 16,8 cm
Paris, Bibliothèque de l'École nationale supérieure des beaux-arts

Guillaume Duchenne de Boulogne: Entsetzen vermischt mit Schmerz, Tortur

Die Aufnahmen, die der Arzt und Physiologe Guillaume Duchenne de Boulogne (1806–1875) für eine 1862 in Paris erschienene Publikation über den menschlichen Gesichtsausdruck (*Mécanisme de la physionomie humaine, ou Analyse électro-physiologique de l'expression des passions applicable à la pratique des arts plastiques*) herstellte, gehören zu den verstörendsten fotografischen Dokumenten von Experimenten am Menschen. An das Projekt des Barockmalers Charles Le Brun anknüpfend, der in einem 1668 publizierten Traktat den einzelnen, von einer bestimmten Leidenschaft (*passion de l'âme*) verursachten Gesichtsausdruck in Zeichnungen und Beschreibungen analysierte, wollte Duchenne die Untersuchung der »Gymnastik der Seele« auf eine wissenschaftliche Ebene heben. Auf der Grundlage von Galvanis Forschungen zur muskulären Elektrophysiologie versuchte er – auch unter Einsatz der Fotografie – nachzuweisen, dass die unterschiedlichen Formen des Ausdrucks von Emotionen durch die kombinierte Bewegung einiger weniger Gesichtsmuskeln zustande kommen.

Während in seinem Buch nur die im Oval ausgeschnittenen leidenschaftlich bewegten Gesichter reproduziert wurden, zeigt die hier abgebildete, 1856 entstandene Aufnahme aus dem Nachlass das ganze experimentelle Dispositiv: Duchennes glatzköpfigen Assistenten, der die Elektroden an den entscheidenden Stellen des Gesichts ansetzt, und dessen Gehilfen, der dabei die Kabel um den Körper des Opfers, eines alten Schusters, herumführt. Der unsichtbare Duchenne, der von Nadars Bruder, Adrien Tournachon, in die Kunst der Fotografie eingeführt worden war, betätigte im entscheidenden Augenblick den Verschluss der Kamera. Für den Wissenschaftler hatte die Fotografie einen hohen Stellenwert. Er war davon überzeugt, dass nur diese fähig sei, die »Wahrheit« einer Situation zu erfassen.

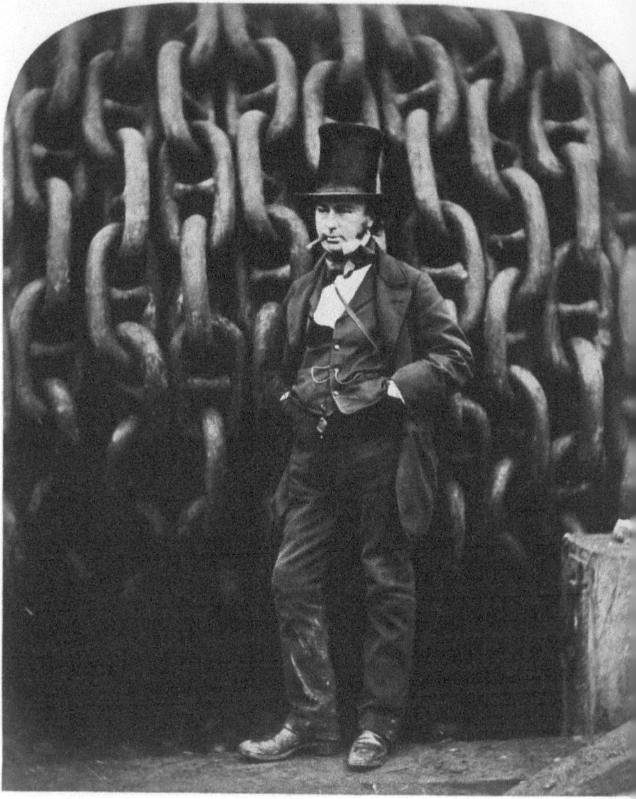

Robert Howlett: Isambard Kingdom Brunel, Erbauer des Raddampfers »Great Eastern«, 1857

Robert Howlett: Isambard Kingdom Brunel, Erbauer des Raddampfers »Great Eastern«

Eine der wichtigsten Aufgaben der Fotografie ist seit ihrer Frühzeit die Darstellung des Menschen als Individuum. Sie beerbte damit die malerische Gattung des bürgerlichen Porträts und machte diese laufend größeren Kreisen zugänglich. Dabei hielt die Fotografie an den Konventionen der Porträtmalerei überraschend lange fest, etwa in der Wahl der Posen, des Ausschnitts und vor allem der Staffagefiguren: den schweren Vorhängen und Säulenstümpfen, die ihre Herkunft vom barocken Herrscherporträt nur allzu deutlich verraten.

Nichts von derartiger Routine findet sich in diesem Porträt des Ingenieurs Isambard Kingdom Brunel, dem Erbauer des »Great Eastern«. Der erfolgreiche Ingenieur steht lässig, in ausgebeulten, schmutzigen Hosen und Zigarre im Mundwinkel, den Zylinder auf dem Kopf vor der Rolle mit der Riesenkette, mit der das größte Schiff der Welt in Kürze vom Stapel gelassen werden sollte. Der Fotograf Robert Howlett (1831–1858) hatte von der *Illustrated Times* den Auftrag bekommen, die letzten Phasen des Baus und den Stapellauf des Schiffs zu dokumentieren. Es ist aber nicht die historische Situation, es ist die bildkünstlerische Qualität, die hier zählt. Der Fotograf hat die Kette so ins Bild gesetzt, dass sie den Bildgrund bis auf eine schmale Bodenzone vollständig ausfüllt. So wird der Vorhang mit den riesigen Kettengliedern zu einem widersprüchlichen Attribut: Der Porträtierte ist Konstrukteur eines Objektes, zu dem er in kein geregeltes Verhältnis mehr gebracht werden kann.

Robert Howlett war einer der ersten Fotografen, der von seiner Arbeit lebte und – vermutlich auch daran starb. Kurz nachdem diese Aufnahme entstanden war, erlag Howlett 27-Jährig einem Nierenleiden, wahrscheinlich verursacht durch die Chemikalien, denen er in seinem von ihm entwickelten Dunkelkammerzelt allzu häufig ausgesetzt war.

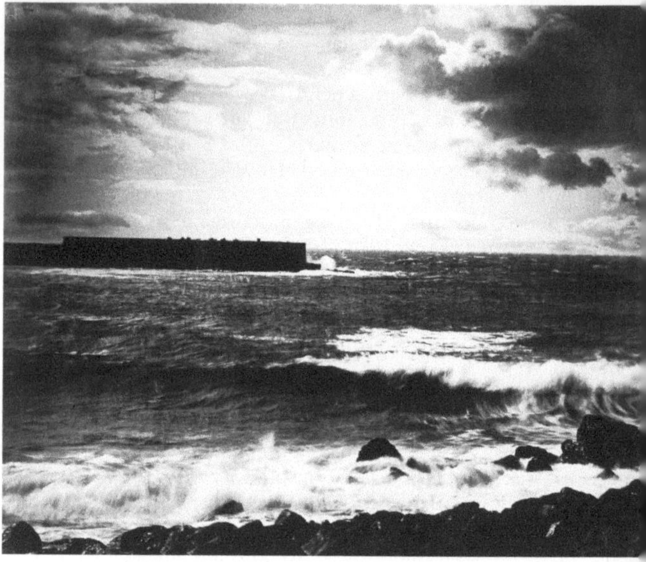

Gustave Le Gray: Die große Welle (»La grande vague«), 1857
Albuminabzug, 33,7 × 41,4 cm

Gustave Le Gray: Die große Welle

Die Meeresbilder von Gustave Le Gray (1820–1884) zählen damals wie heute zu den begehrtesten Fotografien überhaupt. Als Le Gray eine davon 1856 in London öffentlich ausstellte, waren in nur fünf Tagen 800 Stück reserviert. Im Oktober 1999 wurde einer der erhaltenen Abzüge der hier gezeigten, in Sète entstandenen Aufnahme, »*La grande vague*«, für 507 500 britische Pfund versteigert und erreichte damit den höchsten Preis, der bis dato für eine Fotografie bezahlt worden war. Worin liegt die Faszination von Le Grays *marines* begründet? Der Gattungsbegriff besagt, dass der Fotograf auch hier mit der Malerei wetteifert. Doch er übertrumpft sie gleichzeitig. Während eine gemalte Woge und eine gemalte Wolke selbst bei größtem technischen Können des Künstlers als auf der Leinwand ausgebreitete Farbe erschienen – Courbet setzte in seinen später entstandenen, an Le Gray orientierten Wellenbildern genau auf diesen Effekt der malerischen Selbstdarstellung –, scheint bei der Fotografie die Natur sich selbst abzubilden. Dies trifft jedoch, wenn man die Herstellung in den Blick nimmt, auf Le Grays *marines* nur sehr eingeschränkt zu. Hier sind das bewegte Meer und der bewölkte Himmel in der Form einer Collage zusammengesetzt. Der Fotograf hielt die beiden Elemente zuerst bei dramatischer Beleuchtung in separaten Negativen fest und kombinierte sie nachträglich in fein austarierten Kompositionen. Wogen und Wolken – durch die auf mittlerer Höhe gesetzte Linie des Horizonts und die schwarze Hafenmole voneinander getrennt – halten als die beiden großen bewegten Mächte der Natur einander die Waage: Der Kosmos erscheint im geordneten Gleichgewicht. Le Grays Meeresaufnahmen zeichnen sich durch ein für jene Zeit unüblich großes Format und eine überraschende Detailschärfe aus. Sie erlaubte es, das bewegte Wasser erstmalig in einem bestimmten Moment seiner Bewegung sichtbar zu machen.

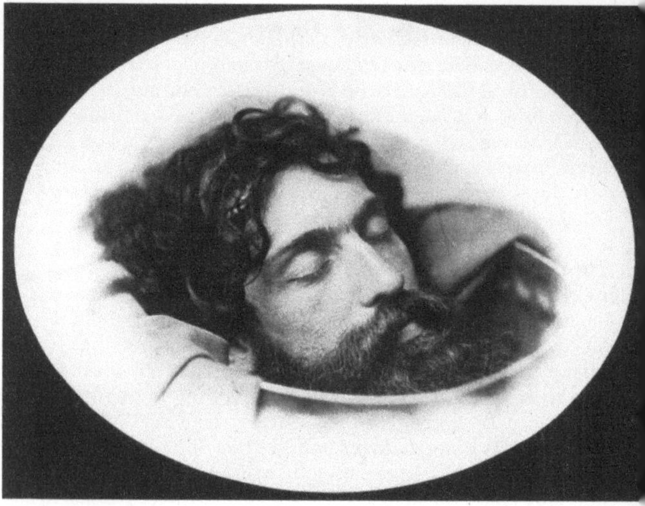

Oscar Gustave Rejlander: Johannesschüssel, 1858

Oscar Gustave Rejlander: Johannesschüssel

In der Fotografiegeschichte des 19. Jahrhunderts ist eine Karriere wie die des ursprünglich schwedischen, aber dann in England arbeitenden Fotografen Rejlander (1813–1875) selten: Auf der einen Seite war er mit Lewis Carroll und Julia Margaret Cameron bekannt und neben Henry Peach Robinson der wichtigste Vertreter einer frühen Kunstfotografie. Auf der anderen arbeitete er auch im Bereich der Naturwissenschaft und illustrierte 1872 Charles Darwins *The Expression of the Emotions in Man and Animals.* Darwin hatte ihm eine Reihe von Empfindungen vorgegeben, die Rejlander in typischer Weise auszudrücken versuchte und dann fotografisch festhielt. Er war hier Darsteller und Fotograf zugleich. Berühmt wurde Rejlander jedoch mit seinem allegorischen Bild *The two ways of life*, das er unter explizitem Rückgriff auf die Malerei minutiös konzipierte und in einzelne Szenen aufteilte. Diese wurden dann im Studio gestellt und im Abzug zusammengefügt. Schließlich beruhte das fertige Bild auf 32 Einzelnegativen, davon einigen, die nackte Frauen zeigten. Obwohl in der Malerei verbreitet, war dies damals im Feld der Fotografie noch skandalös und löste heftige Debatten aus. *The two ways of life* ist ein wichtiges Beispiel einer frühen Montagepraxis, die versuchte, die durch die Technik gesetzten Grenzen der Fotografie zu überwinden. So gelang sogar eine Fotografie des abgeschlagenen Hauptes Johannes des Täufers, das hier nun doppelt triumphierend auf einem Tablett präsentiert wird. Weitere Bilder arbeiten bereits mit Doppelbelichtungen, um in anderer Weise als bei Darwin Empfindungen abbildbar zu machen: Bei einer Fotografie blickt man etwa auf einen kauernden Mann und zugleich auf eine Schattenwelt, die seine Vorstellungen zu visualisieren sucht.

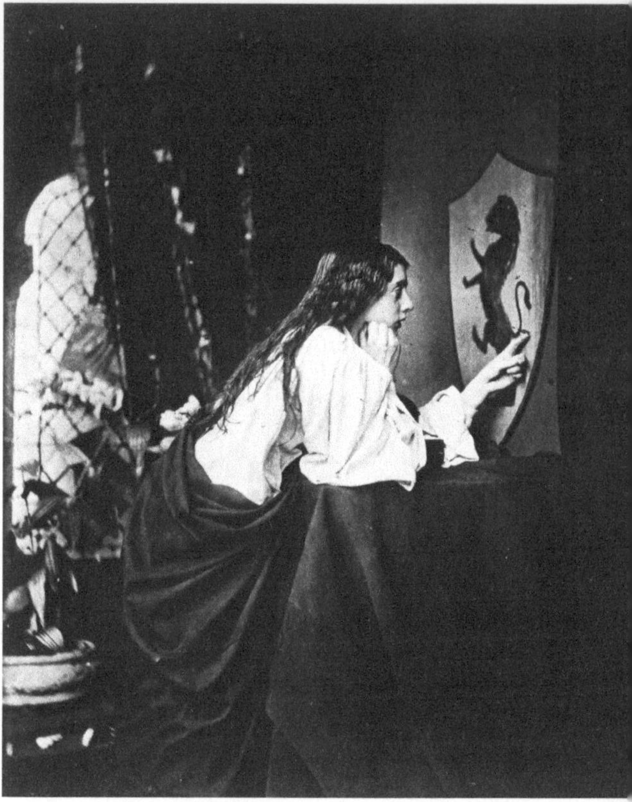

Henry Peach Robinson:
Elaine betrachtet Lancelots Schild, 1859

Henry Peach Robinson: Elaine betrachtet Lancelots Schild

Hinter dem Titel *Pictorial Effect in Photography* des 1867 erschienenen und im 19. Jahrhundert höchst einflussreichen Buches von Henry Peach Robinson (1830–1901) verbirgt sich ein ganzes Programm. Die Fotografie sei so ein- und auszurichten, dass sie den Eindruck eines Gemäldes erzeuge und so der Malerei nahekomme. Daher entlehnen Robinson wie auch weitere Fotografen der sogenannten frühen piktorialistischen oder Kunst-Fotografie die Kompositionsregeln der Bilder der Malerei. Der Kunstwert der Fotografie war nach ihm abhängig von einem genauen »Studium der Gesetze und Axiome, welche die grössten Maler, Bildhauer und Baumeister geleitet beim Schaffen ihrer schönsten Werke«. Und so finden sich in seinen fotografischen Werken zahlreiche Zitate bekannter Kunstwerke, die bei der Komposition der Fotografie als Modell gedient hatten, aber auch explizite Anleihen bei der Literatur. Erst die technischen Aufzeichnungsmöglichkeiten der Fotografie mit der Kompositionstechnik der Malerei zusammengenommen können, so H. P. Robinson, ein vollendetes Kunstwerk ergeben. Fotografie wie Malerei haben dabei nicht ihr Vorbild in der Natur, sondern in der durch das Bewusstsein gefilterten Natur, in ihrer Idealisierung. Die Fotografie kann erst dann in den Rang der Kunst erhoben werden, wenn sie sich die Malerei zu ihrem Vorbild nimmt und deren ästhetische Prinzipien übernimmt. Henry Peach Robinson komponierte daher minutiös seine Bilder, fertigte genaue Skizzen an, nach denen dann einzelne Szenen gestellt und fotografiert wurden. Das am Ende entstehende Bild ist nicht selten eine Kombination unterschiedlicher Negative, die dann mit möglichst unsichtbaren Schnitten zu einem Bild komponiert werden. Die frühe Montagepraxis war weit von dem revolutionären Gestus entfernt, den sie zu Beginn des 20. Jahrhunderts annehmen sollte.

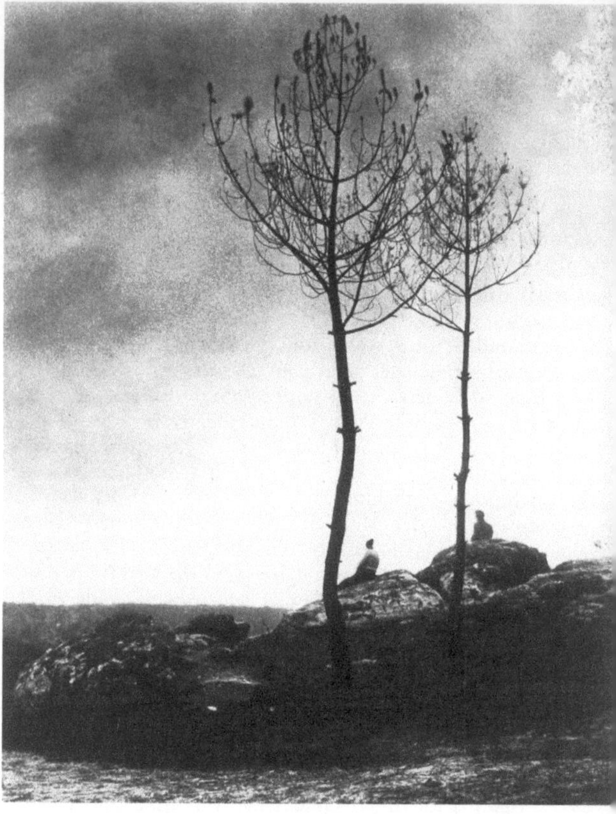

Eugène Cuvelier: Neben der Höhle, nach dem Feuer, frühe 1860er Jahre

Eugène Cuvelier: Neben der Höhle, nach dem Feuer

Das Verhältnis von Malerei und Fotografie im 19. Jahrhundert als konfliktreich zu bezeichnen, ist sicher noch eine Untertreibung. Aber wie bei vielen Beziehungen dieses Typs liegt in der Kontroverse der besondere Reiz und sind die gefundenen Lösungen mehr als nur komplex. Während in der Frühzeit der Fotografie diese noch als unübertrefflich in Detailreichtum und Genauigkeit beschrieben wurde, werden ihr dann in der Folge genau diese Eigenschaften zum Verhängnis. Die Fotografie sei leblos und tot, sie konterfeie nur die Oberfläche ab und verschone den Betrachter auch nicht vor jeder einzelnen Warze, die sie mit ebensolcher Treue wie das schöne Detail ins Bild banne. Die Malerei hingegen könne oder solle hinter die Oberfläche der Erscheinung zum Wesen vordringen und dieses darstellen. So oder ähnlich lesen sich viele Berichte. Gleichwohl benutzen bereits in den 1840er Jahren einige Maler Fotografien als Vorlagen oder arbeiten etwa, wie Delacroix, explizit mit fotografierten Kompositionen, die sich dann in den Bildern wiederfinden. Dieses Verhältnis einer dienenden Rolle findet sich bis hinein in die Kunst der Gegenwart. Doch um die Jahrhundertmitte kommt es mit der Schule von Fontainebleau bzw. Barbizon auch zu einer Umkehrung: Nun liefert die Fotografie nicht allein die Bilder, sondern bestimmt den Blick auf die Dinge. Die Fotografie wird im Wortsinn zum Vorbild der Maler. Es bildete sich eine ganze Schule mit Fotografen und Malern, von denen einige, wie etwa Corot, auch auf fotografische Verfahren zurückgriffen. Gegenstände dieser *plein air*-Darstellungen sind Wälder, Bäume und Wiesen, Szenen aus dem Landleben oder einfache Wege und Wurzeln. Mitunter entstehen, wie bei dem hier ausgewählten Bild, Sinnbilder einer neuen Betrachtung der Wirklichkeit. Sie stammt vom Fotografen Eugène Cuvelier (1837–1900), der als Maler ausgebildet war.

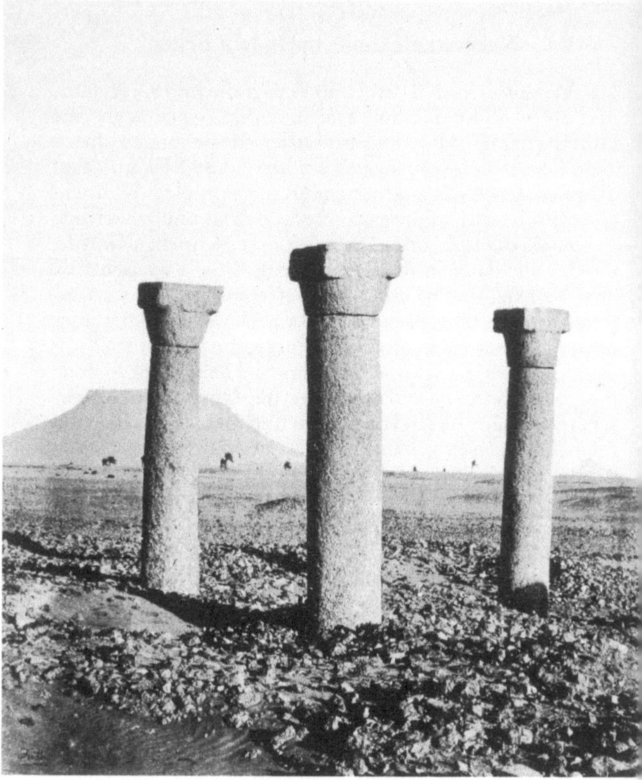

Francis Frith: Ruinen einer christlichen Kirche,
Insel Say, Äthiopien, 1860

Francis Frith: Ruinen einer christlichen Kirche, Insel Say, Äthiopien

Als Francis Frith (1822–1898) im Jahre 1856 in den Orient aufbrach, ging es ihm auch um eine spirituelle Reise, um eine Rekapitulation der Heilsgeschichte an den Orten, an denen diese stattgefunden hatte. Als aktiver Quäker wollte er die Stätten des Heiligen Landes aufsuchen und in Bilder bringen, die dann in England den Betrachtern eine geradezu physische Anschauung ermöglichen sollten, auch wenn sie nicht dorthin reisen konnten. Dementsprechend erschienen die Fotografien nicht nur in aufwendig mit Originalabzügen publizierten Bänden und in Gestalt von Stereofoto-Serien, sondern auch in besonderen Ausgaben der Bibel: der sogenannten *Queen's Bible* von 1862/63 mit 56 und in einer weiteren, zwei Jahre vorher erschienenen mit 20 Albuminabzügen. Ohnehin war Frith ein Mann von ungewöhnlicher Konsequenz. So verkaufte er, bevor er ins Heilige Land aufbrach, alle seine Geschäfte, um sein Leben ganz der Fotografie zu widmen – was er dann auch bis zu seinem Tod tat. Er gründete nach seiner Rückkehr aus dem Orient 1860 einen eigenen fotografischen Verlag, der Originalabzüge und später auch Postkarten vertrieb. Er entsandte Fotografen in die ganze Welt, um Bilder aus fernen Ländern vertreiben zu können. Francis Frith hatte ein ungewöhnliches Gespür für die Bedeutung von Kommunikationswegen und -formen, die nicht zuletzt die Fotografie überhaupt erst eröffnet hatte. Sie war ihm eine Art moralische Sprache, eine Ästhetik der Wahrhaftigkeit, die mehr als die Malerei die Wahrheit der Anschauung zu vermitteln hatte und diese auch vermitteln konnte. Davon zeugen auch seine zahlreichen Aufsätze zur Fotografie, die der Fotografie vor allem anderen eine moralische Unterweisungsfunktion zuschreiben, eine visuelle Aufklärung im Sinne einer religiösen Betrachtung.

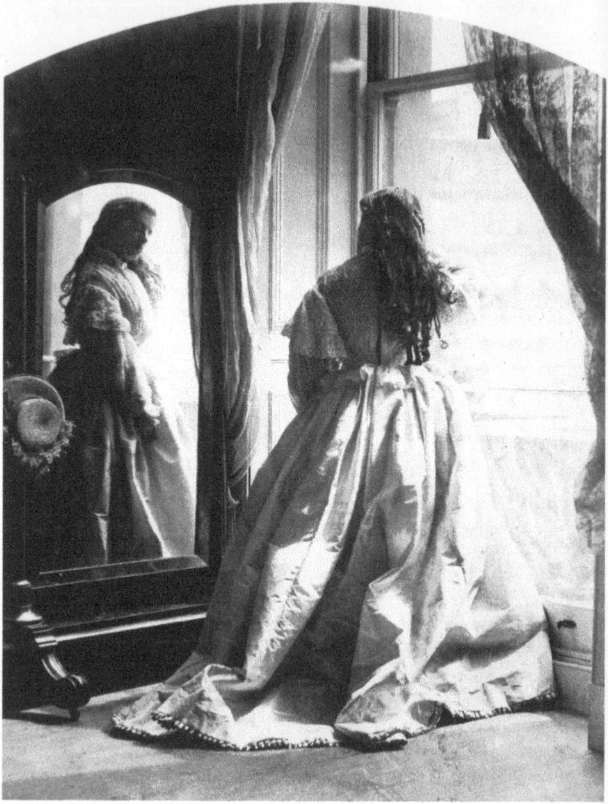

Clementina, Lady Hawarden:
Ohne Titel, 1862–64

Clementina, Lady Hawarden: Ohne Titel

Zu den besonderen Geschichten, die die Geschichte der Fotografie schreibt, gehört auch die Wiederentdeckung von Lady Hawarden (1822–1865). Zwar gehörte sie zu Beginn der 1860er Jahre zu den durchaus beachteten Fotografinnen, stellte ihre Arbeiten als *Photographic Studies* oder *Studies from Life* aus und gewann sogar die Silbermedaille auf der Ausstellung der Photographic Society of London im Jahr 1863. Ihre Bilder wurden von zeitgenössischen Zeitschriften und auch von keinem Geringeren als Lewis Carroll gewürdigt. Doch als sie im Alter von 42 Jahren starb, gerieten ihre etwa achthundert Bilder in Vergessenheit und wurden, oft in recht schlechtem Erhaltungszustand, mit abgerissenen Ecken oder in anderer Weise beschädigten Abzügen, erst ein gutes Jahrhundert später, in den 1970er Jahren, von dem Londoner Victoria and Albert Museum wiederentdeckt. Sie fanden dann aber gleich eine enorme Beachtung und begannen einen nicht unerheblichen Einfluss auf zeitgenössische Fotografinnen wie etwa Cindy Sherman auszuüben, die hier auch eine faszinierend subtile Inszenierungspraxis am Werk fanden, die mitten im viktorianischen Zeitalter bereits hochmodern ist.

Lady Hawarden war Fotoamateurin und fotografierte vor allem ihre drei Töchter in den Räumen ihrer Wohnung in South Kensington. Wie kaum ein zweites Werk des 19. Jahrhunderts hat sie die Pose zum bestimmenden Gegenstand ihrer Arbeit gemacht und dabei mit vielen zentralen Motiven des 19. Jahrhunderts gespielt: dem Spiegel, dem Blick aus dem Fenster, komplexen Blickkonstellationen und nicht zuletzt Inszenierungen von Weiblichkeit. Entstanden sind subtile Aufnahmen, die heute wie Rätselaufnahmen anmuten und einen eigentümlichen Zauber ausüben.

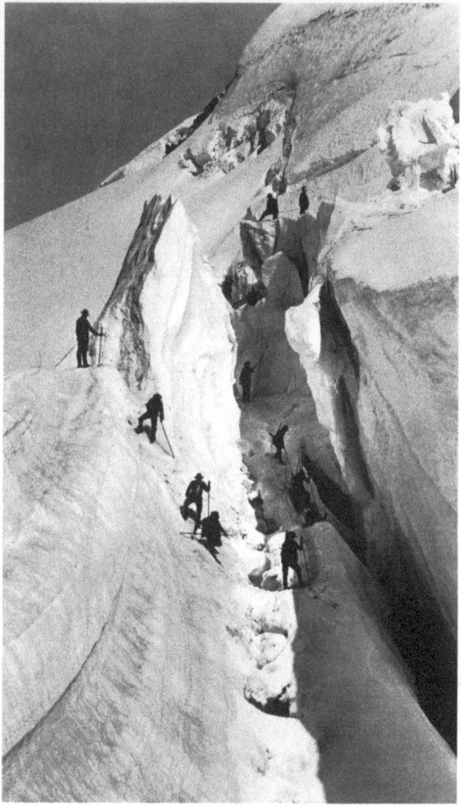

Auguste-Rosalie Bisson:
Aufstieg zum Montblanc, 1862

Auguste-Rosalie Bisson: Aufstieg zum Montblanc

In der Mitte des 19. Jahrhunderts hatten die Brüder Bisson ein seinerzeit berühmtes Fotoatelier auf dem Boulevard des Capucines in Paris. Von ihnen stammen neben vielen anderen Porträts eine Daguerreotypie des fotoscheuen Balzac und auch die einzig erhaltene Aufnahme Chopins. Der romantische Schriftsteller Théophile Gautier beschreibt den Blick in ihre Auslagen wie eine optische Wanderung und war vor allem von einem Motiv überaus fasziniert: von Bildern des Aufstiegs auf den Montblanc. Das war seinerzeit, da es keine Wege und kaum Führer gab, nicht nur ein gefährliches Unterfangen, sondern in der fotografischen Welt schlicht eine Sensation. Man startete seinerzeit mit 25 Trägern, da nicht nur die Kameras schwer waren, sondern weil zudem das komplette Instrumentarium für die Entwicklung der fragilen Glasplatten mitgeführt werden musste. Die Fotografen hatten keinerlei Erfahrungen, wie sich die Chemikalien in der Höhe und bei den niedrigen Temperaturen verhielten und mussten Schnee schmelzen, um ihn für das Wässern der Platten verwenden zu können. »Es war erst nöthig«, schrieb der *Photographische Almanach* für das Jahr 1862, »ein Zelt aufzuschlagen, in welchem die Platten präpariert werden müssen, ohne daß der Operateur vor Kälte oder Aufregung zittern durfte.« Bei gleich mehreren Aufstiegen gelangen nur sehr wenige Aufnahmen, die zwar die Brüder Bisson berühmt machten, sie aber nicht vor dem Ruin bewahrten: Ihr Atelier musste kurz darauf wegen Bankrotts schließen. Beide arbeiteten zwar als Fotografen weiter, doch ohne ein weiteres Mal die Aufmerksamkeit zu erlangen, die ihnen mit den Bildern auf das Alpenmassiv, diesem ohnehin noch neuen Feld der künstlerischen Einbildungskraft und wissenschaftlichen Erkundung, zuteil geworden war.

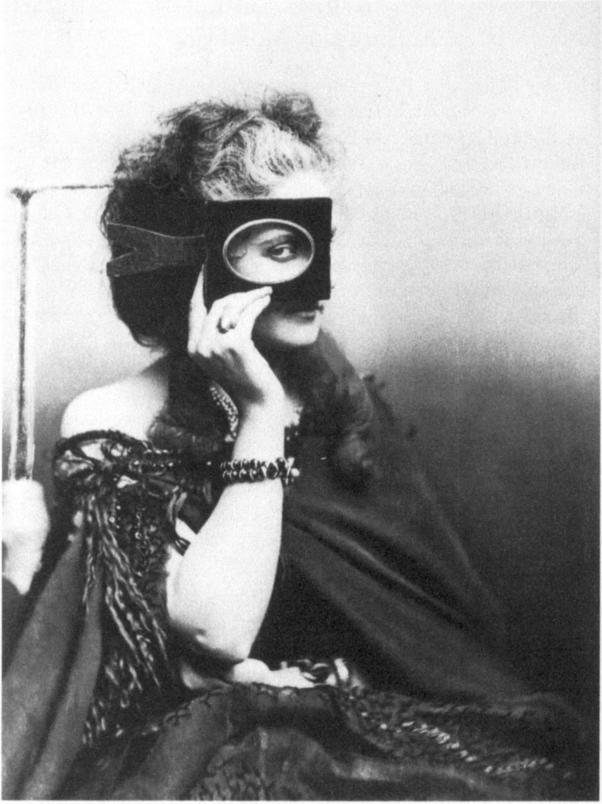

Pierre-Louis Pierson:
Comtesse de Castiglione, 1863–66

Pierre-Louis Pierson: Comtesse de Castiglione

In den insgesamt fast vierhundert Porträts, die Pierre-Louis Pierson (1822–1913) von der Comtesse de Castiglione anfertigte, wurde das noch junge Medium der Fotografie bereits in den 1860er Jahren zugleich ausgenutzt, auf die Probe gestellt, reflektiert, ironisiert und massenwirksam eingesetzt. Die Comtesse war eine der bemerkenswertesten Frauen ihrer Epoche und wenn der Begriff der *femme fatale* nicht zu abgenutzt und zu problematisch wäre, hätte er bei ihr seine volle Berechtigung. Nachdem sie mit 17 Jahren geheiratet hatte und so zur Gräfin von Castiglione geworden war, brauchte es nicht lange, bis sie auch Vittorio Emanuele II. verzauberte – um dann mit dezidiert politischen Zielen nach Frankreich geschickt zu werden: Sie sollte Napoleon III. für ein Bündnis mit Italien gewinnen, wurde aber rasch seine Geliebte. Die Comtesse blieb bis zu ihrem Tod in Paris. Die Fotografien, die Pierson von ihr anfertigte und zum Teil auch vertrieb, machten sich ihre Berühmtheit zunutze und beförderten diese zugleich. Viele von ihnen zeigen nichts als ihre Beine oder Füße, andere hingegen anzügliche Posen, bei denen mitunter sogar ihr Gesicht geschwärzt wurde. Vor allem aber sind sie ein Spiel mit der Fotografie, das Voyeurismus nicht nur voraussetzt, sondern gegen den Betrachter wendet. Und als solches wurden sie auch in den Debatten der Gender und Cultural Studies wiederentdeckt und breit diskutiert. Wir finden in den Bildern ein riesiges Spektrum an Inszenierungsstrategien – mit gewagten wie innovativen Ausschnitten, aber auch Kostümen und Requisiten. Die Comtesse posiert als Nonne, Schauspielerin und Königin, nimmt zahllose Rollen an und bietet nicht zuletzt ihre nackten Füße dem gierigen Blick der Kamera dar.

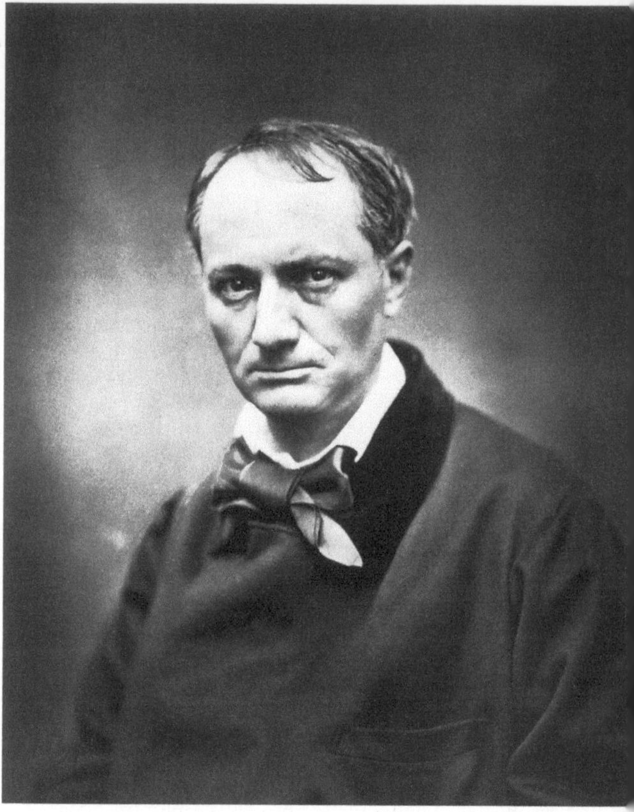

Étienne Carjat: Charles Baudelaire, um 1863

Étienne Carjat: Charles Baudelaire

Kaum ein zweiter Schriftsteller des 19. Jahrhunderts ist so vehement gegen die Fotografie publizistisch zu Felde gezogen wie Charles Baudelaire. In seinem Bericht über den Salon des Jahres 1859, auf dem die Fotografie erstmals überhaupt zugelassen war, widmet er ihr ein ganzes Kapitel, um deutlich zu machen, dass die Fotografie die Totenglocke der Einbildungskraft und somit der Kunst läutet. Baudelaire sieht das Zeitalter einer devoten Verherrlichung der äußeren Wirklichkeit anbrechen, in dem Fotografie und Realismus ein Archiv der Welt anlegen, das die sichtbare Wirklichkeit in ihren bildlichen Simulakren vervielfältigt und die Einbildungskraft aus ihr vertreibt. Daguerre ist für ihn der Messias einer götzendienerischen Menge, die das Abbild verherrliche und das Original und die Schöpfung missachte. Angesichts eines solchen Verdikts ist es durchaus überraschend, dass Baudelaire sich überhaupt fotografieren ließ. Überliefert sind jedoch gleich mehrere Porträts, von denen die berühmtesten von Nadar und Étienne Carjat (1828–1906) stammen. Das letztgenannte wurde seinerzeit in der *Galerie contemporaine* publiziert, einer Art Pantheon berühmter Zeitgenossen, das in Einzellieferungen vertrieben wurde. Diese enthielten neben einem ganzseitigen Porträt auch eine Darstellung von Leben und Werk und, wenn es sich um Maler handelte, auch Reproduktionen berühmter Werke. Dabei griff der Verlag Goupil & Cie. auf die Technik des Woodburytypes zurück, die seinerzeit wohl qualitativ beste Drucktechnik für Fotografien überhaupt, die auch für andere Prachtausgaben Anwendung fand. An der *Galerie contemporaine* waren die besten Porträtfotografen dieser Zeit beteiligt. Entstanden ist ein Meilenstein der Porträtfotografie überhaupt und zugleich ein visuelles Kompendium des 19. Jahrhunderts, bei dem natürlich auch Baudelaire nicht fehlen durfte.

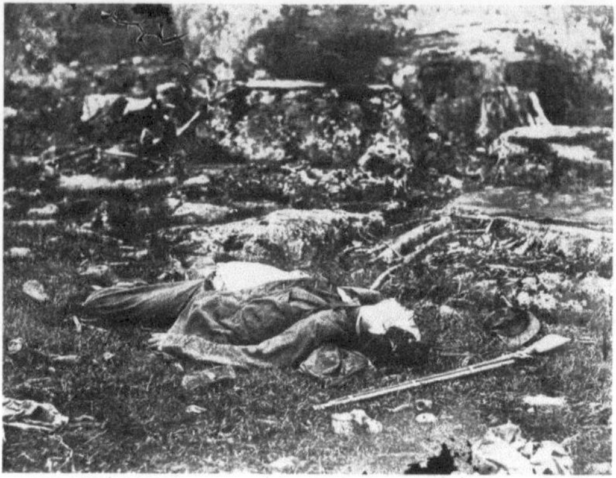

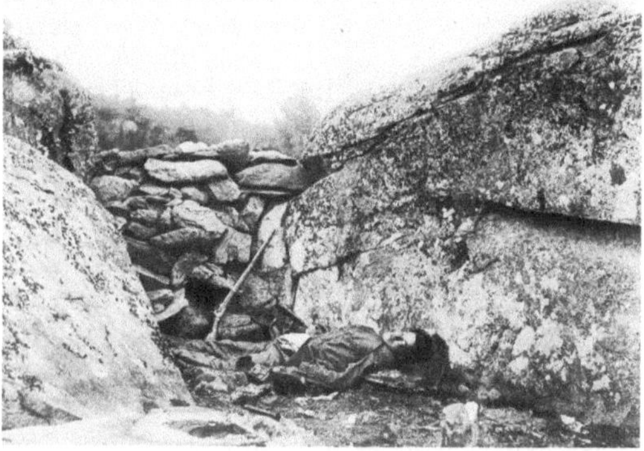

Alexander Gardner: »A Sharpshooter's Last Sleep« und »The Home of a Rebel Sharpshooter«, Gettysburg, 1863

Alexander Gardner: »A Sharpshooter's Last Sleep« und »The Home of a Rebel Sharpshooter«, Gettysburg

Der amerikanische Bürgerkrieg ist zwar nicht der erste Krieg, der fotografisch dokumentiert wurde, wohl aber der erste, bei dem die Fotografie als regelrechtes Massenmedium eingesetzt wurde. Doch berühmt wurden weniger die Tausende von Bildern als zwei Alben: Alexander Gardners *Photographic Sketch Book of the Civil War* (Washington 1865–66) und George N. Barnards *Photographic Views of the Sherman Campaign* (New York 1866). Beide erschienen in teuren Alben mit Originalabzügen und dokumentieren in je unterschiedlicher Weise die Schrecken des Krieges. Der Authentizitätsanspruch der Fotografie wurde seinerzeit auch dadurch nicht in Zweifel gezogen, dass Alexander Gardner (1821–1882) mitunter das Vorgefundene neu arrangierte, um eine bessere Bildwirkung zu erzielen: Hier etwa verrückte er den Leichnam des gefallenen Soldaten um vierzig Yards und setzte auch das auf beiden Bildern zu sehende Gewehr eigens »malerisch« an seine Stelle. Zudem haben zwei Forscher nachgewiesen, dass es sich bei den beiden hier abgebildeten Gefallenen um ein und denselben Soldaten handelt – nur dass er an einem anderen Platz liegt. Gardner fügte die beiden Bilder nacheinander in sein Album ein, um versteckt deutlich zu machen, dass die Scharfschützen bei den Unionisten und den Konföderierten gleichermaßen zu Tode kamen. Und selbst der Betrachter, dem nicht bewusst ist, dass es sich um ein und denselben Soldaten handelt, soll den Gefallenen bzw. hier die Gefallenen erst als Soldaten der Unionisten und dann der Konföderierten identifizieren, um dann festzustellen, dass sie ein gemeinsames grausames Schicksal haben. Gardners Inszenierung zielt auf eine möglichst eindrückliche Visualisierung der Schrecken des Krieges, die Individuen zu anonymen Opfern macht.

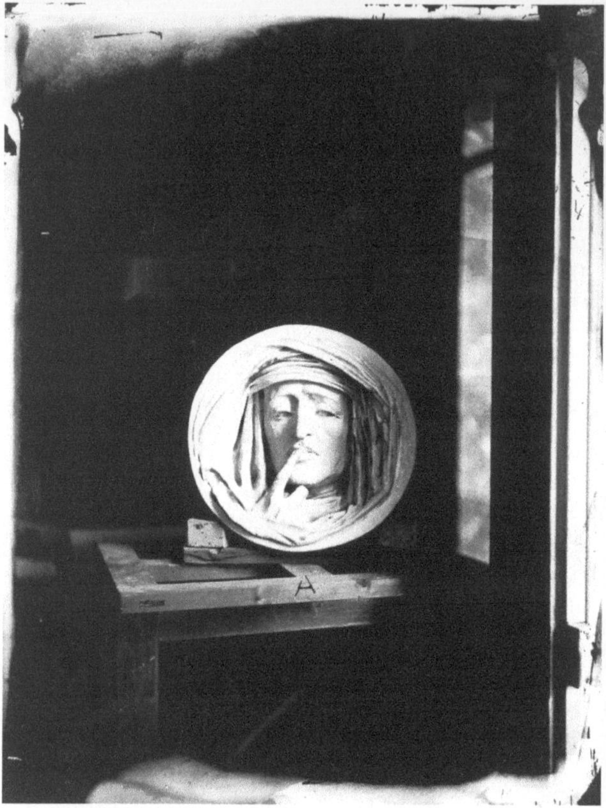

Jules Joly, gen. Joly-Grangedor:
»Le Silence« von Auguste Préault, um 1865

JULES JOLY, gen. JOLY-GRANGEDOR: »Le Silence« von Auguste Préault

Auch wenn Joly-Grangedor (1819–1871) heute fraglos nicht zu den berühmten Fotografen des 19. Jahrhunderts gehört, hat er doch einen erheblichen Beitrag zur Geschichte der Fotografie geleistet. Er experimentierte mit den neuesten Techniken (so erwarb er die Rechte an dem von Poitevin entwickelten Kohle-Verfahren), um diese im Dienste der Verbreitung von Kunstreproduktionen einzusetzen, mit denen er vor allem arbeitete. (Welche Bedeutung diesen beigemessen wurde, belegt Walter Benjamins Aufsatz »Das Kunstwerk im Zeitalter seiner technischen Reproduzierbarkeit«, 1935/39). Ihm ging es darum, mit Hilfe der Fotografie zu einer *formation du goût* beizutragen und setzte daher Fotografien gezielt im Kunstunterricht ein. Seine Motive stammten vor allem aus dem Louvre, aber auch von zeitgenössischen Künstlern, wie eben Auguste Préault, dessen Relief *Le Silence* er hier meisterhaft in Szene setzt. Joly-Grangedor beteiligte sich erfolgreich an mehreren großen internationalen Ausstellungen, um seine Idee, dass man mit der Fotografie ein Studium antiker und moderner Plastik ermöglichen könne, zu propagieren. Die Fotografie zielt hier weniger auf einen eigenen Kunststatus als vielmehr auf eine ästhetische Erziehung möglichst breiter Schichten der Bevölkerung: eine ästhetisch-fotografische Erziehung des Menschengeschlechts. Dementsprechend versuchen auch seine Publikationen und Vorlesungen, der Fotografie die Bedeutung zuzuweisen, die ihr seiner Ansicht nach zukomme: dem breiten Publikum Bilder zur Verfügung zu stellen und so zum »progrès de l'éducation générale« beizutragen. Viele seiner Aufnahmen (wie auch jene hier ausgewählte) erschienen daher ohne Angabe des Fotografen, der sich willentlich-wissentlich in den Dienst des Abgebildeten stellt, was in seinen Augen eben auch die Fotografie tun soll.

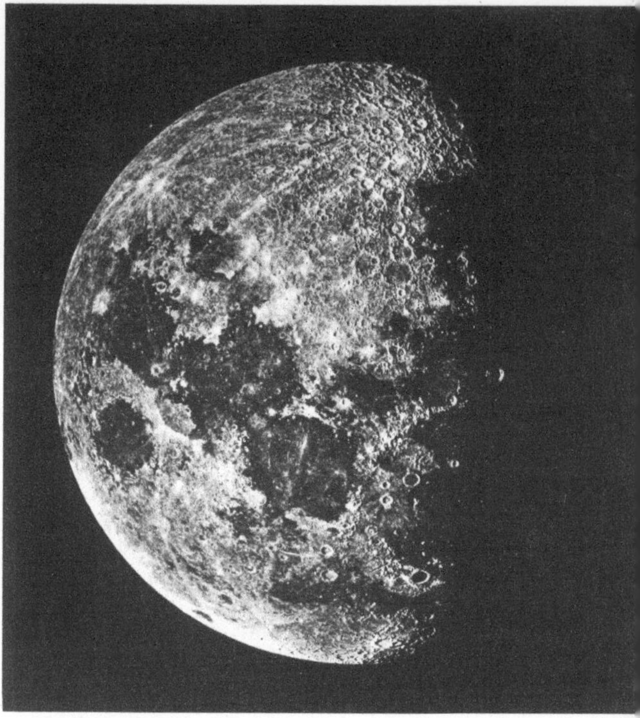

Lewis M. Rutherfurd: Der Mond, 1865

Lewis M. Rutherfurd: Der Mond

Der französische Astronom Jules Janssen fand gegen Ende des 19. Jahrhunderts für die Fotografie eine besondere Metapher: Für ihn ist sie die »Retina des Forschers«. Nicht zuletzt war es die Astrofotografie, die die unendlichen Weiten des Weltraums überhaupt erst sichtbar machte. Janssen erblickt in den fotografischen Bildern einen bildgewordenen und dadurch lesbaren Kosmos: »Gestirne, die uns ihre Formen und die letzten Details ihrer Struktur verraten, so als ob sie die Weiten des Weltalls verlassen hätten, um sich unserem Studium gehorsam zur Verfügung zu stellen. Welten vertrauen die Geheimnisse jener Materie, die sie hervorgebracht hat, den Strahlen an, die sie zu uns senden. Es ist die Geschichte des Himmels, durch ihn selbst geschrieben.«

Janssens poetisch-emphatische Aneignung des Himmels, der sich in Lichtstrahlen dem fotografischen Apparat und dem Menschen mitteilt, seine Geheimnisse verrät und somit in Kenntnisse verwandelt, findet Bilder für die Aufnahmen des bis dahin Ungesehenen. Zu den frühesten und zugleich berühmtesten dieser Bilder gehört die Aufnahme des Mondes des Amateurfotografen und -astronomen Lewis Rutherfurd (1816–1892), die dieser in seinem privaten Observatorium in seinem Garten in New York aufgenommen hatte, und die sich in zahlreichen Publikationen seiner Zeit findet. Es ist eine zugleich wissenschaftliche wie eigentümlich poetische Aufnahme. »Diese wundervolle Abbildung stellt«, so ein zeitgenössischer Besitzvermerk, »den Mond nach einer von Herrn Rutherford 1865 III 8, also etwa am 12. Tage seines Alters, zu New-York gemachten, und sodann bis auf 53 cm Durchmesser vergrößerten Aufnahme dar.« Sie markiert den Anfang einer Entdeckung des Himmels, die nicht erst mit Thomas Ruff Ende des 20. Jahrhunderts auch Einzug in die zeitgenössische Kunstfotografie genommen hat.

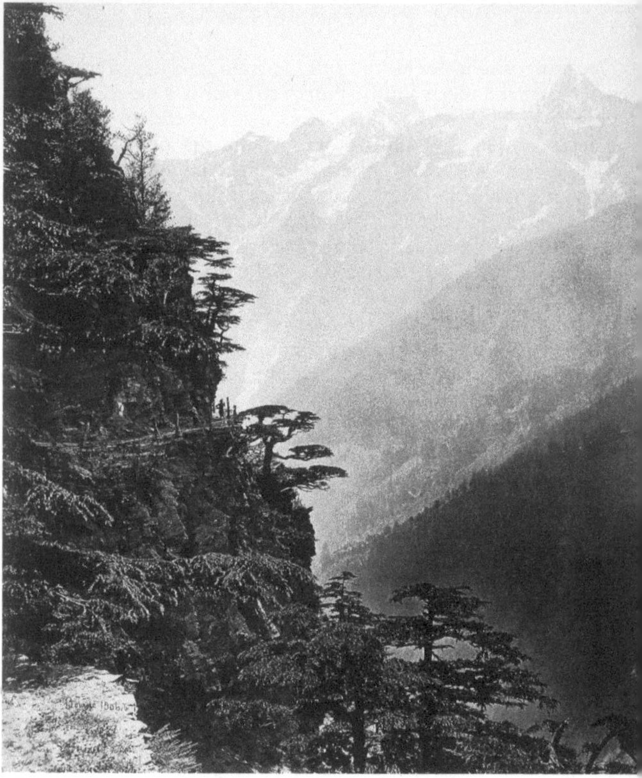

Samuel Bourne: Ein »Stück« auf der neuen Straße bei Rogi
in der Nähe von Chini, Himalaya, 1866

Samuel Bourne:
Ein »Stück« auf der neuen Straße bei Rogi in der Nähe von Chini, Himalaya

»Sechs Jahre in Indien« – so könnte man ein wenig reißerisch den dortigen Aufenthalt von Samuel Bourne (1834–1912) betiteln. Ermuntert durch Erfolge mit Landschaftsaufnahmen des schottischen Lake District gab er 1863 seine Arbeit als Bankangestellter auf und reiste nach Indien. Bis zum Januar 1871 entstanden über 2000 Aufnahmen, die heute zu den schönsten Reisefotografien seiner Zeit zählen. Bemerkenswert sind neben der Dokumentation kunsthistorisch bedeutender Stätten vor allem seine Aufnahmen aus der Himalaya-Region. 1866 verbrachte er dort gleich sechs Monate und berichtete von seinen fotografischen Expeditionen auch in britischen Fotozeitschriften. Er engagierte bis zu sechzig Träger, die das fragile fotografische Material und nicht zuletzt die zahlreichen großformatigen Glasplatten mitzuführen hatten. Selbst die seinerzeit spektakulären Aufnahmen von über 6000 Meter hoch gelegenen Pässen – über mehr als zwei Jahrzehnte hielt Bourne den »fotografischen Höhenrekord« – mussten vor Ort in einer Dunkelkammer bearbeitet werden, wofür man wiederum zahlreiche Chemikalien und auch fließendes Wasser benötigte. Bournes Aufnahmen sind von seltener Qualität und verfügen über einen phantastischen Reichtum an Tönen. Im Mittelpunkt stehen weit weniger ethnographische Motive oder ein kolonialistischer Blick auf die Fremde als vielmehr wunderbar komponierte Landschaftsaufnahmen: Indien wird zu einem traumhaften Bilderreich. Noch in Indien gründete er 1866 die Firma »Bourne & Shepherd«, die bis heute besteht und somit – neben dem der Alinaris – das wohl älteste Fotostudio der Welt ist. Nach England zurückgekehrt, gab Samuel Bourne die Fotografie weitgehend auf, gründete eine Textilfabrik und widmete sich in seiner Freizeit der Malerei.

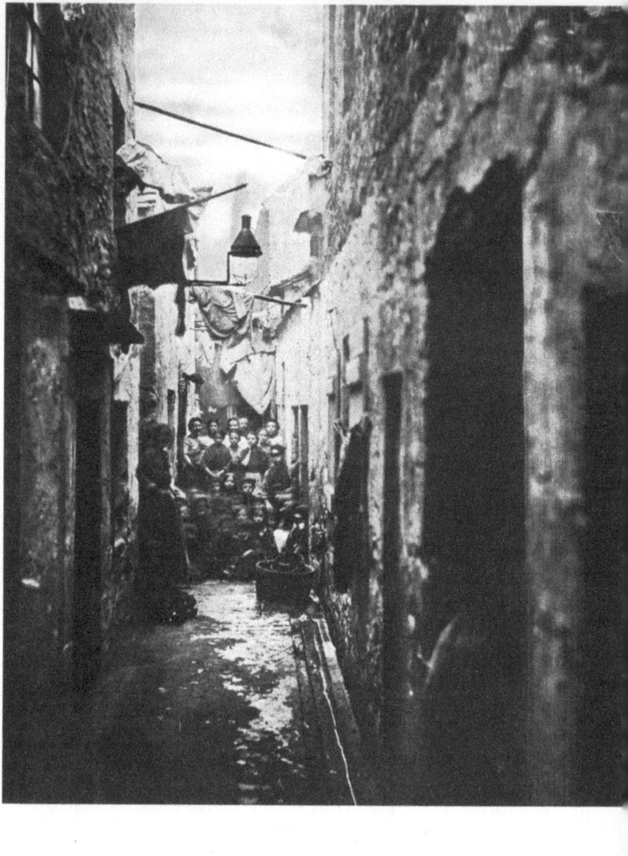

Thomas Annan: Close, No. 118 »High Street«, 1868

Thomas Annan: Close, No. 118 »High Street«

Als 1866 die schottische Regierung beschloss, die überfüllten Mietskasernen in der Altstadt von Glasgow abzureißen, vorher aber noch die Häuser fotografisch zu dokumentieren, fiel die Wahl auf Thomas Annan (1829–1887), einen der seinerzeit anerkanntesten Fotografen Schottlands. Zwischen 1868 und 1871 fertigte er 30 bis 35 Aufnahmen an, die später auch in heute höchst seltenen Büchern publiziert wurden. Die Aufnahmen entstanden unter komplizierten Bedingungen, da die Lichtverhältnisse kaum für gute Aufnahmen ausreichten und Annan daher mit außerordentlich langen Belichtungszeiten arbeiten musste. Fast durchweg sind daher die Fotografien menschenleer. Mitunter erscheinen die Bewohner als unscharfe Gestalten, nur selten werden sie, wie in der ausgewählten Aufnahme, im Bild festgehalten. Annan verstand dabei seine Aufnahmen keineswegs, wie es scheint, als sozialdokumentarische Fotografien, sondern vor allem als künstlerisch anspruchsvolle Dokumentation der Architektur der Häuser und der gesamten Anlagen, die er kompositorisch in Szene zu setzen suchte. Die Bilder erschienen ohne jede Erläuterungen als Abzüge, die in die Bücher einzeln eingeklebt werden mussten. Annan interessierte sich wohl auch nicht für die katastrophalen Lebensbedingungen der Bewohner, führte keine Interviews und fertigte auch keine detaillierten Notizen an. Gleichwohl wird seine Bilderserie heute als eine der ersten sozialdokumentarischen überhaupt angesehen – und wurde auch im 19. Jahrhundert als solche bewusst eingesetzt. Annan erhielt auch später noch weitere Aufträge der Regierung und fertigte etwa zwischen 1876 und 1886 eine Fotodokumentation der Installation eines Wasserversorgungssystems zwischen dem Loch Katrine und Glasgow an.

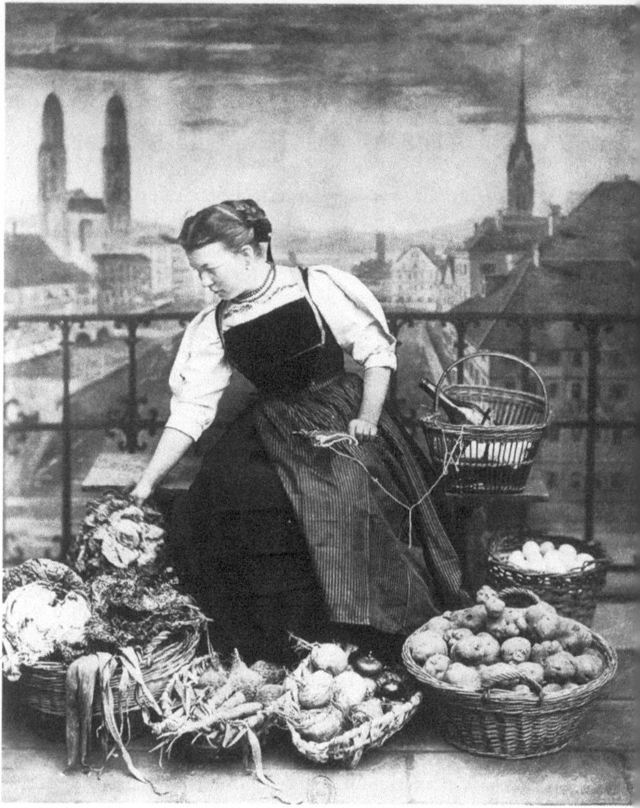

Adolphe Braun: Schweizer Trachten,
Kanton Zürich, 1869

Adolphe Braun:
Schweizer Trachten, Kanton Zürich

Viele der frühen Fotografen waren zuerst Maler. Auch Adolphe Braun (1812–1877) begann im elsässischen Mulhouse als Zeichner und Gestalter für Stoffmuster. Berühmt wurde er mit fotografischen Blumen- und Pflanzen-Stillleben, wohlhabend mit einer der ersten Firmen, die sich auf Kunstreproduktionen spezialisiert hatten. Viele der Aufnahmen fertigte er persönlich an, ließ aber später auch einen ganzen Stab an Fotografen für sich arbeiten. Braun & Cie. wurde eine regelrechte Fotoindustrie, die Bilder tausendfach produzierte. Die Blumenstillleben hatte er noch 1864 der Académie des Sciences präsentiert, um sie zur Nutzung für Industriezeichner vorzuschlagen. Sie gehören zusammen mit seinen Schweizer Ansichten bis heute zu seinen berühmtesten Bildern. Seine späteren Fotografien, die zahllose Motive umfassen, zielten hingegen auf ein Massenpublikum, das er auch erreichte. Ein Schwerpunkt lag neben dem Elsass auf dem Alpenraum, dem er zahlreiche wunderbar komponierte Ansichten widmete. Braun fertigte aber auch Genreszenen (wie etwa die Serie mit Trachtenbildern der Schweiz, aus der die ausgewählte Fotografie stammt), Stillleben, Porträts und Aufnahmen von Tieren an. Hinzu kamen neben zahllosen Kunstreproduktionen insbesondere Serien von Stereofotos (Raumbildtechnik mit zwei Aufnahmen) meist mit Reisefotografien oder topographischen Ansichten – eines der ersten fotografischen Massenmedien überhaupt. Schließlich entstanden auch zahlreiche Aufnahmen des deutsch-französischen Kriegs, die ebenfalls zum Verkauf angeboten wurden. Die Kunden konnten aus einem umfangreichen Katalog mit genauen Beschreibungen der Motive wählen und sich so ihr eigenes Museum zusammenstellen.

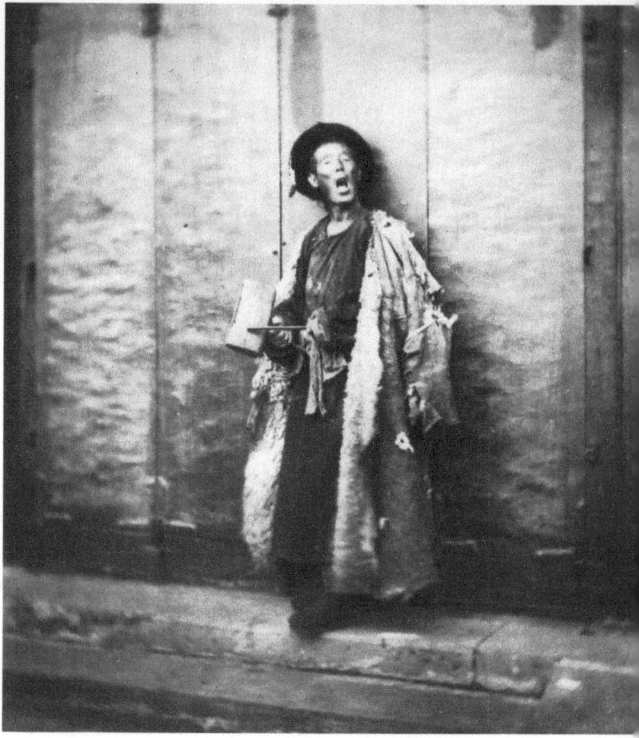

John Thomson: Der Nachtwächter, 1871/72

John Thomson: Der Nachtwächter

Der schottische Fotograf John Thomson (1837–1921) gelangte während seines Lebens gleich dreimal in ganz verschiedenen Feldern der Fotografie zu Berühmtheit. 1862 brach er in den Fernen Osten auf und dokumentierte zehn Jahre lang das Alltagsleben, aber auch die Landschaft und die Paläste Siams, Kambodschas, Vietnams, Malaysias, Chinas und Formosas. Er fotografierte den König von Siam und publizierte seine meisterhaften Aufnahmen, die sich nicht selten durch ungewöhnliche Perspektiven wie Kompositionen auszeichnen, in opulent ausgestatteten Büchern im Folio-Format, in denen er Woodburytypien, die seinerzeit beste Reproduktionstechnik, verwendete. Er gehört damit zu den Pionieren der frühen Reisefotografie. Einige der Alltagsaufnahmen, wie auch die hier ausgewählte, scheinen bereits seine Arbeit in London 1876/77 vorwegzunehmen. Dort dokumentierte er das *Street Life in London*, so der Titel seines Buchs, das 1877 erschien und das zu den ersten sozialdokumentarischen Fotoserien überhaupt gehört. Die Publikation führte seinerzeit zu einer öffentlichen Diskussion über die Bedingungen der verarmten Stadtbevölkerung – und das, obwohl das Elend hier fast durchweg malerisch verklärt dargestellt wird. 1879 eröffnete Thomson schließlich ein Porträtstudio in der Buckingham Palace Road und widmete sich nicht zuletzt fotografischen Porträts der High Society und der königlichen Familie. John Thomson arbeitete zudem als Übersetzer fotografischer Literatur, unterrichtete Fotografie an der Royal Geographical Society und publizierte nicht zuletzt zahlreiche Texte in den einschlägigen fotografischen Zeitschriften der Zeit. Er ist damit einer jener frühen Fotografen, die höchst unterschiedliche Strömungen des noch jungen Mediums in ihrem Werk versammeln.

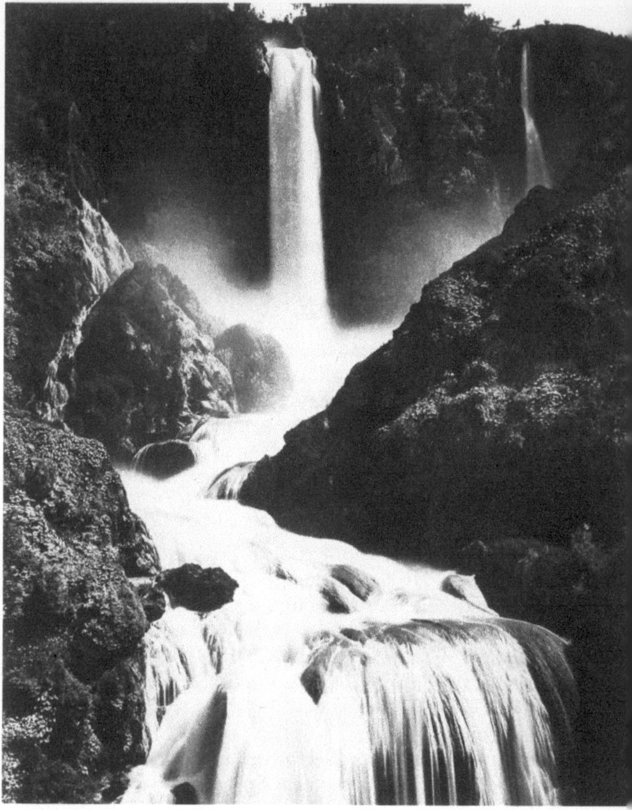

Fratelli Alinari: Die Marmorfälle bei Terni, um 1870

Fratelli Alinari: Die Marmorfälle bei Terni

Hinter dem Kürzel »Fratelli Alinari« verbirgt sich das bis heute existierende und somit – neben dem von Bourne & Shepherd – älteste Fotostudio der Welt. Die Gebrüder Leopoldo, Romualdo und Giuseppe Alinari gründeten es 1852. Drei Jahre später waren sie bereits mit 84 Exponaten auf der Pariser Fotografie-Ausstellung vertreten. Diese zeigten vor allem Ansichten aus Florenz und einige weitere aus der Toskana. Heute beherbergt das Archiv der Firma etwa 3,5 Millionen Aufnahmen. Bei Bestellungen wird mitunter noch auf die originalen Glasplatten zurückgegriffen. Dieses Archiv ist ein visuelles Kompendium der Fotografiegeschichte in Italien und eine unvergleichliche Quelle für das Studium des 19. Jahrhunderts. Es vereint nicht nur zahllose Aufnahmen italienischer Sehenswürdigkeiten, Kunstdenkmäler und auch Orte, sondern dokumentiert auch die verschiedenen fotografischen Techniken, da die Brüder Alinari Zeit ihres Lebens versuchten, die modernsten wie besten Druckverfahren zu verwenden. Wir finden Panoramen und Porträts, Carte-de-Visite-Aufnahmen (darunter auch Porträts berühmter Zeitgenossen wie Garibaldi), seltener auch Genreszenen des (mehr oder weniger inszenierten) Landlebens, vor allem aber zahllose Albuminabzüge, Woodburytypien und später auch Lichtdrucke mit italienischen Ansichten. Diesen blieben die Alinaris treu: Sie verkauften diese zwar auch im Ausland und ließen sie über andere Bildagenturen vertreiben, versuchten ihrerseits aber nicht, den Bildbereich auszudehnen: Das Werk der Alinaris beschränkt sich auf Italien, wo es sich von der Toskana allmählich auf das ganze Land ausdehnte. So ist ein eindrucksvolles geschlossenes Œuvre entstanden, das wie kein zweites die Kunstgeschichte Italiens in Bilder fasst.

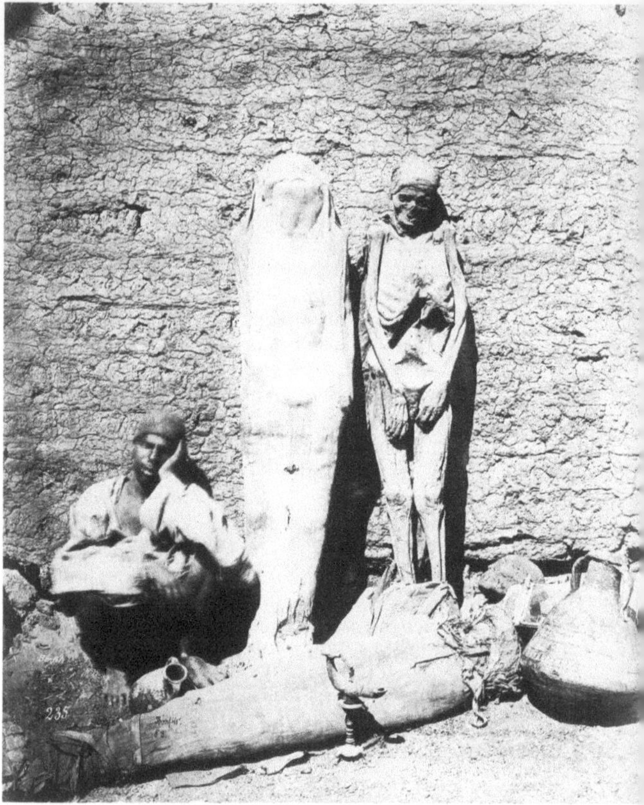

Félix Bonfils: Mumien aus den Königsgräbern
in Theben, um 1870

Félix Bonfils: Mumien aus den Königsgräbern in Theben

Zahlreich sind die Fotografen, die im 19. Jahrhundert im Orient ihr Glück zu machen versuchten. Und nahezu alle stammen aus Europa, was einen nicht unerheblichen Einfluss auf die Auswahl ihrer Motive und deren Gestaltung hatte. Der fotografische Blick auf den Orient ist im 19. Jahrhundert ein abendländischer. Bereits in den 1850er Jahren bereisten einige Fotografen vor allem Ägypten, auch wenn die Technik der Kalotypie ebenso wenig geeignet für die Wüste war wie die später verwendeten Glasplatten. Sie brachten Bilder mit nach Hause, die meist als Originalabzüge in Büchern eingeklebt publiziert wurden. Bereits ein gutes Jahrzehnt später ließen sich Fotografen gleich dort nieder, gründeten Ateliers und verkauften ihre Bilder an die reisenden Touristen auf ihrer *grand tour* durch den Orient oder organisierten einen Vertrieb in Europa. Die Fotografie entwickelte sich zu einem regelrechten Geschäft. Die wichtigsten Bilder entstanden in den drei Jahrzehnten zwischen 1850 und 1880. Der wohl berühmteste Fotograf dieser Pionierjahre war Félix Bonfils (1831–1885), ein Buchbinder aus Saint-Hippolyte-du-Fort. Er gründete 1867 ein Atelier in Beirut, bereiste Ägypten, Syrien, Griechenland, Istanbul sowie Palästina, und konnte 1870 bereits 15 000 Abzüge von 591 verschiedenen Motiven anbieten. Sie zeigen antike Stätten und romantisierende Ansichten von mehr oder weniger gestellten Alltagsszenen. Die Pose ist ihnen ebenso wenig fremd wie die verklärende Darstellung: Der Orient ist ein Traumreich, das seinen Zauber nicht verlieren soll. So schlafen Jünglinge auf Ruinen, stehen vor gigantischen Säulen, deren Größe sie zugleich vor Augen führen, oder ruhen neben Mumien, deren Gestalt die Fotografie wohl ein letztes Mal dokumentiert hat, dienten doch die Mumien im 19. Jahrhundert meistens dazu, in geselliger Runde ausgewickelt zu werden.

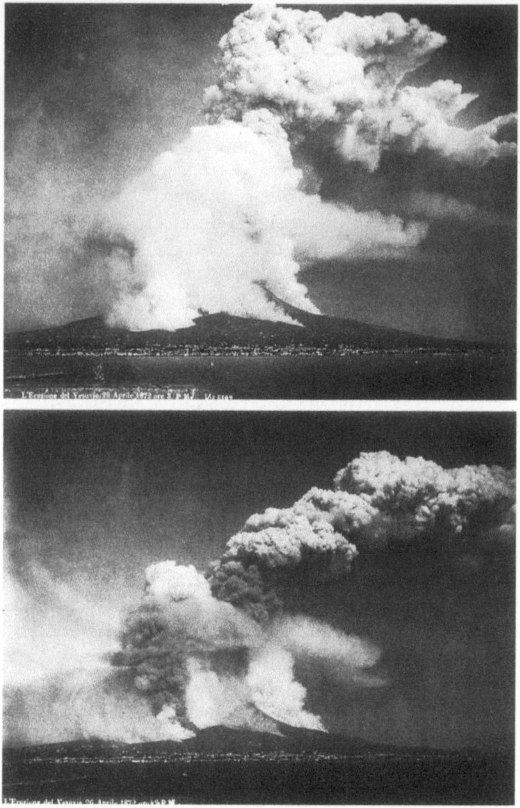

Giorgio Sommer: Ausbruch des Vesuv,
26. April 1872, 15 Uhr und 16.30 Uhr

Giorgio Sommer: Ausbruch des Vesuv

Giorgio Sommer (1834–1914) ist neben den Brüdern Alinari derjenige Fotograf, der einem klassischen Italienreisenden des 19. Jahrhunderts die meisten Bilder mit auf den Heimweg gegeben hat, denn das genau war die Klientel dieser Fotografen in Italien: Sie fertigten Bilder der wichtigsten Sehenswürdigkeiten, der eindrucksvollsten Landschaften und der bedeutendsten Kunstwerke an, die sie an betuchtere Touristen, wenn man diesen Begriff hier bereits verwenden soll, verkauften. Diese konnten, da die Fotografie nach wie vor eine enorm aufwendige und kostspielige Angelegenheit war, so ihre eigenen Alben zusammenstellen – je nach Reiseroute, Interessen oder ästhetischen Vorlieben. Sie konnten aus umfangreichen Katalogen die Motive auswählen und dann eine bestimmte Anzahl von Abzügen in vorgegebenen Größen bestellen. Giorgio Sommer wurde als Georg Sommer in Frankfurt am Main geboren. Über seine Frühzeit weiß man wenig. Seine italienischen Jahre hingegen sind gut dokumentiert, gehörte er doch zu den erfolgreichsten Fotografen dieser Zeit, dessen Aufnahmen in kaum einem Fotoalbum fehlen. Sommers Fotografien beschränken sich nicht auf Kunstwerke und bedeutende Bauwerke. Viele seiner Aufnahmen zeigen neben Stadtansichten auch sehr beliebte Genre- und Alltagsszenen. Am bekanntesten sind wohl seine Arbeiten aus Süditalien: Neben dem Ausbruch des Vesuv, den er 1872 in einer Serie von mehreren Aufnahmen festhielt, hat er auch die Ausgrabungen von Pompeji in zahlreichen Fotografien dokumentiert. Selbst den Gipsabgüssen der verbrannten Menschen und eines Hundes hat er eine Serie von Aufnahmen gewidmet, so als habe die Fotografie hier zu ihrem Gegenstand gefunden: das verschwundene und verschwindende Leben ins Bild zu bannen.

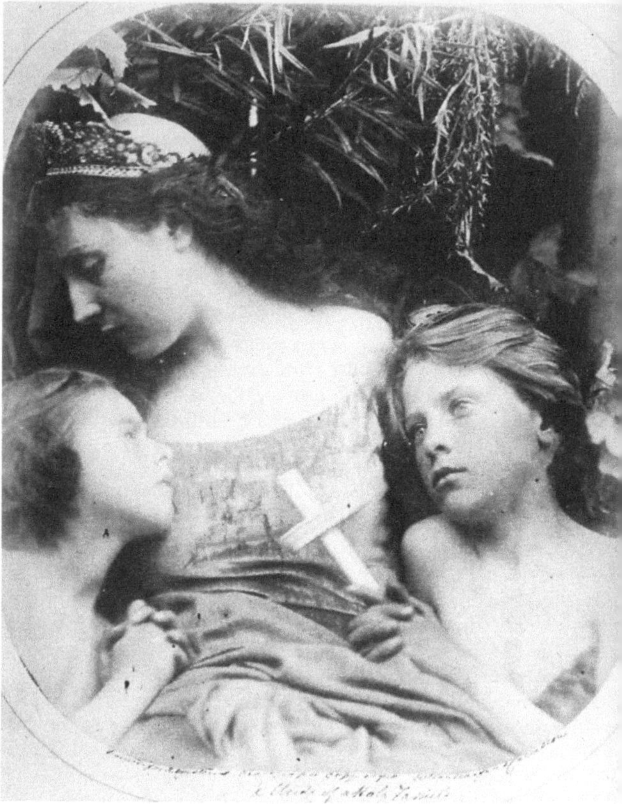

Julia Margaret Cameron:
Studie für eine Heilige Familie, 1872

Julia Margaret Cameron: Studie für eine Heilige Familie

Zu den mythischen Orten der Fotografiegeschichte zählt die Dimbola Lodge auf der Isle of Wight. Dort lebte von 1860 bis zu ihrer Übersiedlung nach Sri Lanka, dem damaligen Ceylon, fünfzehn Jahre später, Julia Margaret Cameron (1815–1879), die wohl bedeutendste Vertreterin der viktorianischen Fotografie. Und dort entstanden nicht nur die meisten ihrer berühmten Porträts von ebenso berühmten Zeitgenossen, wie u.a. John Herschel, Henry W. Longfellow, Alfred Tennyson, Robert Browning, Charles Darwin oder Thomas Carlyle, sondern auch Genreaufnahmen, die eine deutliche Nähe zur präraffaelitischen Malerei aufweisen. Berühmt und in ihrer Zeit bewundert wie scharf kritisiert wurde Cameron, die aufgrund ihres Wohlstandes sich nie als professionelle Fotografin verstand, wegen des effektvollen Einsatzes des Spiels von Schärfe und Unschärfe. Dies hat, auch wenn das ebenfalls ein Mythos der Fotografiegeschichte ist, weniger mit der unzureichenden Technik als vielmehr mit ihrem Gestaltungswillen zu tun, denn gezielt Unschärfe zu erzeugen, ist ein höchst kompliziertes Unterfangen. Sie arbeitete mit extrem langen Belichtungszeiten, ungewöhnlichen Szenengliederungen (Kadrierungen) und einer komplizierten Ausleuchtung der Szenen, die sie nach Vorbildern aus der Bibel, der Literatur und der Malerei komponierte. Auch ihre Hausangestellten, Verwandte und Freunde mussten immer neue Rollen annehmen, und so wurde ihr Stubenmädchen zur Madonna oder ihr Mann zu Merlin. Zu ihren berühmtesten Werken gehörte eine von ihr illustrierte Ausgabe von Tennysons *Idylls of the King*, die der Autor persönlich angeregt hatte. Es entstanden etwa zweihundert Aufnahmen zu dieser Adaptation der Artus-Sage, von denen einige in Ausgaben unterschiedlichen Formats eingeklebt wurden.

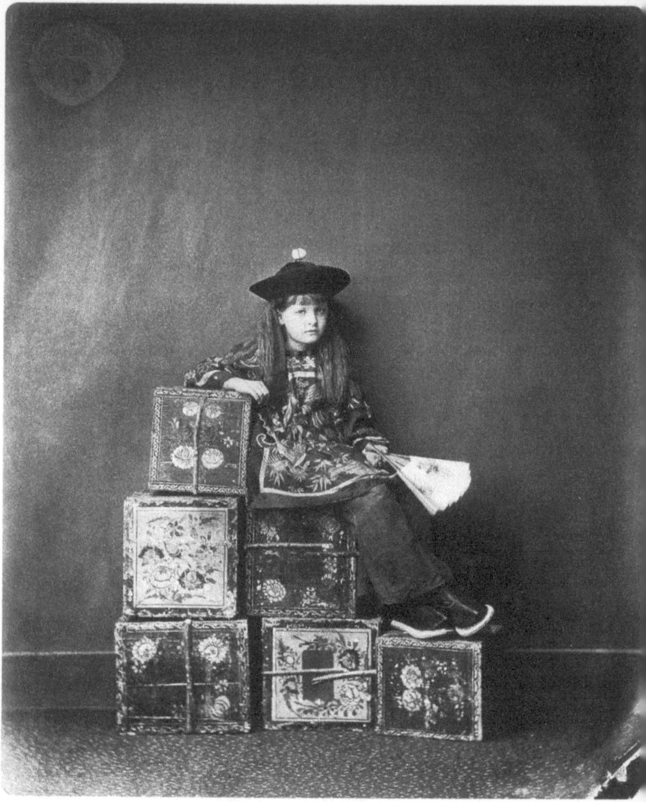

Lewis Carroll: Xie Kitchin,
Teehändlerin (im Dienst), 1873

Lewis Carroll: Xie Kitchin, Teehändlerin (im Dienst)

Dass Lewis Carroll (1832–1898) – unter diesem Namen erschienen die berühmten Bücher, wie *Alice im Wunderland* und *Alice hinter den Spiegeln*, des Tutors für Mathematik am Christ College in Oxford Charles Lutwidge Dodgson – auch ein Fotograf war, musste längst in Vergessenheit geraten sein, als der Fotografiehistoriker Helmuth Gernsheim Mitte des 20. Jahrhunderts seinen fotografischen Nachlass wiederentdeckte. Von den etwa 3000 Aufnahmen, die Carroll in der Zeit zwischen 1856 und 1880, als er mit einem Mal die Fotografie aufgab, anfertigte, sind nur knapp tausend erhalten geblieben. Es ist eines der schönsten und auch eigentümlichsten Œuvres der viktorianischen Fotografie. Es besteht zu weiten Teilen aus Porträts, von denen wiederum die allermeisten kleine Mädchen darstellen. Diese machen etwa die Hälfte des erhaltenen Bestands aus. Wie Julia Margaret Cameron, die von Carroll porträtiert wurde, war er ein Amateurfotograf, der eine eigene Bildsprache entwickelte. Die Mädchen, deren elterliche Zustimmung zu den Porträtsitzungen er minutiös verzeichnete, inszenierte er wie in einem Traumland: Sie nahmen immer neue Rollen an und eröffneten ein Bildreich der imaginierten Unschuld. Doch Carroll porträtierte auch subtil in Szene gesetzt Zeitgenossen wie John Everett Millais, Ellen Terry, Dante Gabriel Rossetti, Michael Faraday oder Alfred Lord Tennyson. Der Fotografie widmete er 1857 das Gedicht *Hiawatha fotografiert*, eine Parodie auf das seinerzeit berühmte *Lied von Hiawatha* von Henry Wadsworth Longfellow, und bereits zwei Jahre zuvor den skurrilen Text *Photography Extraordinary*. Das könnte auch ein Programm für Carrolls besonderes Bildreich sein, das, um den Titel eines schönen Buches über sein Werk aufzunehmen, vor allem eines ist: »Dreaming in Pictures«.

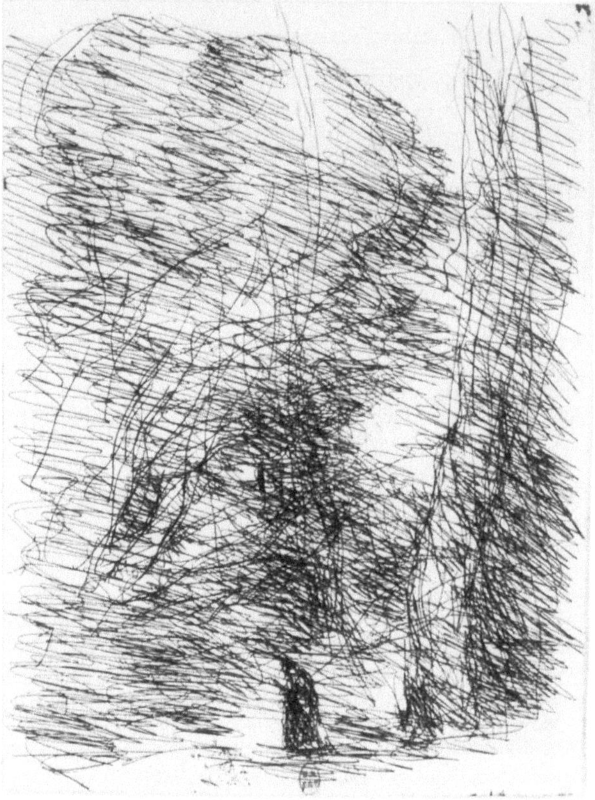

Jean-Baptiste Corot: Der Träumer unter den großen Bäumen
(»Le rêveur sous les grands arbres«), 1874
Cliché-verre, 17,6 × 13,1 cm

Jean-Baptiste Corot: Der Träumer unter den großen Bäumen

Man mag sich die Augen reiben und sich fragen: Ist das eine Fotografie? In der Tat ist das Cliché-verre eine hybride Technik, eine Kombination von fotografischen und druckgraphischen Verfahren. Das 19. Jahrhundert kennt kaum mehr als einhundert Beispiele, die sämtlich aus der Zeit zwischen 1850 und 1880 stammen. Neben Fotografen wie Jean-Charles Cuvelier waren es vor allem Maler wie Corot, Millet und Daubigny, die sich seiner bedienten. Delacroix berichtet in einem Brief an Dutilleux vom Februar 1854, »von einem neuen fotografischen Verfahren, das die Radierung mit tausend Vorzügen ergänzt, dies sowohl was die Ausführung wie die Herstellung der Abzüge betrifft«. Man verwendete fotografische Glasnegative, die komplett geschwärzt und dann wie eine Radierung mit einer Radiernadel bearbeitet wurden. So erhielt man ein Negativ, das sich wie eine Fotografie abziehen und vervielfältigen ließ. Ihre Blütezeit hatte das Cliché-verre oder der Glasklischeedruck im Umfeld der Schule von Barbizon, die Maler und Fotografen vereinte. Viele Motive finden sich auf beiden Seiten, auch wenn die Maler sich nach wie vor deutlich von der Fotografie distanzierten und diese eher als Hilfsmittel denn als eigenständige Kunstform ansahen. Die meisten Clichés-verre stammen von Jean-Baptiste Corot (1796–1875), der während etwa zwei Jahrzehnten mit diesem Verfahren experimentierte und dabei mehr als sechzig Arbeiten anfertigte. Entstanden sind Bilder, die mitunter bereits eine eigentümliche informelle Gestalt annehmen und doch den ästhetischen Prinzipien der Malerei des 19. Jahrhunderts verpflichtet sind. Im 20. Jahrhundert experimentierten einige Künstler wie Picasso und Max Ernst sowie Fotografen wie Brassaï und Man Ray mit dieser Technik und erfanden sie – wie viele weitere fotografische Verfahren – neu.

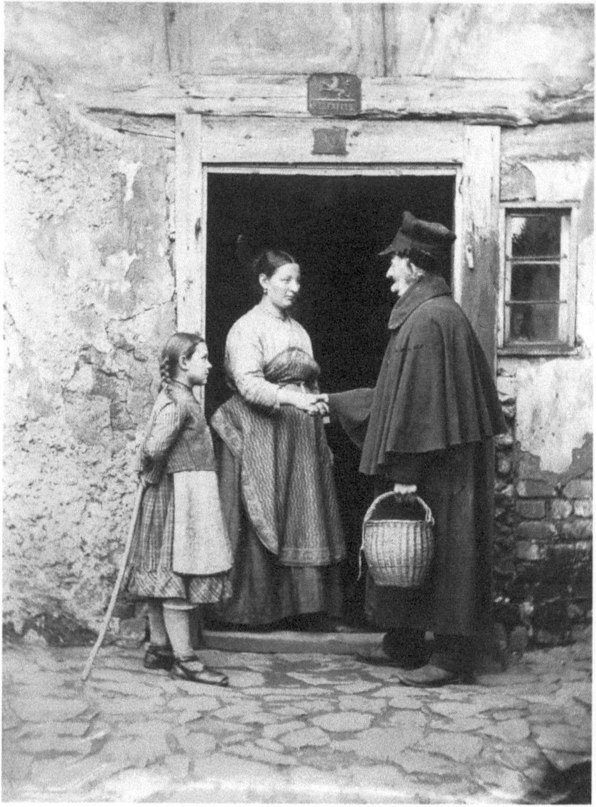

August Kotzsch: Vater Langbein,
Abschied nehmend, um 1878

August Kotzsch: Vater Langbein, Abschied nehmend

Das Werk von August Kotzsch (1836–1910) beschränkt sich auf das unmittelbare Umfeld seines Dorfes in der Nähe von Dresden, das er beharrlich und behutsam in Bilder bringt. Bei den einigen hundert erhaltenen Aufnahmen unterscheidet er zwischen Studienblättern, Auftragsarbeiten und Ereignisfotografien, von denen er wiederum einige als ›kunstwert‹ einstuft und besonders verzeichnet. Auch wenn in Dresden seinerzeit bereits zahlreiche Berufsfotografen ansässig waren und Hermann Krone heute zu den Pionieren der frühen Fotografie in Deutschland zählt, sind die Fotografien von Kotzsch seltsam unberührt von diesem professionellen Zugriff auf das neue Medium. Obwohl Kotzsch zeitweise als Berufsfotograf arbeitete, seine Bilder in kleinerem Umfange vertrieb und auch auf Ausstellungen mit Preisen bedacht wurde, folgte er in den Kompositionen der malerischen Tradition. Dabei erweiterte er das Feld der Fotografie in bemerkenswerter Weise, indem er höchst alltägliche Gegenstände, wie Wurzeln, Wiesenstücke, aber auch Vieh, Blumen und Früchte aufnahm. Der Maler Ludwig Richter war 1852 erstmals bei der Familie Kotzsch zu Gast und unterwies dabei auch den jungen August Kotzsch. Viele seiner Bilder folgen den Vorgaben dieser romantischen Tradition wie etwa die hier ausgewählte Genreaufnahme. Andere hingegen verzichten auf eine malerische Behandlung des Sujets und zeigen die »ungestalte Natur« in einer Art und Weise, wie sie dann erst bei Atget wieder erscheint. Viele von Kotzschs Aufnahmen dienten wiederum den Malern, die sie einzeln erwerben konnten, als Vorlagen. Ein Umkreis von wenigen Kilometern wurde zu einem regelrechten Bild- und Imaginationsraum, der ausgehend von alltäglichen Beobachtungen und höchst konkreten Gegenständen und Verrichtungen den Weg zur Abstraktion bahnt.

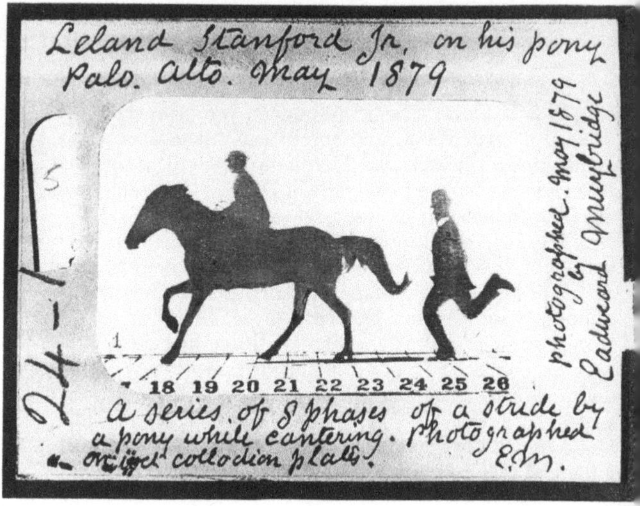

Eadweard Muybridge: Leland Stanford
auf seinem Pony »Gypsy«, 1879

Eadweard Muybridge: Leland Stanford auf seinem Pony »Gypsy«

Der schwer auszusprechende Name Eadweard Muybridge (1830–1904), der eigentlich Edward James Muggeridge hieß, verrät bereits den Exzentriker, der er war. Muybridge hatte eine gewisse Reputation als Landschaftsfotograf, als er 1872 den Auftrag des reichen amerikanischen Politikers und Geschäftsmannes Leland Standford erhielt, fotografisch zu untersuchen, ob Pferde beim Galoppieren mit sämtlichen Hufen den Kontakt zum Boden verlieren. Muybridge arbeitete in seiner eigens errichteten fotografischen Versuchsstation erst mit fest installierten Kameras, die mittels auf dem Boden der Laufbahn angebrachten Kontakten ausgelöst wurden. Die Aufnahmen des Pferdes »Occident« zeigten nun in der Tat, dass bei schnellen Bewegungen für einen Augenblick keines der vier Hufe den Boden berührt. Ihre aufsehenerregende Veröffentlichung erfolgte auf der Titelseite des *Scientific American* vom 19. Oktober 1878 und in *La Nature* vom 14. Dezember 1878. Muybridge war auf einen Schlag berühmt und sollte Zeit seines Lebens den Momentfotografien von Bewegungsabläufen treu bleiben und zahllose weitere Beispiele untersuchen. Mit seiner vermeintlich marginalen Entdeckung löste er eine heftige Diskussion über die Frage aus, ob die Maler weiterhin ihren Augen trauen und an der traditionellen Darstellungsweise festhalten oder ob sie die Fotografie zur realistischen Wiedergabe der Welt zu Hilfe nehmen sollten. Während einzelne Maler wie z. B. Degas und später Seurat die Aufnahmen von Muybridge und Étienne-Jules Marey verwendeten, sprach sich die Mehrzahl gegen eine Belehrung durch die Fotografie und somit auch gegen empirisches Wissen aus. Doch Muybridges Entdeckung tat dies ohnehin keinen Abbruch: Sie wurde zusammen mit Mareys Arbeiten zur entscheidenden Etappe auf dem Weg zur Kinematographie.

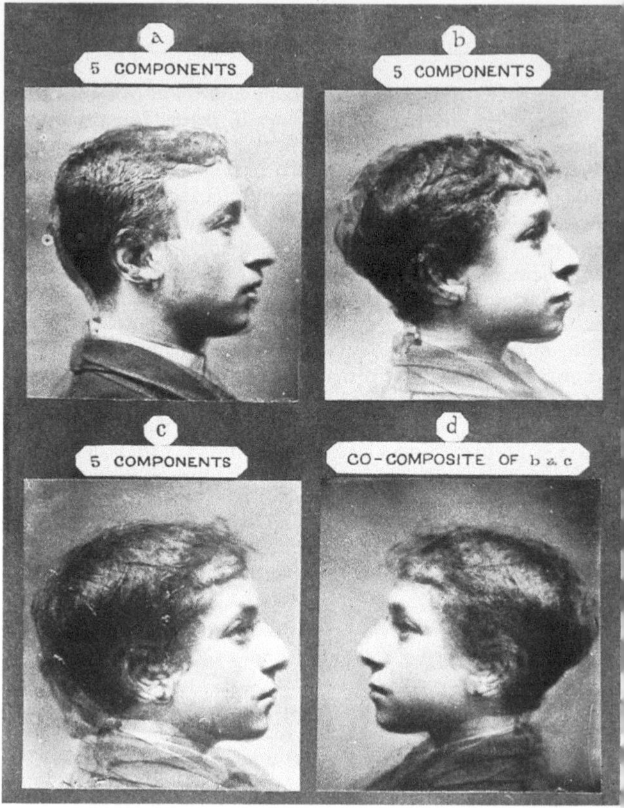

Francis Galton: Der jüdische Typ (»The jewish type«) –
Kompositfotografien, um 1880

Francis Galton: Der jüdische Typ

Versuche, visuelle Typen zu erstellen, gehen weit in die präfotografische Zeit zurück. Die bekanntesten stammen von Franz Josef Gall und Johann Caspar Lavater, deren originellste wie pointierteste Kritik von Georg Christoph Lichtenberg. In der Fotografiegeschichte setzen solche Experimente erst in den 1870er Jahren ein, finden aber bis heute eine wenn auch gebrochene und meist kritisch gewendete Fortsetzung. So versuchte man, verzeichnet der Fotohistoriker Erich Stenger, noch 1935, »die Helden der Antike zu fotografieren, indem man z.B. alle erreichbaren Darstellungen des Julius Cäsar zu einem Durchschnittsbild vereinigte«. Stenger greift dabei auf Francis Galton (1822–1911) zurück, der Ähnliches bereits ein halbes Jahrhundert vorher, allerdings mit Shakespeare und Alexander dem Großen unternommen hatte. Doch das war nur ein Beispiel von vielen: Galton zielte auf die Visualisierung von allgemeinen transindividuellen Typen. Dabei bediente er sich eines technischen Verfahrens, das mit Hilfe der Mehrfachbelichtung die individuellen Züge zugunsten eines allgemeinen und vermeintlich ›typischen‹ Erscheinungsbildes in den Hintergrund treten ließ. Das Individuum hatte zu verschwinden, um den visuellen Typus Bild werden zu lassen. Galton ging es nicht zuletzt um die Indienstnahme der Fotografie zu Zwecken der Eugenik und einer dezidiert rassischen Identifikationspraxis. Fotografische Typen sind keine Ergebnisse von neutralen technischen Verfahren, sondern der explizite Versuch, die Existenz von Rassen, Verbrechertypen und anderen Randgruppen gerade über dasjenige Verfahren zu authentifizieren, dem man seinerzeit eben das Höchstmaß an Objektivität zuschrieb: der Fotografie. Galtons Kompositfotografien zielen auf die objektivierende Normalisierung – mit all ihren Schattenseiten.

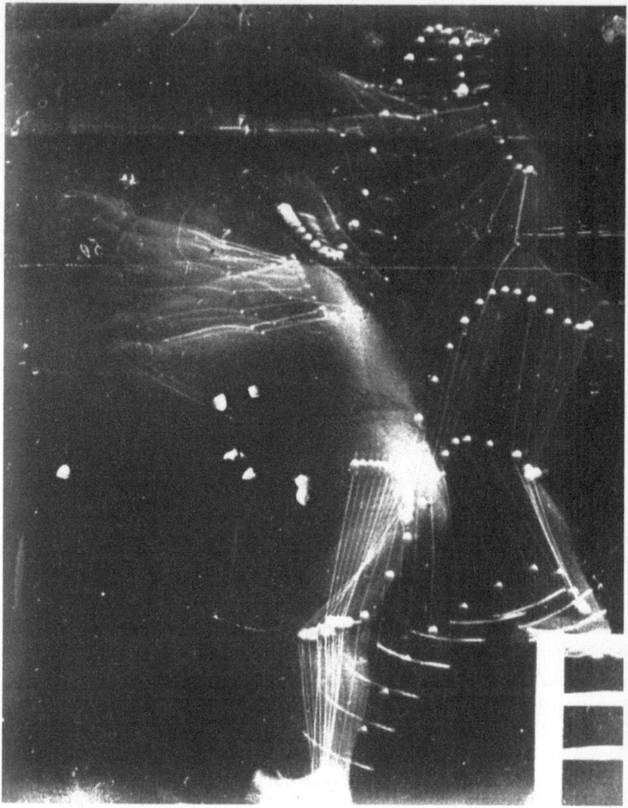

Étienne-Jules Marey: Bewegungsanalyse, 1884

Étienne-Jules Marey: Bewegungsanalyse

Der Grundgedanke des französischen Physiologen Étienne-Jules Marey (1830–1904), der im 19. Jahrhundert die sogenannte Momentfotografie so weit entwickelt hat, dass es nur noch eines winzigen Schrittes bedurfte, um aus den fotografischen Einzelbildern die des Films zu machen, lässt sich vielleicht auf die folgende Formel bringen: Wenn das Leben sich vor allem durch Bewegung auszeichnet, dann lassen sich die Gesetze des Lebens als solche der Bewegung auffassen und darstellen. Marey entwickelte zeit seines Lebens immer wieder neue Verfahren, diese Gesetze sichtbar zu machen: Erst waren es Kurven, die den Puls abbildeten, dann Einzelbilder, die er in schneller Folge mit seiner »fotografischen Flinte« erzielte: Schließlich erlaubte ihm die Mehrfachbelichtung einer Fotoplatte sogar die Darstellung von aufsteigendem Rauch. Marey arbeitete auch mit visuellen Abstraktionsverfahren, um von den dargestellten Körpern in Bewegung nur das Notwendigste – nämlich die Bewegungslinie – aufzuzeichnen. Die Probanden trugen mitunter schwarze Anzüge, die mit fluoreszierenden Punkten beklebt wurden, deren Lichtreflexe dann ihre Spuren auf dem Negativ hinterließen. Jede Platte wurde in sehr rasch aufeinander folgenden und regelmäßigen Intervallen belichtet, so dass die Bewegung in Einzelmomente zerlegt wurde, die dann als geordnete Folge auf dem Bild erschien. Diese Fotografien waren nahezu abstrakte graphische Übertragungen von Bewegungen. Marey übersetzte Zeit in Raum, indem er versuchte, Zeit als räumliche Ordnung in Bilder zu bannen und so lesbar zu machen. Entstanden sind zahllose Bilder, die noch heute eine eigentümliche Faszination ausüben – und die man manchmal auch als Daumenkinos kaufen kann. Das hätte Marey zweifellos gefreut.

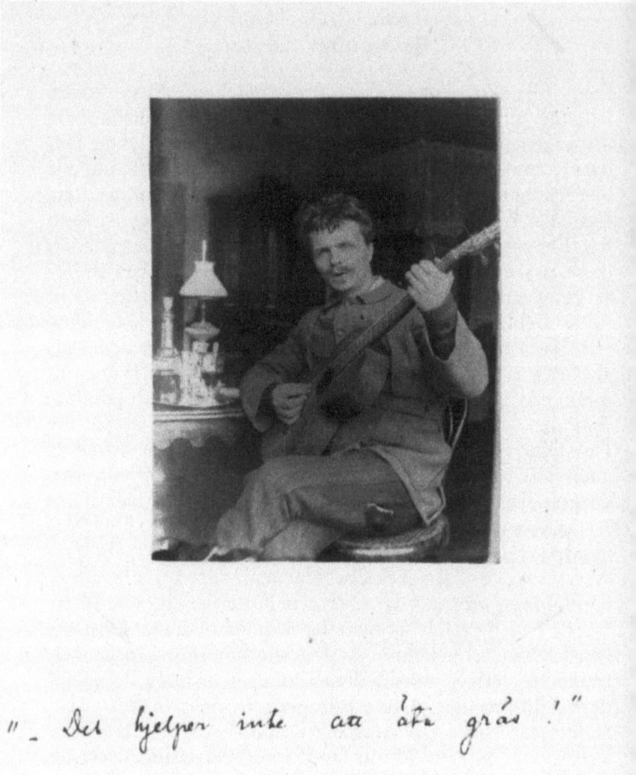

August Strindberg: Selbstporträt, 1886
(»Es hilft nicht, Gras zu essen«)

August Strindberg: Selbstporträt

August Strindberg (1849–1912) hat sich zeit seines Lebens in höchst unterschiedlicher Weise mit dem Medium der Fotografie beschäftigt und dabei auf immer wieder neue und überraschende Weise deren medialen Charakter auf die Probe gestellt. Wahrscheinlich experimentierte er erstmals 1861/62 mit dem Fotoapparat eines Cousins, erwarb aber spätestens im Spätherbst 1886 eine eigene Kamera, die er »liebevoll ›meinen Blitzapparat‹« nannte. Noch 1906 baute er nach eigenen Entwürfen eine »Wunderkamera«, die in der Tat recht wunderliche, weil höchst unscharfe Bilder hervorbrachte. Strindberg hatte zeitweise sogar vor, ein eigenes Fotoatelier zu eröffnen und damit seinen Lebensunterhalt zu bestreiten. Strindbergs fotografische Experimente begleiten seine literarischen und theoretischen Projekte. Bereits für sein sozialdokumentarisches Buch *Unter französischen Bauern*, das er 1886 zusammen mit Gustaf Steffen in Angriff nahm, fertigte er Aufnahmen an, um das Beobachtete auch in Bildern festzuhalten. Damit gehört er zu den frühesten sozialdokumentarischen Fotografen überhaupt. 1886 nahm er eine Serie von sogenannten Impressionistenfotografien auf – aus ihnen stammt die ausgewählte Aufnahme –, die in *Sohn einer Magd* oder gar als separate Publikation erscheinen sollten. Es sind Selbstinszenierungen, die in unerhörter Weise die Porträtfotografie auf die Probe stellen. Später experimentierte Strindberg mit Celestographien (Negativen, die ohne Kamera direkt dem Nachthimmel ausgesetzt wurden und eigentümliche Strukturen zeigten) sowie mit Fotografien von Kristallisationen. Gegen Ende seines Lebens schließlich arbeitete Strindberg mit seiner »Wunderkamera«, einer primitiven Lochkamera ohne Objektiv, und fertigte zudem Wolkenfotografien an, aus denen er bestimmte Figurenkonstellationen herauslesen wollte – auch hier parallel zu dem Verfahren, das er in den Bänden des *Blaubuchs* erprobte.

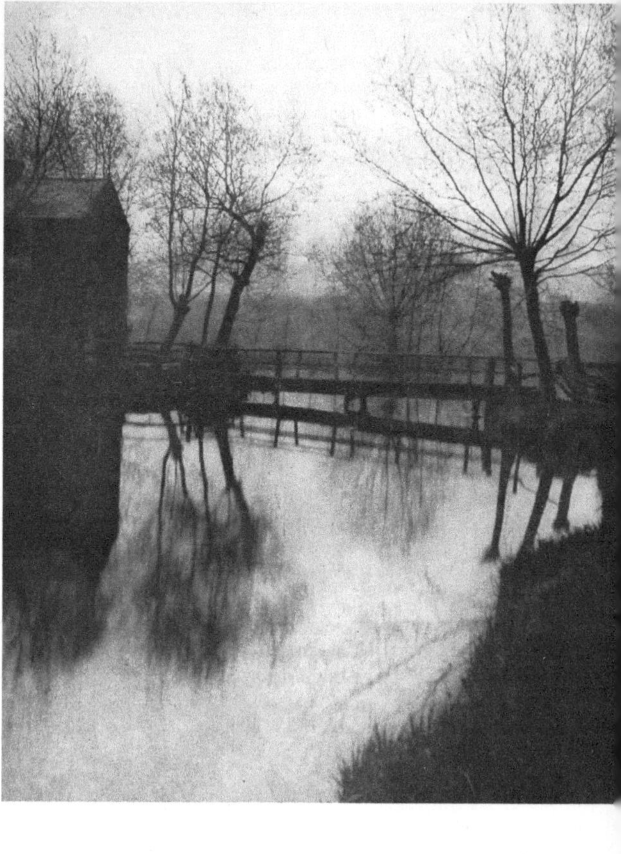

Peter Henry Emerson: Fußgängerbrücke bei Chingford, 1888

Peter Henry Emerson: Fußgängerbrücke bei Chingford

Peter Henry Emerson (1856–1936) ist fraglos einer der einflussreichsten wie exzentrischsten Fotografen und Fotografietheoretiker des 19. Jahrhunderts. Sein berühmtes wie umstrittenes Buch *Naturalistic Photography for Students of the Arts* erschien 1889, fünfzig Jahre nach der öffentlichen Bekanntmachung der Erfindung der Fotografie, und rief die Fotografie als Kunst aus. Emerson nutzte diesen Zeitpunkt, um ihre Geschichte Revue passieren zu lassen. In seiner Darstellung wird sie zu einem ›Siegeszug‹, zu einer ›Eroberung‹ der sichtbaren und auch der für das Auge unsichtbaren Welt. Emerson fügt dieser Geschichte der Fotografie ein weiteres, zukunftsorientiertes Kapitel hinzu: Die Fotografie soll sich nicht mit dem erweiterten Feld des Sichtbaren begnügen, sondern sich an der menschlichen Wahrnehmung als solcher orientieren. Mit Emerson wird die Fotografietheorie Wahrnehmungstheorie, und mit ihm beginnt die sogenannte piktorialistische Fotografie. Aufgabe der Fotografie sei es, der menschlichen Wahrnehmung möglichst nahezukommen. Daher müsse sie notwendig unscharf sein bzw., genauer, sich von einem scharfgestellten Zentrum der Aufmerksamkeit abschatten. Als aber 1899 die dritte Auflage des gleichwohl weitgehend unveränderten Buchs erscheint, hat sich die These in ihr Gegenteil verkehrt: Fotografie könne nie Kunst sein, heißt es jetzt. Zwischen beiden Thesen liegt die gesamte Fotografietheorie des 19. Jahrhunderts. In seinem fotografischen Werk beschränkt sich Emerson fast ausschließlich auf eine Region Englands: die Norfolk Broadlands, deren Bevölkerung er in Bild und Text porträtiert. Publiziert wurden die Aufnahmen als Tafeln in seinen Büchern, die fast ohne Ausnahme als aufwendige Fotogravuren gedruckt wurden. Auch hier war Emerson Pionier.

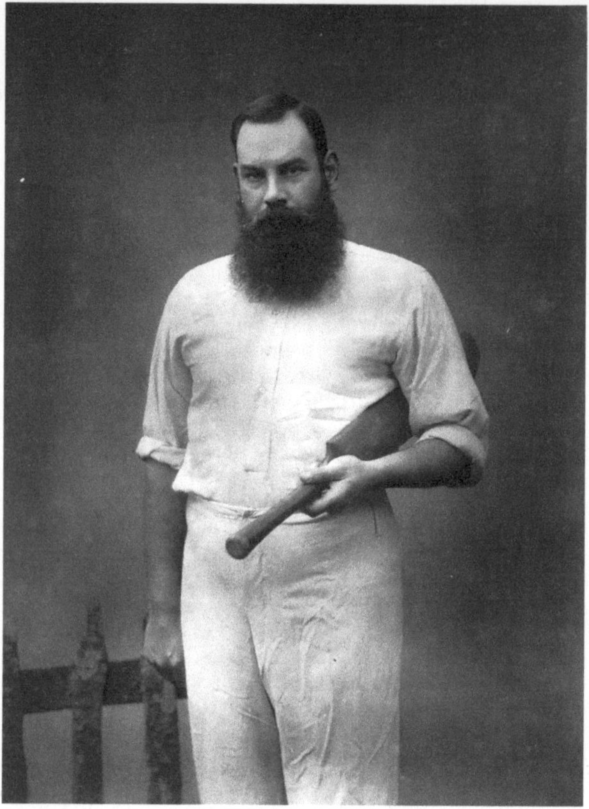

Herbert Rose Barraud: W. G. Grace, Cricket-Spieler, 1888–89

Herbert Rose Barraud: W. G. Grace, Cricket-Spieler

Im 19. Jahrhundert gab es zahlreiche publizistische Unternehmungen, die berühmten Zeitgenossen nicht nur zu porträtieren, sondern deren Porträts dann auch beinahe wie moderne Sammelbilder zu verkaufen. Vertrieben wurden diese Bilder als *Carte de Visite*- oder *Carte de Cabinet*-Aufnahmen, in Einzellieferungen mit begleitendem Text oder in ganzen Sammlungen oder Büchern. Mitunter konnte der Kunde aus mehreren Aufnahmen wählen und dann die Bilder erwerben. Überliefert sind zahlreiche Bögen mit Miniaturporträts samt Bestellnummer, aus denen der Kunde seine Wahl treffen konnte. Mitunter gab es aber auch ganze Serien, die beanspruchten, einen Querschnitt durch eine Gesellschaft zu leisten. Der heute weitgehend vergessene Herbert Rose Barraud (1845 – um 1896) nahm Ende der 1880er Jahre ein solches Projekt in Angriff und fotografierte berühmte Zeitgenossen. Dazu gehörten nicht nur, was für die damalige Zeit durchaus ungewöhnlich war, zahlreiche Frauen; es findet sich darunter auch die wohl letzte Aufnahme von Charles Darwin. Ausgewählt wurde hier das eindrucksvolle Porträt eines Cricket-Spielers, der seinerzeit in aller Munde war.

Barraud war ein erfolgreicher Porträtfotograf mit Studios in London und Liverpool, der zahlreiche Aufnahmen auch berühmter Zeitgenossen gegen Bezahlung anfertigte. Sein eigenes publizistisches Projekt war hingegen die mehrbändige Sammlung der *Men and Women of the Day*, die zusammen mit einem begleitenden Text als Woodburytypes vertrieben wurden. Wie die anderen Sammlungen dieses Typs ist auch diese in höchst unterschiedlichen Zusammenstellungen überliefert, der Abonnent konnte sie nach gusto zusammenstellen und binden lassen: Man sammelte Bilder Prominenter fast wie seltene Briefmarken.

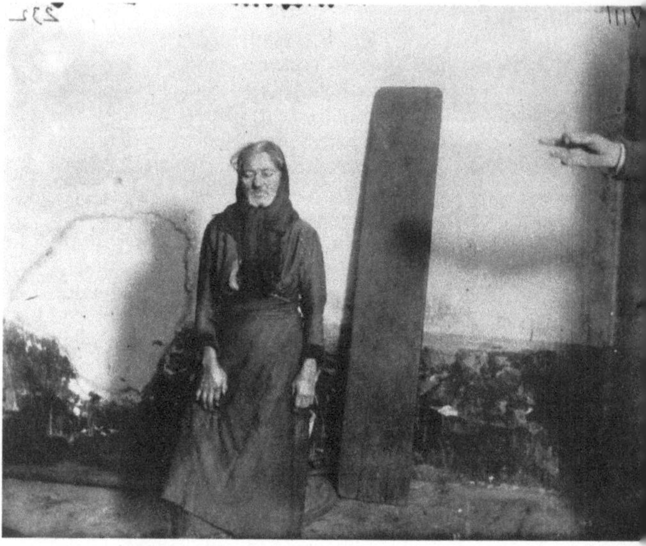

Jacob August Riis: Eine Putzfrau, 1892

Jacob August Riis: Eine Putzfrau

Während die sozialdokumentarische Fotografie des 19. Jahrhunderts von John Thomson über Thomas Annan bis Oscar Gustave Rejlander noch die Armut fast künstlerisch zu verklären suchte, setzte Jacob August Riis (1849–1914) auf die erhellende Wirkung des schonungslosen Blitzes der Kamera: Er fotografierte mit Vorliebe während der Nacht und wollte das Elend sichtbar machen, es aus dem Dunkel herausziehen. Daher fehlen hier strenge künstlerische Kompositionen. An ihre Stelle treten unscharfe, verzerrte, merkwürdig kadrierte und technisch wenig perfekte Bilder, die umso authentischer wirken. Wohl auch gerade deshalb wurden sie in der Mitte des 20. Jahrhunderts, als der Fotojournalismus auf Aufnahmen dieses Typs setzte, berühmt und wiederentdeckt. Riis war ein unzeitgemäßer Pionier, der über seine eigene Arbeit in aller Bescheidenheit urteilte: »Ich war weder besonders begabt noch geschickt«, schrieb Riis, »aber ich hatte Ausdauer und erreichte zumindest das Herz der Menschen: das ist alles, was ich geltend machen kann.« Diese, der christlichen Nächstenliebe folgende Überzeugung leitete seine Arbeiten, die meist in Gestalt von Büchern veröffentlicht wurden. Riis war Polizeireporter, widmete sich aber als Fotograf vor allem dem Schicksal der Migranten und Obdachlosen. Seine Bücher *How the Other Half Lives* (1890) und *Children of the Poor* (1892) führten zu öffentlichen Debatten über die Situation in den New Yorker Slums und letzten Endes auch zu einer Verbesserung der dortigen Lebensumstände. Riis setzte seine Fotografien auch öffentlichkeitswirksam in Vorträgen ein. Das Blitzlicht, mit dem er die Dargestellten aufzuschrecken scheint, soll auch die Zuhörer und Betrachter erschrecken, damit sie sich für Sozialreformen einsetzen: Die Fotografie hat bei Riis eine dezidiert aufklärerische Funktion.

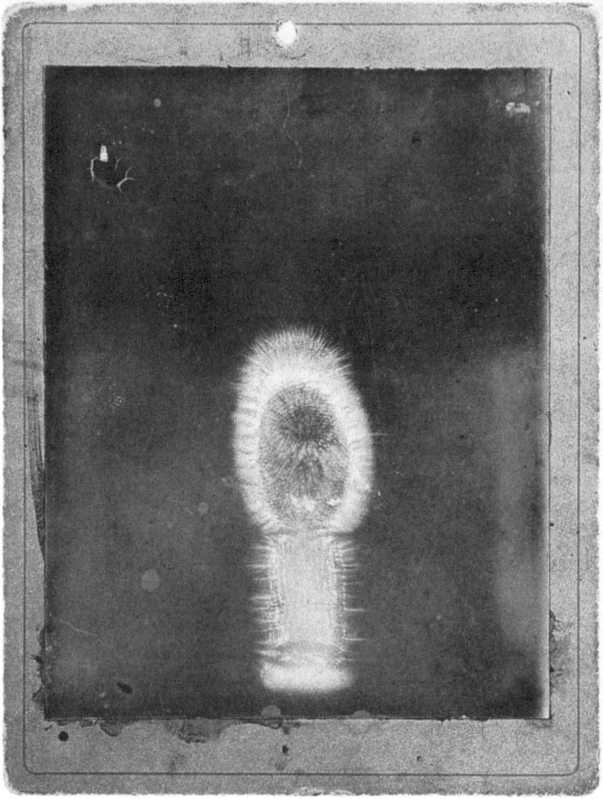

Hippolyte Baraduc: Aufnahme des fluidalen Nimbus des Daumens von einem Medium, 1893

Hippolyte Baraduc: Aufnahme des fluidalen Nimbus des Daumens von einem Medium

Dass die Fotografie gerade dem Spiritismus zupass kam, ist nicht verwunderlich, scheint doch das neue Medium durch die vermeintliche Evidenz des »Es-ist-so-gewesen« die Existenz des Gezeigten unbezweifelbar zu belegen. Und umgekehrt ist die spiritistische Einbildungskraft des 19. Jahrhunderts durch die Fototechnik nachhaltig geprägt: Geister erscheinen vorzugsweise dann, wenn die Technik so weit entwickelt ist, dass diese wahrgenommen und aufgezeichnet werden können. Kurz nachdem Disdéri um 1860 die Visitkartenfotografie populär gemacht hatte, entdeckte der amerikanische Amateurfotograf William H. Mumler auf einem Selbstporträt eine zweite, hellere Gestalt, die er als Geist deutete, und eröffnete später ein Atelier in New York, um auch anderen Zeitgenossen Gelegenheit zu geben, ihre verstorbenen Angehörigen auf Fotografien wiederzuerkennen. Kaum waren die Röntgenstrahlen, die elektromagnetischen Wellen und das ultraviolette Licht entdeckt, so wurden Versuche unternommen, die elektrovitalen Ströme des menschlichen Körpers fotografisch aufzuzeichnen, wobei auch noch weitere, unbekannte Strahlen vermutet wurden. Louis Darget versuchte, Gedanken zu fotografieren, Albert de Rochas unternahm es, das Fluid, »welches längs der Nerven kreist, so wie der elektrische Strom eines Telegraphennetzes längs der metallischen Drähte kreist«, auf fotografischen Platten sichtbar zu machen. Hippolyte Baraduc (1850–1909) schließlich entwickelte ein Biometer, ein Gerät zur Messung der Lebensaktivitäten oder der Physiognomie der Seele, um so eine »Iconographie de l'invisible« zu erstellen. Dabei deponierte er auch unbelichtete Platten in der Grotte von Lourdes und stellte fest, dass sie unterschiedliche Spuren aufwiesen, je nachdem ob während der Zeit ihrer Aussetzung eine Prozession stattgefunden hatte oder nicht.

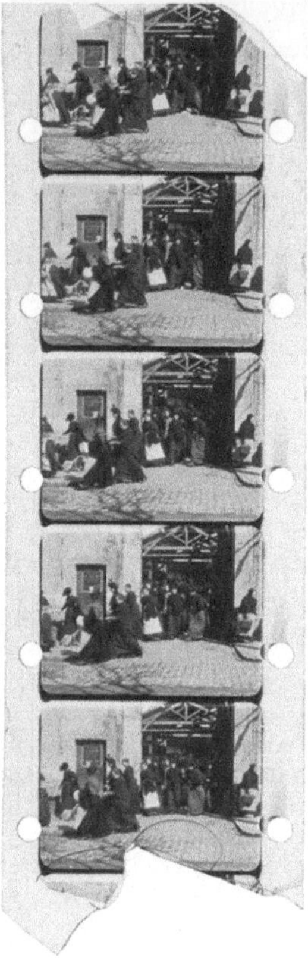

Antoine, Auguste und Louis Lumière: Arbeiter verlassen die Fabrik Lumière in Lyon, 1895
Perforierter Filmstreifen, 35 mm breit

Antoine, Auguste und Louis Lumière: Arbeiter verlassen die Fabrik Lumière in Lyon

Der Beitrag von Antoine Lumière (1840–1911) und seiner beiden Söhne Auguste und Louis zur Geschichte der Fotografie ist mindestens ein doppelter: Nicht nur entwickelten sie aus den Vorarbeiten der Momentfotografie Étienne-Jules Mareys und Georges-Emile-Joseph Déménys den frühen Film, die Kinematographie, sie zählen auch zu den Pionieren der Farbfotografie. Sie entwickelten aber auch neue Trockenplatten, experimentierten mit Relief-Fotografien und auch -Filmen. Als erste haben sie sogenannte Autochromplatten, mit denen Farbaufnahmen angefertigt werden konnten, industriell gefertigt und vertrieben. Diese haben wie auch ihre frühen Filme heute einen eigentümlichen Charme. Sie scheinen aus einer völlig anderen Zeit zu stammen, die von der Moderne der 1920er und 1930er Jahre ebenso weit entfernt ist wie von der neuen Bildindustrie, die kurz darauf entstehen sollte. Sie atmen noch die offenkundige Faszination angesichts der neuen Darstellungsmöglichkeiten. 1895 erschien in der *Revue générale des Sciences* eine Bildsequenz, die deutlich macht, dass der Film ein fotografisches Verfahren ist. Siegfried Kracauer stellt daher an den Anfang seiner *Theorie des Films* ein Kapitel über die Fotografie, die maßgeblich das gewichtige Programm erfüllt, das Kracauer dem Film mit auf den Weg gibt: die »Errettung der äußeren Wirklichkeit«. Die Aufnahmen und Filme von Antoine Lumière und seinen Söhnen sind fast durchweg Alltags- und Genreszenen. Ihnen geht es darum, in den Autochromaufnahmen Stillleben zu komponieren, im Film hingegen Bewegungen einzufangen: Ihre Filme zeigen, wie Arbeiter aus einer Fabrik kommen, die Meeresbrandung an die Küste schlägt oder wie ein Zug in einen Bahnhof einfährt. Und wiederum stehen die ersten Betrachter staunend vor diesen Bildern, die ihnen das Vertraute in neuer Weise zeigen.

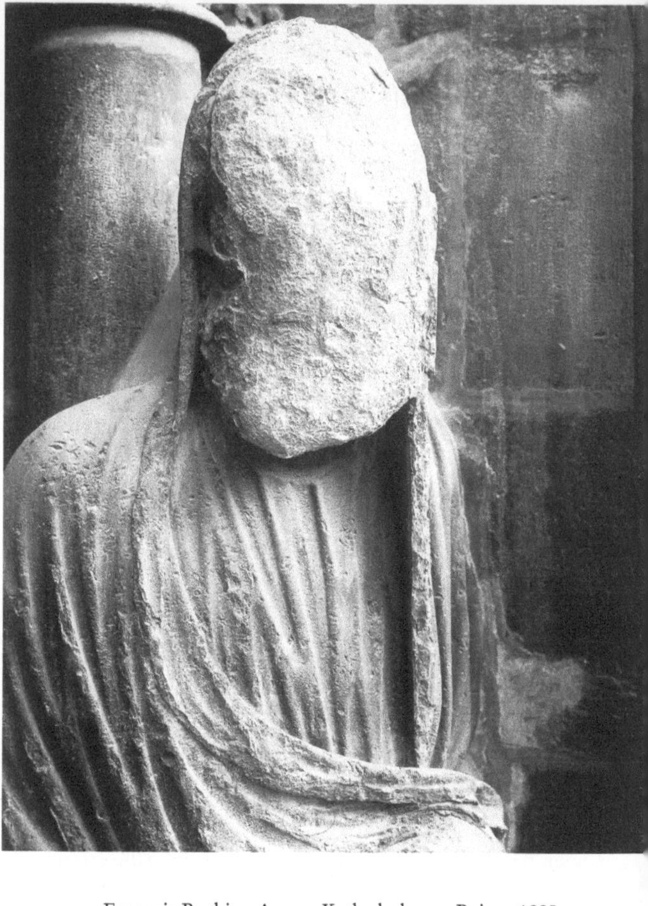

François Rothier: Aaron, Kathedrale von Reims, 1895

François Rothier: Aaron, Kathedrale von Reims

François Rothier (1852–1914), über den wenig bekannt ist, gehört zu jenen Fotografen des 19. und frühen 20. Jahrhunderts, die ihr Œuvre über eine frühe Form von Bildagenturen vertrieben haben. Hier war es jene von Adolphe und Georges Giraudon, deren Bedeutung für die Verbreitung der Fotografie in der zweiten Hälfte des 19. und der ersten Hälfte des 20. Jahrhunderts kaum überschätzt werden kann. Bereits 1900 stellte sie über 100000 Motive zur Verfügung, die in sehr unterschiedlichen Kontexten Verwendung fanden. Sie versammelte dabei eine Vielzahl von Arbeiten von wichtigen, meist in Frankreich oder Italien ansässigen Fotografen wie Alinari, Anderson, Beato, Bonfils, Brogi, Carjat, Laurent, Lehnert & Landrock, Mieusement, Naya, Neurdein, Sebah oder Sommer. Auch wenn die Bildagenturen erst mit Aufkommen der Pressefotografie der Zwischenkriegszeit ihre Blütezeit erlebten und bis heute den Markt der Bilder regeln, sind sie schon im 19. Jahrhundert von entscheidender Bedeutung, arbeiten sie doch grenzüberschreitend und greifen zudem auf Bilder aus mehreren Jahrzehnten zurück. Sie sind regelrechte Bildarchive, ohne die Kunstpublikationen nicht auskommen konnten. Sie stellten ihren Bestand meist in umfänglichen Katalogen zur Verfügung, aus denen dann einzelne Aufnahmen bestellt werden konnten. Die hier ausgewählte Aufnahme stammt aus einem Album mit 30 Abzügen, das Rothier 1896 auch separat veröffentlichte, und das die Kirche Saint-Remi in Reims zum Gegenstand hat. Verblüffend ist, dass nicht die Schönheit, sondern der Verfall gezeigt wird und die Fotografie so in anderer Weise zum Dokument wird. Ob allerdings gerade diese bemerkenswerte Aufnahme besonders nachgefragt wurde, darf bezweifelt werden.

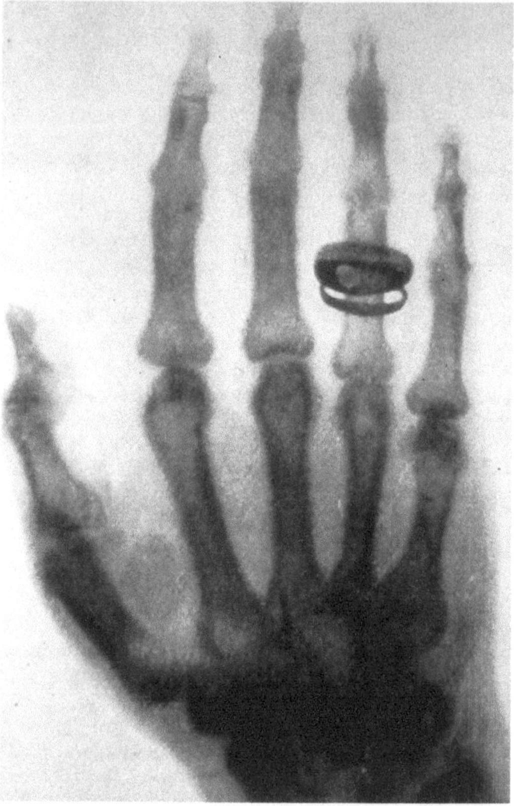

Wilhelm Conrad Röntgen: Albert von Köllikers Hand, 1896

Wilhelm Conrad Röntgen: Albert von Köllikers Hand

Diese Aufnahme vom 23. Januar 1896 zeigt die Hand des Würzburger Anatomen und Physiologen Albert von Kölliker. Wilhelm Conrad Röntgen (1845–1923) hatte sie bei seiner Präsentation der von ihm kurz zuvor entdeckten Röntgenstrahlen vor der Physikalisch-Medizinischen Gesellschaft als Anschauungsobjekt verwendet. Diese Vorstellung (und mit ihr dieses Bild) sollte dann auch Folgen bis zum heutigen Tag haben, da Kölliker vorschlug, die Strahlen und die Bilder nach ihrem Entdecker zu benennen und den bis dahin verwendeten Namen X-Strahlen aufzugeben. Röntgens Entdeckung der unsichtbaren Strahlen, die mit Hilfe von fotografischen Platten nicht nur aufgezeichnet werden können, sondern zudem Schattenbilder der durchleuchteten Körper hervorrufen, war eine Sensation, die jener der Entdeckung der Fotografie nahekam. Im Jahr nach der Bekanntgabe der X- oder eben Röntgen-Strahlen erschienen mehr als 1000 Artikel über die neue Erfindung, und alle Zeitungen waren voll von immer neuen Vermutungen über Wesen und mögliche Anwendungen der unsichtbaren Strahlen. Die Fotografie war einmal mehr Beleg dafür, dass sie das für das menschliche Auge Unsichtbare aufzeichnen und so sichtbar machen kann. Dass die Entdeckung Röntgens aber auch für die seinerzeit grassierende spiritistische Fotografie von großer Anziehungskraft war, versteht sich von selbst. Binnen kurzer Zeit entstanden zahlreiche Publikationen, die immer neue unsichtbare Reiche vermuteten und fotografisch oder in anderer technischer Form sichtbar machen wollten. Ähnliches gilt auch für die zeitgenössische Kunst: So experimentieren Künstler wie Anna Oppermann, Jürgen Klauke, Anthony Romano oder Sigmar Polke auch mit Röntgenfotografien, ohne die aber vor allem die heutige Medizin unvorstellbar wäre.

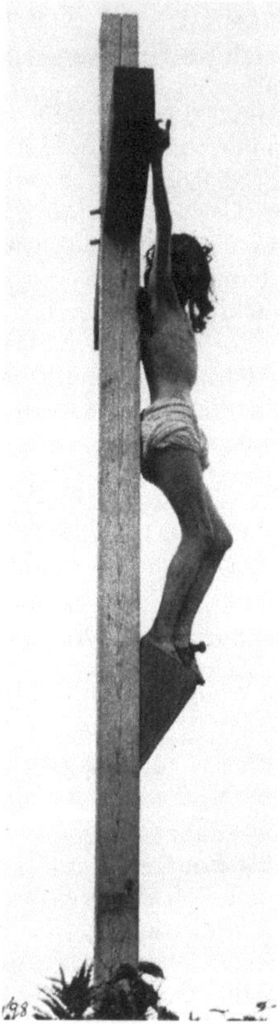

Fred Holland Day:
Kreuzigung, 1898

FRED HOLLAND DAY: Kreuzigung

»Vor ungefähr zwei Jahren verfiel er plötzlich auf die Idee, den Versuch zu machen, einige Scenen aus dem Leben Christi fotografisch darzustellen. Er zog mit einem halben Dutzend Modellen und sonstigem Zubehör nach einem einsam gelegenen Dorfe in der Nähe von Boston, ließ eine Grabkammer bauen und ein Kreuz aufrichten und arbeitete angestrengt den ganzen Sommer hindurch.« Dies berichtet im Jahr der Jahrhundertwende der seinerzeit berühmteste amerikanische Fotografiekritiker Sadakichi Hartmann den deutschen Lesern in der *Photographischen Rundschau* über den Amerikaner Fred Holland Day (1864–1933). Der Fotograf verlässt mit seinen Jüngern sein Atelier, um in einer abgelegenen Gegend den Kreuzweg in Szene zu setzen und in Bilder zu bannen, die sowohl mit der Kunst auf Augenhöhe sind als auch die besondere Kraft der Fotografie in Szene setzen und in Bilder fassen sollen. Die Fotografie sollte nicht nur die Konkurrenz mit der Malerei siegreich überstehen, sondern zudem für eine Auferstehung im Bild sorgen. F. Holland Day konnte dabei eine Deutungstradition aufnehmen, in der die Fotografie, wie es bereits frühe Texte der Fotografiegeschichte zeigen, eine Überwindung der Zeit und ein Garant des Überlebens, eine technisch garantierte Form des ewigen Lebens im Bild darstellte. Wenn F. Holland Day die Kreuzigung in Bilder zu bannen versucht, so geht es gleich um vielerlei Einsätze eines Spiels, das nur als Bild gewonnen werden kann: Es geht um die Kunst und ihre Geschichte, um den Kunstwert der Fotografie, um die Inszenierung des Künstlers als messianische Gestalt, um die gesellschaftlich autorisierte Verbildlichung des Leids und nicht zuletzt um die Fotografie und ihre Metapher: die Auferstehung im Bild. Dass F. Holland Day dann aufgrund seiner homosexuellen Neigung in Konflikt mit der Justiz geriet, fügt diesem Komplex noch den Gender-Aspekt hinzu.

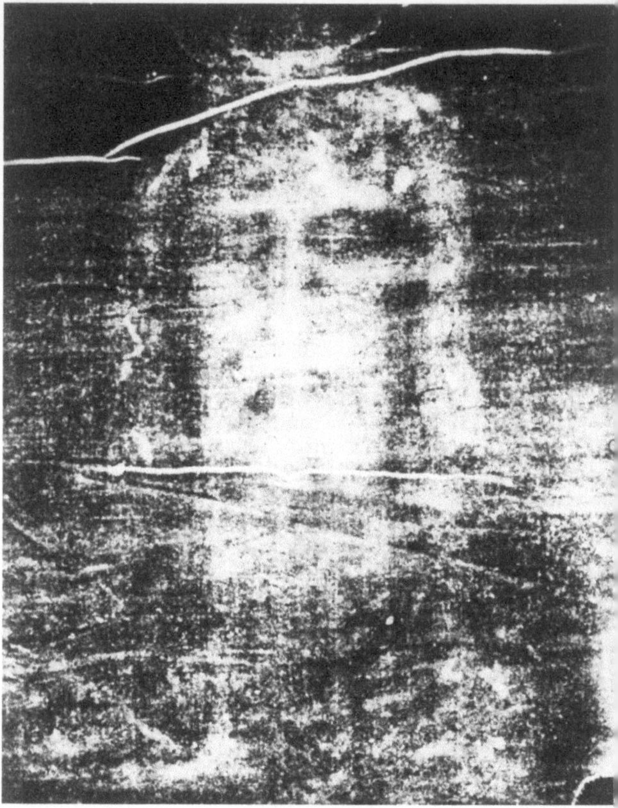

Secondo Pia: Das Grabtuch von Turin, 1898

Secondo Pia:
Das Grabtuch von Turin

Im Jahre 1898 – es war das Jahr, in dem im fernen Boston F. Holland Day die Passion Christi fotografisch inszenierte – wurde dem italienischen Advokaten Secondo Pia (1855–1941) eine seltene Gunst gewährt: Er durfte das Turiner Grabtuch, das seit dreißig Jahren nicht gezeigt worden war und dann erst 1931 wieder ausgestellt wurde, fotografieren. Als Pia am 28. Mai 1898 die Aufnahmen entwickelte, die er von dem Tuch angefertigt hatte, das über dem Hochaltar des Turiner Doms aufgehängt worden war, geschah ein Wunder: Auf der Fotografie erschien ein Antlitz, das mit bloßen Augen auf dem Tuch nicht zu erkennen war. Hier sah man nur bräunliche und graue Flecken, schattenartige Verfärbungen und Risse in der Leinwand. Aber als Pia die Platten aus dem Entwicklerbad hob, wurde die »révélation« der Fotografien zur Offenbarung für den Fotografen. John Walsh beschreibt die Szene so: »Was er dort erblickte, ließ seine Hände erzittern, die Platte glitt durch seine Finger und zerschellte um ein Haar auf dem Boden. Jenes Antlitz auf der Platte – die Augen schienen geschlossen – war von einer beängstigenden Lebensechtheit!« Erst durch die Fotografie erscheint das bisher kaum sichtbare Bild des Tuchs. Pias Aufnahmen haben nun ihrerseits eine besondere Geschichte, da sie als authentisches Zeugnis des ihrerseits vermeintlich authentischen Abbildes Jesu über lange Zeit als einzige benutzbare Quelle für die Überprüfung der Authentizität des Grabtuchs zur Verfügung standen. Die Forscher mussten sich mit seinem fotografischen Abbild begnügen, auf dem aber ohnehin deutlich mehr zu sehen war als auf dem Tuch, und dessen Authentizität der Charakter der Fotografie als Vera Ikon beglaubigte. Der Heilige Schrein in Turin verbindet die Reliquie mit der Fotografie. Die Reliquie ist Fotografie, die Fotografie Reliquie.

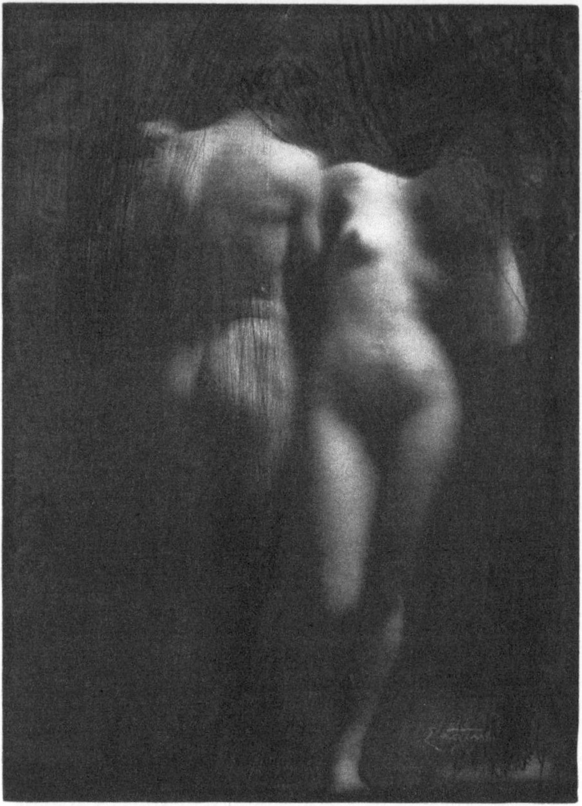

Frank Eugene Smith: Adam und Eva, 1898/99

Frank Eugene Smith: Adam und Eva

»Ein Lichtbild – welch ein herrlicher Gedanke. Gott sprach: Es werde Licht, und da ward Licht. Der Mensch sprach: Diene mir, o Licht, und da diente ihm das Licht«, so las sich eine frühe Besprechung der Fotografie. Viele weitere sollten ihr in dieser Einschätzung folgen. Die berühmteste emphatische Deutung ist wohl jene von Jules Janin 1839 in *Der Daguerreotyp*: »Es gibt in der Bibel«, so schrieb er, »die schöne Stelle: ›Gott sprach: Es werde Licht, und es ward Licht.‹ Jetzt kann man den Türmen von Notre-Dame befehlen: ›Werdet Bild!‹ und die Türme gehorchen.« Doch zugleich wurde die Fotografie, wenn es denn um den Anspruch ging, Kunst zu sein, aus dem *hortus conclusus* wieder vertrieben, weil sie, so der Vorwurf, die Wirklichkeit zu genau abbilde. Das in Stieglitz' *Camera Work* erschienene Bild *Adam und Eva* von Frank Eugene (d.i. Frank Eugene Smith; 1865–1936) reagiert darauf ebenso explizit wie selbstbewusst, indem es ein klassisches Thema der Kunstgeschichte wählt und dieses fotografisch gestaltet. Der Fotograf greift dabei auf eine ganze Palette eigens neu entwickelter Techniken zurück, die sämtlich auf eine malerische Bildwirkung abzielen. Er nimmt massive Überarbeitungen des Negativs qua Retusche vor und schreckt auch nicht vor dem Einsatz einer Radiernadel zurück. Mit ihr werden ganze Teile des Negativs ausgelöscht, einfach wegradiert, um so eine Unschärfe zu erzielen, die aus der Fotografie ein Bild macht, bei dem letztlich nahezu unentscheidbar ist, ob es mit einer Kamera oder auf klassischem graphischem Wege entstanden ist. Seine Aufnahme erschien als Fotogravure in der von Alfred Stieglitz herausgegebenen Zeitschrift *Camera Work* und gehört zu den herausragenden Beispielen der piktorialistischen Fotografie.

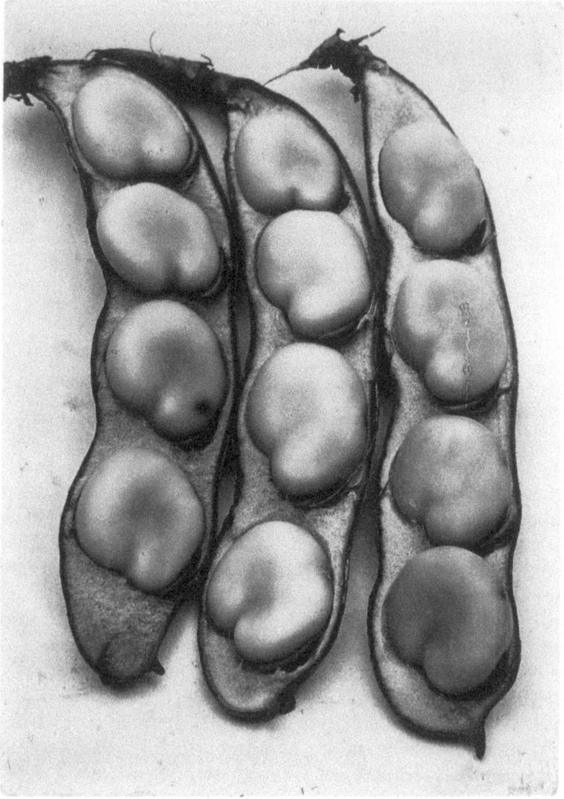

Charles Harry Jones: Feuerbohne, um 1900

Charles Harry Jones: Feuerbohne

1981 entdeckte ein Fotosammler auf einem Londoner Antiquitätenmarkt einen Koffer mit alten Fotografien, die fast nur einen Gegenstand hatten: Gemüse. Alle Aufnahmen (durchweg goldgetönte Gelatinesilberabzüge von Glasnegativen) sind rückseitig mit Bleistift bezeichnet; allerdings konnte man einzig einer Notiz und einem, den Fotografien beiliegenden datierten Familienbild entnehmen, dass sie wohl sämtlich zwischen 1895 und 1910 entstanden sind. Denn weiteres weiß man nicht. Charles Jones (1866–1959), von dem diese Aufnahmen stammen, ist nie als Fotograf in Erscheinung getreten; ohnehin ist über ihn nur sehr wenig bekannt. Keine einzige der Aufnahmen wurde zu Lebzeiten publiziert. Jones, so die wenigen Kenntnisse, war Sohn eines Metzgers, arbeitete als Gärtner und zog sich dann nach Lincolnshire zurück, wo er bis zu seinem Tod im Alter von 92 Jahren unter einfachsten Umständen ohne Strom und fließendes Wasser lebte – und auch, soweit man dies überhaupt sagen kann, nicht mehr fotografierte. Es gibt keine Negative, keine Notizbücher, keine Aufzeichnungen, aber auch keine Erklärungen, warum er sich diesem Gegenstand verschrieben hatte, und vor allem, warum er es in dieser höchst ungewöhnlichen Weise getan hatte: Die Aufnahmen der Pflanzen scheinen die Fotografie der Neuen Sachlichkeit bereits vorwegzunehmen. Bei Karl Blossfeldt oder Edward Weston finden wir Jahre später vergleichbare Fotografien. Doch Charles Jones ist von den künstlerischen Kontexten, in denen jene arbeiteten, weit entfernt. Er nahm einzig das auf, womit er tagein, tagaus zu tun hatte. Er fotografiert die Dinge seines Alltags vor neutralem schwarzen oder weißen Hintergrund und verleiht ihnen einen geheimnisvollen Zauber: ein Leben als Bild.

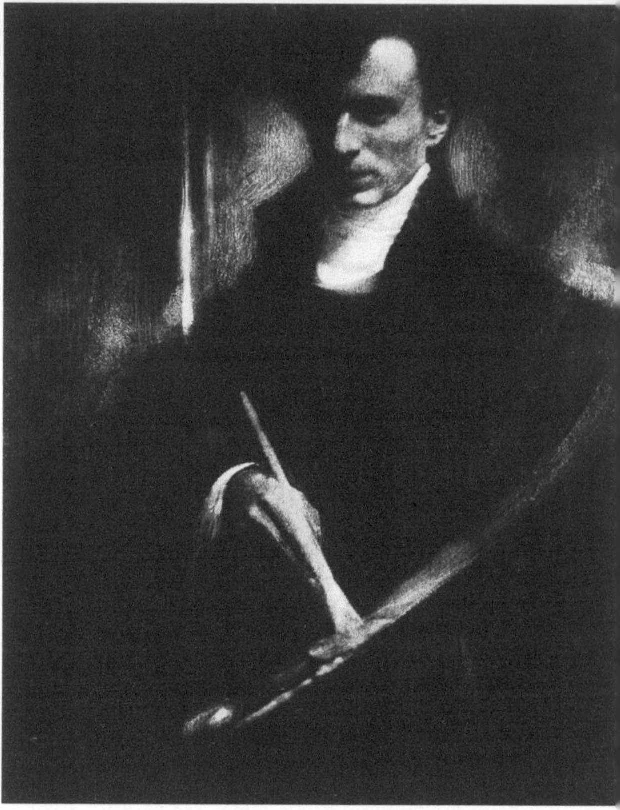

Edward Steichen: Selbstporträt, 1901/1902

Edward Steichen: Selbstporträt

Wollte man die mitunter dramatischen Verschiebungen, die die Fotografie in der ersten Hälfte des 20. Jahrhunderts erfahren hat, im Werk eines Fotografen aufzeigen, so bietet sich wohl das von Edward Steichen (1879–1973) an. Er gehörte Anfang des Jahrhunderts zu den maßgeblichen und innovativsten piktorialistischen Fotografen in Amerika, arbeitete später als Modefotograf für *Vogue* und *Vanity Fair*, dann jedoch auch für die Luftaufklärung der amerikanischen Armee und zuletzt als Leiter der Fotoabteilung des Museum of Modern Art in New York. Dort organisierte er die wohl berühmteste und bis heute umstrittene Foto-Ausstellung der Gegenwart: *The Family of Man*. Sie wurde seit den 1950er Jahren in diversen Ländern gezeigt und verzeichnete Millionen von Besuchern. Ausgewählt wurde hier sein Selbstporträt als Maler, das wie kein zweites Bild den Kunstanspruch der piktorialistischen Fotografie der Jahrhundertwende inszeniert: Fotografie soll Kunst sein. Doch um überhaupt als solche anerkannt zu werden, müssen neue Bildstrategien entwickelt werden. Auf den gegenüber der Fotografie erhobenen Vorwurf, sie zeige eine krude, unverstellte und oberflächliche Wirklichkeit, sei aber blind, was die Tiefe der Erscheinungen anbetrifft, reagiert die piktorialistische Fotografie, indem sie versucht, mit Hilfe von besonderen Techniken, Aufnahme- und Druckverfahren die Darstellungsgenauigkeit der Bilder zurückzunehmen. Mittels Unschärfe und mitunter auch durch an der Malerei ausgerichtete Kompositionen soll eine Wirkung erzeugt werden, die auf die Einbildungskraft des Betrachters zielt. Der Fotograf soll, wie Steichen hier unmissverständlich vor Augen führt, die Kamera in einen Pinsel verwandeln. Die Fotografie, der Zeichenstift der Natur, soll zu einem Instrument der Kunstproduktion werden.

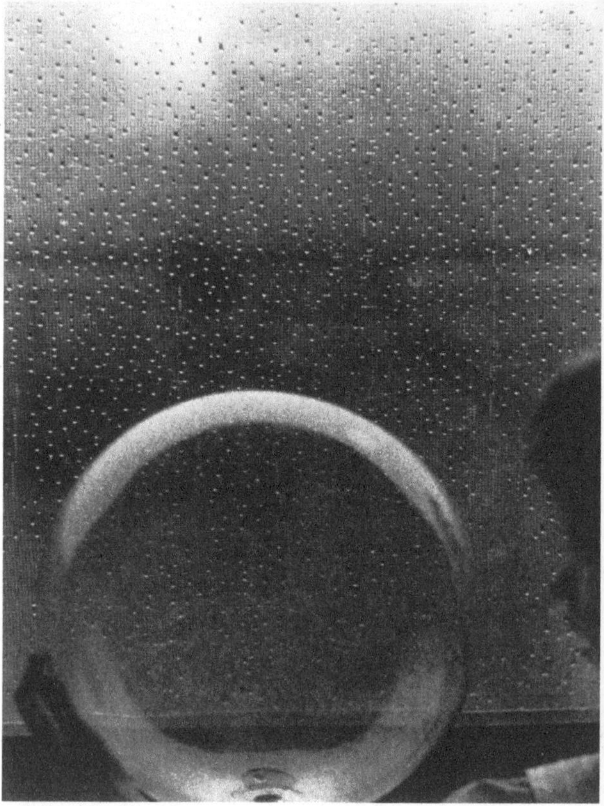

Clarence H. White: Regentropfen, 1903

CLARENCE H. WHITE: Regentropfen

Alfred Stieglitz schätzte Clarence H. White (1871–1925) so sehr, dass er 1908 seinen Arbeiten gleich ein ganzes Heft von *Camera Work* widmete. Dort erschien das hier ausgewählte Bild neben zahlreichen Porträts und allegorischen oder besser antikisierend bukolischen Aufnahmen, so etwa einer Darstellung des Flöte spielenden Pan, der auch mit fotografischen Mitteln gemeinhin nicht abzubilden ist. Die intendierte Nähe zur Malerei könnte kaum besser in ein Bild gefasst werden als mit einer solchen mythologischen Szene. White ist einer der wichtigsten wie zugleich beharrlichsten Vertreter des amerikanischen Piktorialismus und war bereits Mitgründer der Foto-Sezession. Dieser Richtung blieb er auch treu, als Stieglitz ihr abschwor, womit er bewusst den Bruch mit seinem Mentor und engen Vertrauten in Kauf nahm. Statt auf die *straight photography* umzuschwenken, gründete er lieber die Vereinigung der *Pictorial Photographers of America*, deren führende Figur er zu einer Zeit wurde, als die Fotografie längst neue Wege eingeschlagen hatte. Gleichwohl blieb insbesondere im Bereich der Amateurfotografie der Piktorialismus bis in die 1950er Jahre hinein einflussreich und stilbildend. Whites Einfluss war nicht zuletzt durch seine *Clarence H. White School of Modern Photography* erheblich, da dort viele bedeutende Fotografen, wie etwa Margaret Bourke-White, Dorothea Lange, Paul Outerbridge und Karl Struss ausgebildet wurden, die dann aber allesamt neue Wege fern vom Piktorialismus gingen. Whites Aufnahmen sind präzise komponiert; er verbrachte Stunden mit Vorstudien und den Arrangements, experimentierte dann mit diversen Drucktechniken, bis ein Bild entstand, das seinem Kunstanspruch genügte. Das fotografische Sehen verwandelt sich in der hier ausgewählten zauberhaften Aufnahme Whites in ein staunendes – und das genau hatte er mit seinen Fotografien im Sinn.

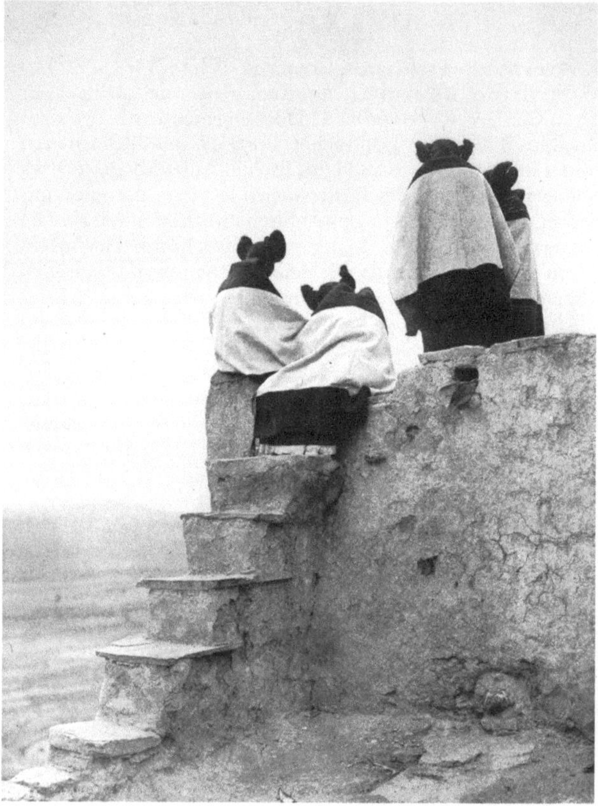

Edward S. Curtis: Beim Beobachten der Tänzer, um 1906

Edward S. Curtis: Beim Beobachten der Tänzer

Aby Warburgs Reise in die Vereinigten Staaten in den letzten Jahren des 19. Jahrhunderts und insbesondere sein Aufenthalt bei den Hopi-Indianern führten zu einem der wichtigsten Texte der noch jungen Disziplin der Kulturwissenschaften: 1923 hielt er in Ludwig Binswangers Kreuzlinger Klinik einen Vortrag über das Schlangenritual. Der Fotograf Edward Curtis (1868–1952) hat aktiv an diesem Ritual teilgenommen – wozu auch gehörte, die Klapperschlange zwischen den Zähnen zu tragen. Curtis' Teilnahme am Ritual ist Zeichen seiner Identifikation mit einer fotografischen Dokumentation, die ihresgleichen sucht. Curtis begann 1904 mit einer systematischen bildlichen Erfassung sämtlicher amerikanischer Indianerstämme, die bereits in Reservaten ein karges und prekäres Leben führten und nicht selten eigens für den Fotografen Zeremonien nochmals vollzogen, die sie längst aufgegeben hatten. Curtis' Unterfangen sollte ihn mehr als 30 Jahre in Beschlag nehmen und gigantische Geldmengen – 500 000 $ sind eine eher defensive Schätzung – von Sponsoren erfordern. Die Aufnahmen erschienen zwischen 1907 und 1930 als 20bändige Enzyklopädie unter dem Titel *The North American Indian*. Jeder Band, der einzelnen Stämmen gewidmet war, enthielt einen umfangreichen Textteil und etwa 75 aufwendig hergestellte Fotogravuren sowie eine Bildmappe im Folioformat mit weiteren großformatigen Aufnahmen. Curtis hielt in diesem monumentalen Werk auch mythologische Überlieferungen fest und sammelte wichtige Informationen über den Alltag der Indianer. Die Bilder sind weitgehend der piktorialistischen Tradition, aus der sie stammen, treu und haben kunstvoll inszenierte Porträts und Ansichten aus dem Leben der jeweiligen Indianerstämme zum Gegenstand. Sie zeigen ein letztes Mal ein bereits zu diesem Zeitpunkt im Verschwinden begriffenes Leben und tun dies so, als würden allein diese Bilder bleiben.

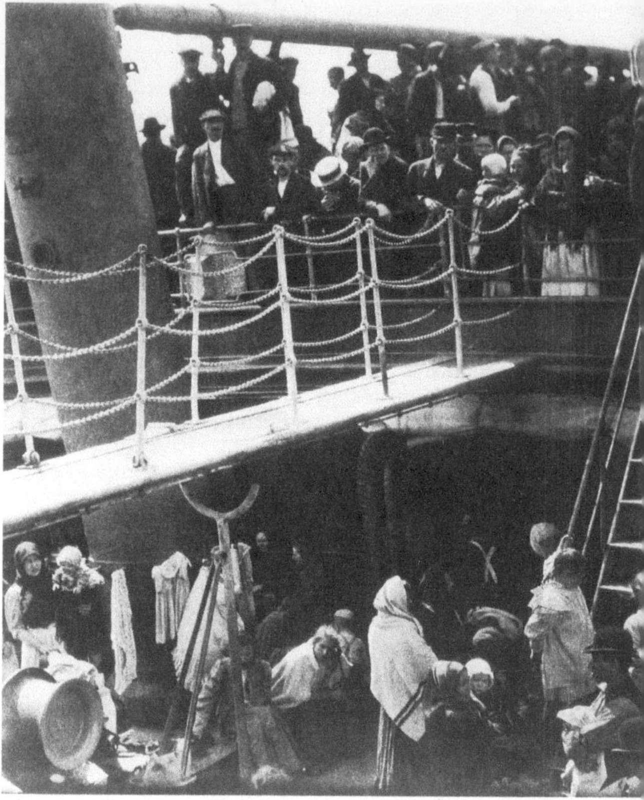

Alfred Stieglitz: Das Zwischendeck (»The Steerage«), 1907

Alfred Stieglitz: Das Zwischendeck

»Ein runder Strohhut, der nach links zeigende Schornstein, die nach rechts zeigende Treppe, die weiße Hängebrücke mit ihrem Geländer aus runden Kettengliedern, dann weiße Hosenträger, die sich auf dem Rücken eines Mannes auf dem Unterdeck kreuzen, die runden Formen des eisernen Räderwerks, ein Mast, der ein Dreieck aus dem Himmel herausschneidet. Eine Weile stand ich wie angewurzelt, schaute und schaute. [...] Ich sah den Zusammenhang der Formen, sah ein Bild, das aus Formen bestand und das mein Lebensgefühl zum Ausdruck brachte.« So beschreibt der Fotograf Alfred Stieglitz (1864–1946) diese berühmte Einstellung, wie man zu recht doppeldeutig in der Filmsprache sagen würde: Es ist eines der berühmtesten Bilder der Fotografiegeschichte, das heute als Durchbruch zur modernen Fotografie angesehen wird. Warum? Alfred Stieglitz, Gründer der ersten Fotogalerie überhaupt, Herausgeber u. a. der berühmten Zeitschrift *Camera Work* und zentrale Figur der amerikanischen Foto-Sezession, beansprucht in seiner Beschreibung nichts Geringeres als einen Paradigmenwechsel in der Geschichte der Kunst wie der Wahrnehmung. Es geht ihm um einen entscheidenden Schritt zu der Geschichte der Fotografie. Das Bild, das »auf einer Beziehung von Formen und zugleich auf einem tiefen menschlichen Gefühl« beruhte, soll gerade als abstrakte Formensprache das Gefühl als individuelles wie allgemeines bildlich fixieren. Fotografie ist nicht länger das Medium des Realen und seiner bildlichen Legitimation, sondern eben auch Möglichkeit der Abstraktion. Fotografie will, kann und soll Kunst sein. Und als solche vollzieht sie auch den Übergang zur Moderne. *Das Zwischendeck* zeigt so einen Zustand *zwischen* gegenständlicher Darstellung und formaler Abstraktion.

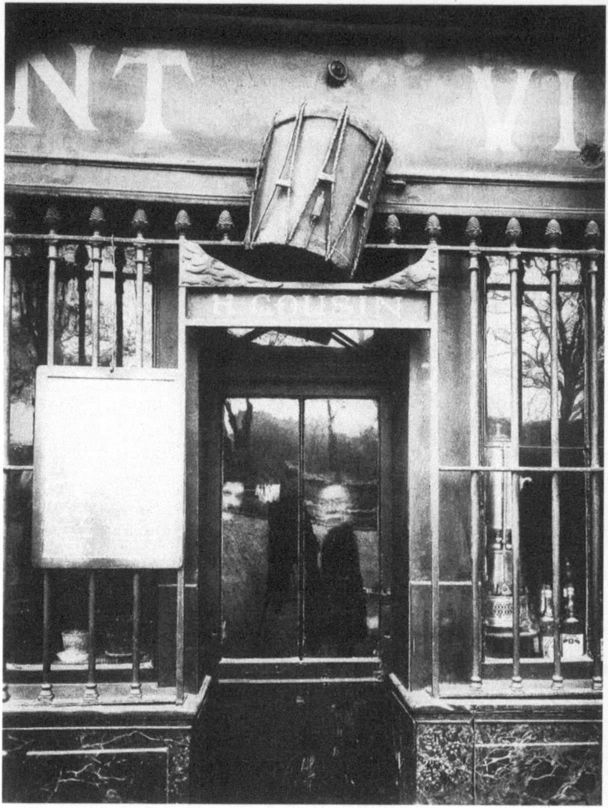

Eugène Atget: Au tambour, 63 quai de la Tournelle, 1908

Eugène Atget:
Au tambour, 63 quai de la Tournelle

Als Eugène Atget (1856–1927) starb, war er nahezu unbekannt und gänzlich verarmt. Erst nach seinem Tod entdeckten die Surrealisten (und mit ihnen auch die Avantgardezeitschriften der Zeit) sein Werk. Doch ist es vor allem der amerikanischen Fotografin Berenice Abbott zu verdanken, dass Atget heute zu den Großen des 20. Jahrhunderts zählt. Sie erwarb auf Hinweis von Man Ray seinen Nachlass und verkaufte ihn später an das Museum of Modern Art, das ihn gleich in mehreren höchst erfolgreichen Ausstellungen würdigte. Doch bereits in der Zwischenkriegszeit setzte eine erste Rezeption ein, wobei Atget insbesondere durch Walter Benjamins *Kleine Geschichte der Photographie* in emphatischer Weise als Wegbereiter der modernen Fotografie in Szene gesetzt wurde. Nach Benjamin macht Atget in seinen Bildern in einer in jeder Hinsicht wegweisenden Form die »heilsame Entfremdung zwischen Umwelt und Mensch« zum Programm. Entscheidend sind hierbei die Bedeutung des Details, der Sinn für das Gleichartige und der historische Index, den seine Bilder in der Deutung Benjamins tragen. Atgets Motivwahl, die durch eine Abkehr von den ansonsten üblichen pittoresken Gegenständen (etwa von Ansichten von Sacré Cœur oder dem Louvre bis hin zu »Städtebildern in blaue Nacht getaucht, mit retuschiertem Mond«) bestimmt ist, offenbart ein neues Verhältnis zur Wirklichkeit insgesamt. Atget kam es darauf an, in systematischer Weise den Stadtraum von Paris zu erkunden und in meist menschenleeren Aufnahmen in Bilder zu bringen, die er dann – mit mehr oder meist weniger Erfolg – an Maler zu verkaufen suchte. Entstanden ist ein ebenso erratisches wie faszinierendes Bildarchiv, das einen vermeintlich hinlänglich bekannten Stadtraum neu entdeckte – in Bildern, die gleichzeitig vertraut, irritierend und befremdend sind.

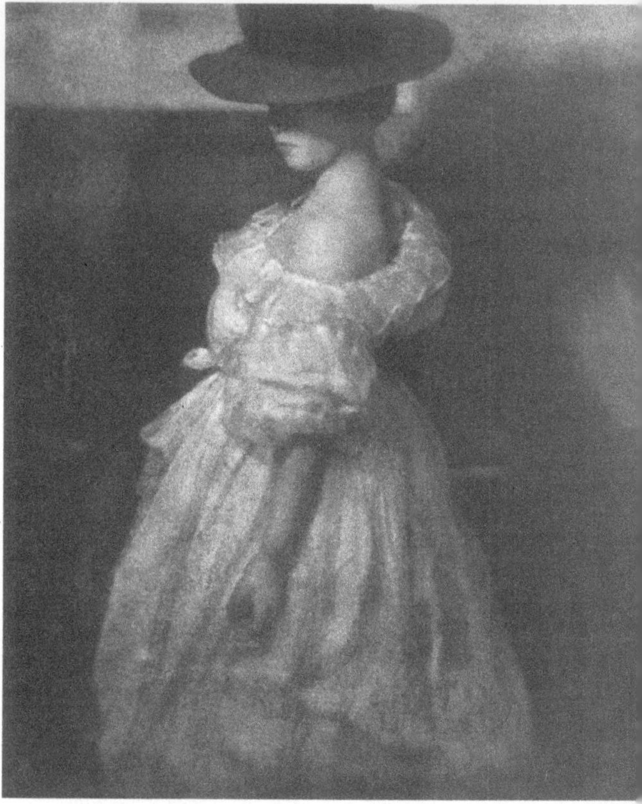

Heinrich Kühn: Tonwertstudie III,
Aufnahme 1908, späterer Abzug

Heinrich Kühn: Tonwertstudie III

Heinrich Kühn (1866–1944) war bis weit hinein ins 20. Jahrhundert der Übervater der piktorialistischen Fotografie und kämpfte auch dann noch um ihren Einfluss und ihr Erbe, als die Avantgarden längst gänzlich andere Wege eröffnet hatten. Unverdrossen publizierte er bis Ende der 1930er Jahre Texte in fotografischen Zeitschriften, die meist technischen Fragen gewidmet sind und doch eine klare, wenn auch überaus traditionelle ästhetische Position vertreten. Ihm ging es um die Verteidigung des Kunstanspruchs der Fotografie, der nur dann einzulösen sei, wenn der Fotograf eine vollständige Kontrolle über das Material habe – und das von der Aufnahme bis zum Bild. Zusammen mit Hans Watzek und Hugo Henneberg bildete Kühn das sogenannte Trifolium, das dreiblättrige Kleeblatt Wiener Kunstfotografie. Von diesen drei Fotografen war er der einflussreichste und auch der innovativste. Das liegt allerdings weniger an seinen Texten, sondern an seinen Bildern, die bereits eine formale Abstraktion erproben, aber auch das Resultat von Kühns erfindungsreichen neuen Verfahren sind. Er experimentierte mit Linsen und Papier, neuen Drucktechniken, farbigen Abzügen und nicht zuletzt auch mit Autochromes, dem frühen Farbfotografieverfahren, das die Brüder Lumière entwickelt hatten. In der hier ausgewählten Tonwertstudie kommen die zentralen Dimensionen seiner Arbeit zum Ausdruck: Kühn kam es darauf an, bei den Abzügen die Tonwerte kontrollieren und beeinflussen zu können. Für ihn waren Fotografien »Wertrelationen«, die er ähnlich einem Maler mithilfe einer »Tonwertpalette« realisierte. Dementsprechend experimentierte Kühn mit immer neuen Verfahren, die ein und dasselbe Negativ in andere Bilder verwandelte. So entstand dieser Print mithilfe der Gummigravüre, die er erst im Januar 1911, also Jahre nach der Aufnahme, entwickelte. Jedes Bild ist für Kühn Teil einer Serie, die die Möglichkeiten der Fotografie auslotet.

Pierre Dubreuil: »Interprétation Picasso. Le rapide«, 1911

Pierre Dubreuil: »Interprétation Picasso. Le rapide«

Auch wenn Constantin Puyo und Georges Démachy mit ihrem Photo Club de Paris und dessen Publikationen den französischsprachigen Markt der piktorialistischen Fotografie dominierten, so stammen die schönsten und bis heute originellsten Aufnahmen nicht von ihnen, sondern von Pierre Dubreuil (1872–1944). Er war aber nicht mehr als eine Randfigur der französischen piktorialistischen Bewegung, die mehr auf (halb)nackte Mädchen à la David Hamilton und pastorale Szenen setzte. Pierre Dubreuil war gleichwohl präsent: Er zählte einige Jahre lang zu den Mitgliedern des sogenannten Linked Ring, der wichtigsten piktorialistischen Vereinigung in England, von deren Protagonisten vor allem Henry Peach Robinson, Frank Sutcliffe und Frederick Evans zu nennen sind. Auch wenn Dubreuils Arbeiten in *Camera Work* fehlen, so schloss ihn Alfred Stieglitz immerhin in einer von ihm kuratierten Ausstellung 1910 in Buffalo ein. Pierre Dubreuil arbeitete vor allem mit Öl-Pigment-Drucken, die seinerzeit zwar höchst umstritten waren, die ihm aber jene Abstraktion gestatteten, die sein Werk auszeichnet. Er erkundet allerdings – und das macht nicht zuletzt seine Modernität aus – früh ungewöhnliche Perspektiven und Kompositionen, arbeitet mit starken Vergrößerungen, mit Schatten und einer Konzentration auf vermeintlich nebensächliche Gegenstände. Während des Ersten Weltkriegs wurde sein Haus geplündert, und viele seiner Aufnahmen gingen verloren. Auch wenn die Royal Photographic Society of London ihn bereits 1935 mit einer Retrospektive würdigte, geriet sein Werk in Vergessenheit. Erst in den 1980er Jahren unternahm Tom Jacobson eine detektivische Recherche, um überhaupt noch Bilder von Dubreuil zu finden. 1987 widmete ihm das Centre Georges Pompidou schließlich eine Ausstellung, die zu seiner Wiederentdeckung führte.

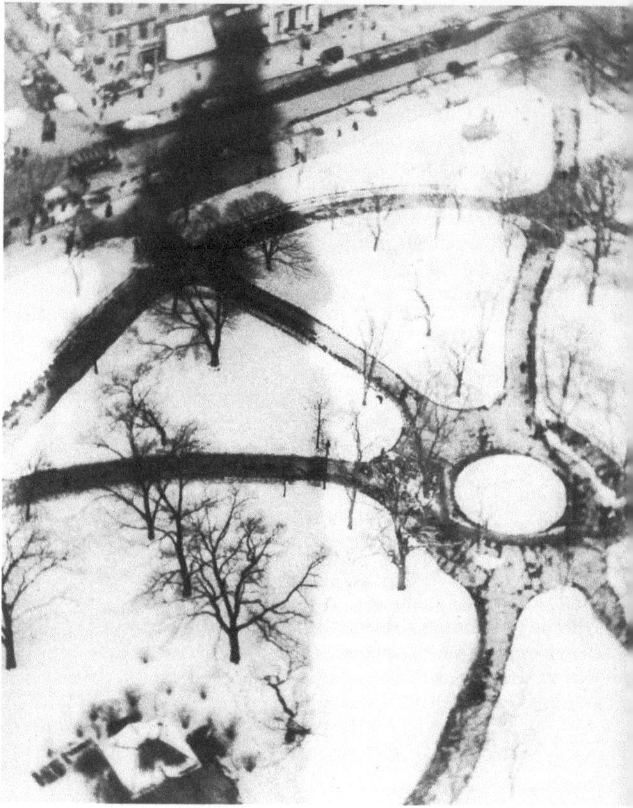

Alvin Langdon Coburn: »The Octopus«, New York, 1912

Alvin Langdon Coburn: »The Octopus«, New York

Alles, was Alvin Langdon Coburn (1882–1966) berührte, so scheint es, gelang – und das war nicht wenig, denn in den gut dreißig Jahren seiner fotografischen Arbeit durchlief er gleich mehrere Phasen: eine symbolistische, eine piktorialistische und abstrakte – bis er dann zu Beginn der 1930er Jahre die Fotografie aufgab und einen großen Teil seiner Arbeiten zerstörte. Er illustrierte Bücher von berühmten Schriftstellern, wie H.G. Wells, R.L. Stevenson und vor allen Henry James, dessen Werkausgabe in jedem Band eine Fotogravure von Coburn als Frontispiz enthält. Er publizierte mit *Men of Mark* und *More Men of Mark* Bildergalerien berühmter Zeitgenossen und experimentierte nach einer Begegnung mit Ezra Pound, der ihn in den Vortizismus initiierte, mit sogenannten Vortographien, Bildern, die mit Hilfe von Prismen und anderen optischen Tricks entstanden. Sämtliche piktorialistischen Zeitschriften und nicht zuletzt *Camera Work* mit gut zwanzig Aufnahmen enthalten Bilder von ihm. Und doch erkundete Coburn schon früh Wege einer abstrakten Fotografie, eines Neuen Sehens. 1916 erschien der relativ kurze Text »Die Zukunft der bildmäßigen Fotografie«, der bereits nahezu alle Elemente der fotografischen Avantgarde antizipiert: »Warum nicht Mehrfachbelichtungen einer Platte, um einen bewegten Gegenstand aufzunehmen? Warum sollten nicht Perspektiven von bisher vernachlässigten oder nicht wahrgenommenen Blickwinkeln aus versucht werden?« fragt er und regt zugleich Aufnahmen von abstrakten Strukturen, mit Prismen und Mikroskopen an, die er zum Teil auch in die Praxis umsetzte. Es ist nur noch ein kleiner Schritt zu abstrakten Fotografien – und auch diese scheint Coburn bereits zu imaginieren, plädiert er doch für »ein Gefühl für Form und Struktur«.

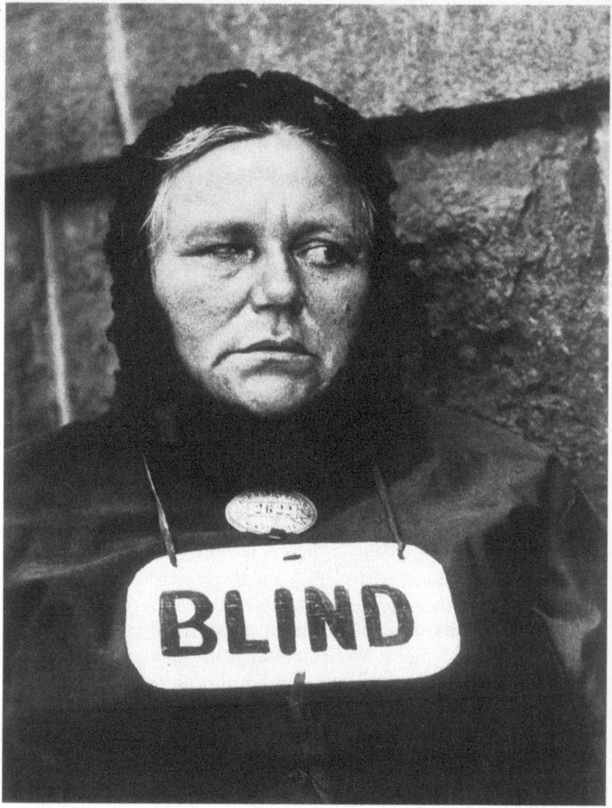

Paul Strand: »Blind«, 1916

Paul Strand: »Blind«

Blind von Paul Strand (1890–1976) findet sich in der allerletzten Ausgabe der legendären, von Alfred Stieglitz herausgegebenen amerikanischen Fotozeitschrift *Camera Work* und markiert zugleich den Endpunkt ihrer programmatischen Ausrichtung. Die piktorialistische Fotografie reagierte auf die Vorwürfe, die Fotografie zeige nur die Oberfläche und sei für das Wesen blind, indem sie mit Hilfe von immer neuen, überaus erfinderischen Techniken die Darstellungsgenauigkeit einzuschränken versuchte. Mittels inszenierter Unschärfe oder auch einer an der Malerei ausgerichteten Komposition sollte eine Einflugschneise für die Einbildungskraft des Betrachters in den Bildern selbst eröffnet werden. Die Fotografie will ein Idealbild zeigen, etwas, was eben nicht zu sehen ist.

Paul Strands »Blinde Frau« ist die bildliche Umsetzung eines dezidierten Bruchs mit dieser Tradition, die ohnehin seit einiger Zeit bereits schleichend erodierte. Doch Strands Arbeiten zielten auf eine definitive Zäsur. Mit dieser Aufnahme vollzieht sich der Übergang von der *pictorial* zur *straight photography*. Strands Aufnahme steht gleichwohl im Zusammenhang einer ganzen Serie von Bildern, bei denen die Unsichtbarkeit des Fotografen von entscheidender Bedeutung war. Im Herbst 1916 streifte er, so berichtet Strand von der Geschichte dieses Bildes, durch die Straßen New Yorks, um eine Idee umzusetzen, die ihn seit einiger Zeit umgetrieben hatte: »Menschen auf der Straße zu fotografieren, ohne selber gesehen zu werden.« Sehen, ohne gesehen zu werden, und damit zugleich das Sehen der Fotografie in ein Bild zu fassen, das die Blindheit zum Gegenstand hat – das ist das Programm Paul Strands. So wurde er zu einem der wichtigsten Vertreter einer modernen Fotografie, die diesseits des Atlantik auf den Begriff des ›Neuen Sehens‹ gebracht wird.

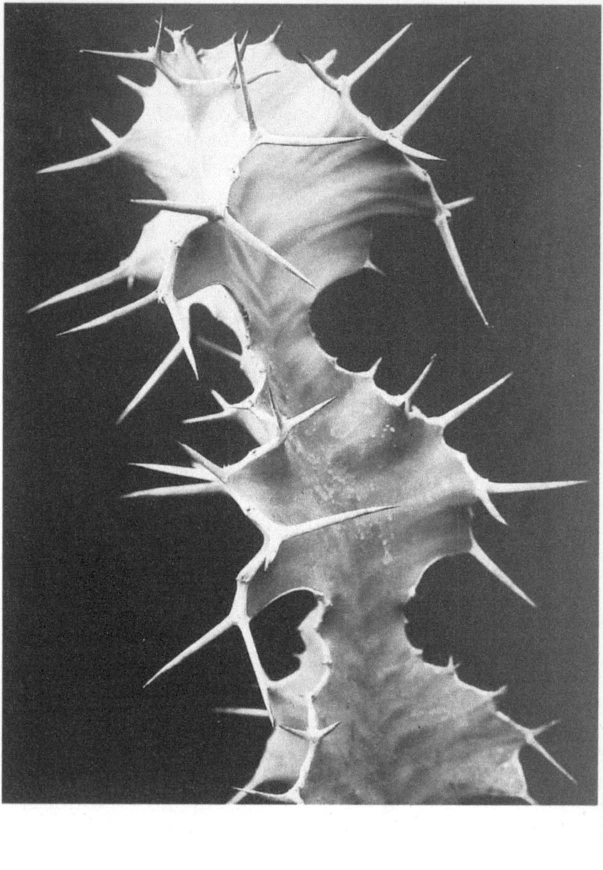

Albert Renger-Patzsch: Euphorbia grandicornis, 1922

Albert Renger-Patzsch: Euphorbia grandicornis

In dem Dreigestirn der neusachlichen Fotografie, das er zusammen mit August Sander und Karl Blossfeldt bildet, ist Albert Renger-Patzsch (1897–1966) wohl der vielfältigste und auf eine besondere Weise einflussreichste Fotograf. Sein Werk, das im Rahmen von zahlreichen Büchern, Ausstellungen und auch Aufträgen über einen Zeitraum von fast einem halben Jahrhundert entstanden ist, ist bei aller Vielfalt erstaunlich homogen. Davon zeugen zahlreiche Bücher, Publikationen in Zeitschriften, aber auch Auftragsarbeiten. Albert Renger-Patzsch ist in Deutschland *der* Fotograf der technischen Moderne, der konsequent wie kein zweiter Technik *und* Natur in Bilder gebracht hat, deren formale Strenge für zahllose Fotografen zum Vorbild wurde. Albert Renger-Patzsch ist ein Fotograf der Gegenwart, einer der ersten wirklich zeitgenössischen, modernen Fotografen, dem es gleichwohl darum ging, inmitten der Moderne, die durch Beschleunigung, Geschwindigkeit und radikale Veränderlichkeit bestimmt ist, nach einer »Beständigen Welt«, so auch der Titel eines seiner Bücher, zu suchen. Berühmt wurde er durch sein 1928 erschienenes Buch *Die Welt ist schön*, das zu den einflussreichsten wie umstrittensten Fotobüchern überhaupt gehört. In exemplarischer Weise arbeitet Renger-Patzsch hier seine Suche nach dem »Wesen des Gegenstands« als Suche nach Formen und formalen Ordnungen an einer Vielzahl höchst unterschiedlicher Motive aus: Von Schornsteinen bis zu betenden Händen reicht dabei das Spektrum. Letztlich geht es dem Fotografen immer um einen neuen Blick auf die Dinge, um ein neues Sehen. Das gilt auch für die Aufnahmen von Pflanzen, ist man doch, wenn man sie fotografiert, so Renger in einer treffenden Formulierung, »gezwungen, mit dem Auge der Insekten zu sehen«.

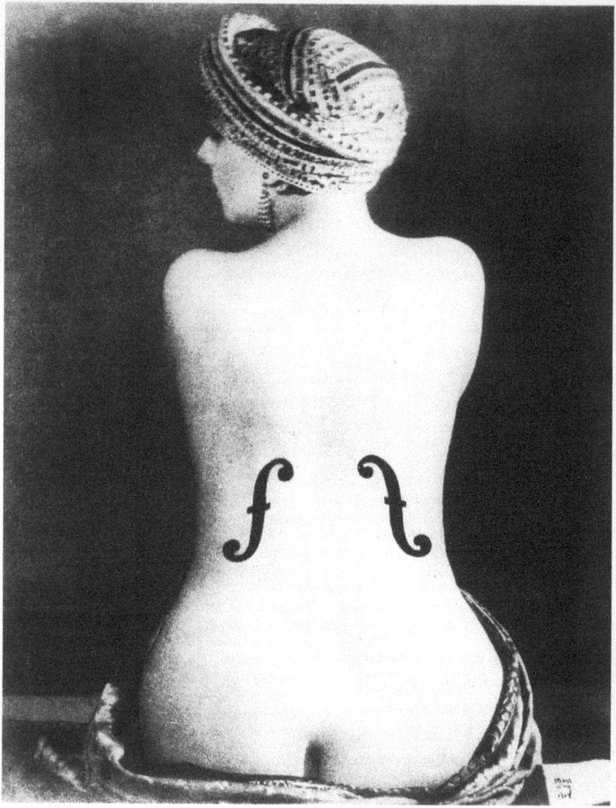

Man Ray: »Le Violon d'Ingres«, 1924

Man Ray: »Le Violon d'Ingres«

Eine einzige Fotografie von Man Ray (1890–1976) auszuwählen, ist keine einfache Aufgabe, da viele von ihnen Teil des Bildgedächtnisses geworden sind und man diese daher sämtlich hier erwarten würde. Man Ray ist wie ein Picasso oder ein van Gogh der Fotografie. Seine Bilder wurden in Form von Büchern, aber auch Postkarten oder Postern tausendfach vertrieben. Neben seiner immensen Produktivität gehört zu Man Rays Stärken fraglos jene seltene Fähigkeit, höchst einprägsame Motive zu finden, die dann fernab von sozialdokumentarischer, neusachlicher oder piktorialistischer Fotografie zu Ikonen der modernen Fotografie geworden sind. Dabei entwickelte er auch bereits im 19. Jahrhundert bekannte Techniken neu: So wird der Sabattier-Effekt zur ›Solarisation‹ und das Fotogramm zur ›Rayographie‹. Doch Man Ray experimentierte auch mit Fotomontagen, Doppelbelichtungen und dem cliché-verre, ohne jemals die Abstraktion zu sehr zu strapazieren. Es ist eine Art Wiederverzauberung der Welt, die er unternimmt: Meist greift er auf alltägliche Gegenstände zurück, die visuell verfremdet und so zu Rätselbildern werden, oder erkundet die Möglichkeiten des Porträts und der Aktfotografie neu. Oder er spielt ironisch mit Vorbildern, wie auch in der Fotografie *Le Violon d'Ingres*, deren Titel nicht nur übersetzt »Steckenpferd« bedeutet, sondern auch auf das Bild *La Grande Baigneuse* von Ingres verweist, das als Vorbild diente. Ein ironisch-surrealistisches Vexierbild wie Verwirrspiel, das gleichwohl einprägsam in Szene gesetzt wird. Man Ray war berühmter Modefotograf, Avantgardefilmer, Maler und Plastiker, Dadaist und Surrealist, Konzeptkünstler und Partner zahlreicher Schriftsteller bei gemeinsamen Projekten, Schriftsteller und Liebhaber.

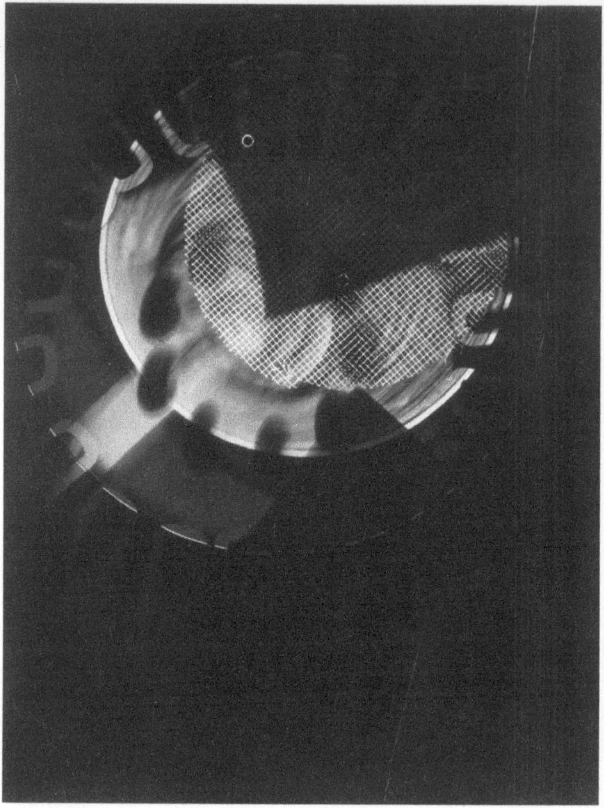

László Moholy-Nagy: Fotogramm, 1925–28

László Moholy-Nagy: Fotogramm

László Moholy-Nagy (1895–1946) war der wohl umtriebigste Vertreter der fotografischen Avantgarde in Deutschland. Sein Werk beschränkt sich keineswegs auf Fotoarbeiten, sondern umfasst auch Malereien, Filme, Plastiken, Installationen und vor allem zahlreiche Publikationen, darunter das berühmte manifestartige Buch *Malerei, Fotografie, Film*, das 1925 erstmals erschien und heute zu den Klassikern der Fotoliteratur zählt. Hier werden in programmatischer Weise die Grundzüge der Fotografie der Avantgarde als eine neue Sehschule, deren Regeln die Lektüre vermitteln soll, präsentiert. Moholy arbeitete am Bauhaus, wo er für den Vorkurs und auch die Metallwerkstatt zuständig war. Während der NS-Zeit emigrierte er und gründete in Chicago das New Bauhaus und die berühmte School of Design. Moholy-Nagys Arbeiten unternehmen einen besonderen Spagat, indem sie einerseits eine Objektivität der Fotografie proklamieren und dank ihr eine neue Wahrnehmung des Menschen eröffnen wollen, andererseits aber formale Experimente und somit Abstraktionen so weit vorantreiben, wie dies die Technik überhaupt zulässt. Dementsprechend lotet Moholy in seinen Fotografien neue Möglichkeiten der kameralosen Fotografie aus und entdeckt alte Techniken wie das Fotogramm neu. Unermüdlich entstehen Typofotos, d. h. mit Schrift kombinierte Fotografien, Montagen, Fotogramme, Doppelbelichtungen und nicht zuletzt Aufnahmen aus bis dahin unerhörten Perspektiven. Wie bei kaum einem zweiten Fotografen der Avantgarde ist die Entdeckerlust in jeder Arbeit zu spüren – und das ist zugleich ihre Aufgabe: Für Moholy-Nagy erlaubte die Fotografie die Erkundung eines bis dahin unerforschten Landes, indem sie sich auf ihre ureigenste Natur konzentrierte: Lichtkunst zu sein und mit Licht zu schreiben.

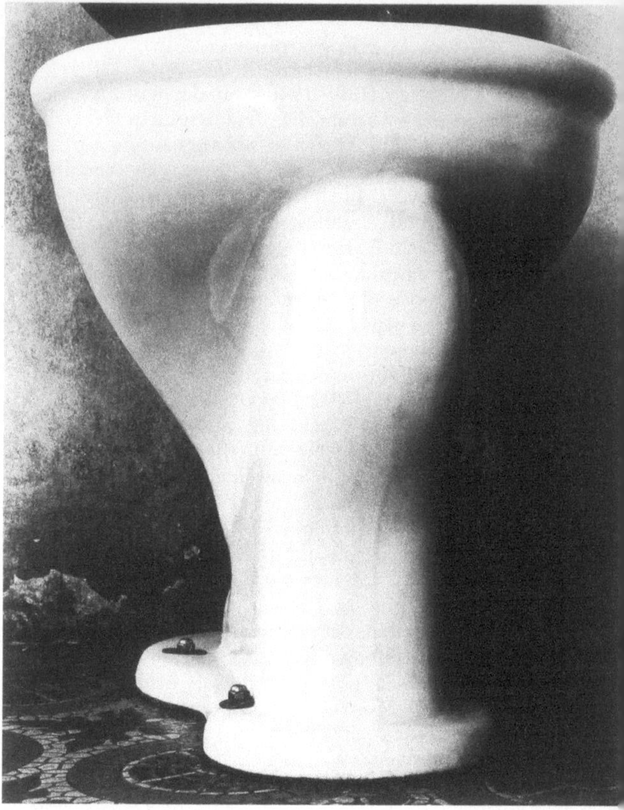

Edward Weston: Kloschüssel (»Excusado«), 1925

Edward Weston: Kloschüssel (»Excusado«)

Auch wenn es vielleicht den Anschein haben mag, handelt es sich nicht um eine Aufnahme eines Ready-Mades von Marcel Duchamp, dessen *Fountain*, ein handelsübliches Urinoir der Marke »Bedfordshire« der Firma J.L. Mott Iron Works bereits 1917 ausgestellt wurde. Heute ist diese Arbeit verschollen und ironischerweise nur noch in Gestalt einer Fotografie von Alfred Stieglitz, des einflussreichsten piktorialistischen Fotografen Amerikas, überliefert. Edward Weston (1886–1958) geht es trotz des offenkundig ähnlichen Gegenstandes auch um etwas anderes: Seine Aufnahme steht in einer ganzen Serie von Bildern, die alltägliche Gegenstände einzig aus formalen Gründen zum Gegenstand haben. Sein Klosett ist daher formverwandt mit Paprikas, die in gleich mehreren Aufnahmen erscheinen. »Ich war aufs äußerste erregt!« schrieb Weston, »hier stand jede Kurve der ›göttlichen Form des Menschen‹ sinnlich vor mir, abzüglich aller Fehler.« Es geht ihm um das Spiel mit Formen bei alltäglichen Gegenständen, aber auch bei Akt- oder Genreaufnahmen: Diese Haltung, die er zwar mit den Vertretern der piktorialistischen Fotografie teilt, markiert doch wie bei keinem zweiten Fotografen seiner Zeit den Übergang zur sogenannten *straight photography*. Klarheit, Präzision und Detailreichtum gehen hier mit formaler Abstraktion Hand in Hand. Als Mitgründer der Gruppe f/64 (der u.a. auch Ansel Adams und Imogen Cunningham angehörten) – sie erhielt ihren Namen nach der kleinsten Blendenöffnung, die zu einer maximalen Tiefenschärfe führte – machte er den Detailreichtum zum Programm. Schärfe vs. Unschärfe ist der Konflikt der wohl wichtigsten ästhetischen wie theoretischen Grundeinstellungen des beginnenden 20. Jahrhunderts. Klarheit und Schärfe als dezidiert fotografische Tugenden sollen die Bilder bestimmen und zugleich ihre Orientierung an der Kunst ablösen.

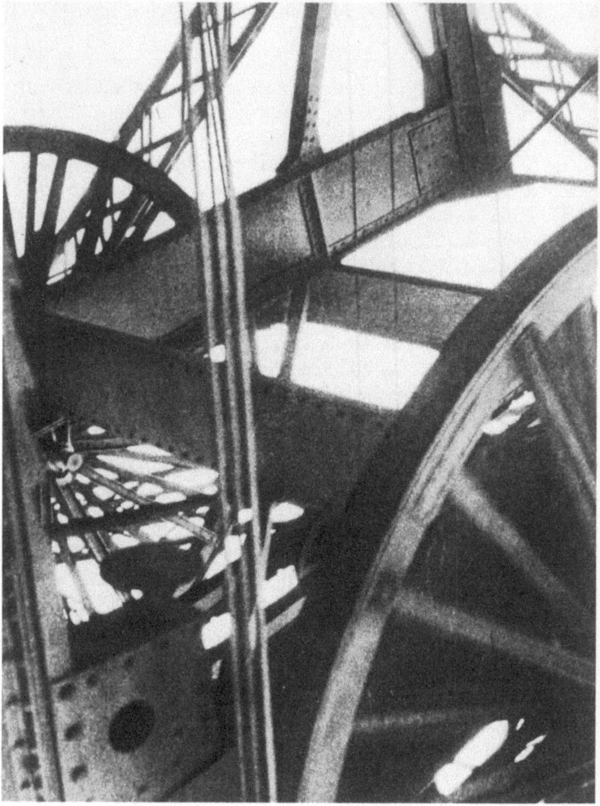

Germaine Krull: Eiffelturm, Paris, 1926

Germaine Krull: Eiffelturm, Paris

Das pikareske Leben von Germaine Krull (1897–1985), das sie selbst in einer Autobiographie beschrieben hat, folgt vielen Strömungen des 20. Jahrhunderts, ohne sie zu vereinigen: Krull begann mit piktorialistischen Aufnahmen, aber auch mit Aktfotos, darunter auch solchen von Lesben beim Liebesspiel, um sich dann der Technik- und Industriefotografie zuzuwenden und sich ganz der Moderne zu verschreiben. Ihre Aufnahmen fanden sich in allen Zeitschriften der Avantgarde, wurden von Benjamin geschätzt und sogar gesammelt. Doch auch bei dieser Position blieb sie nicht stehen. Später wurde sie Fotoreporterin, ging nach Ausbruch des Krieges nach Südamerika und Afrika, wo sie für *France Libre* arbeitete, begleitete französische und amerikanische Armeen bei Kriegsende, um dann nach Indien und Indochina zu reisen und in Bangkok ein Hotel zu eröffnen, das sie fast zwanzig Jahre leitete, bevor sie nach Indien ging und in einem Ort der Vertriebenen aus Tibet lebte. Sie war mit zahllosen Künstlern der Moderne befreundet, bekennende Kommunistin und doch wichtigste Fotografin der rechtsextremen französischen Zeitschrift *Grand'Route*. Sie illustrierte eine Vielzahl von Büchern, u.a. von Georges Simenon, Gérard de Nerval, Paul Morand und Pierre McOrlan und brachte mit *Métal* 1928 eines der seltensten Portfolios der modernen Fotografie heraus: 64 Tafeln, die einzig das Thema der Technik variieren. »Wir sehen nichts als eiserne T-Träger«, schrieb seinerzeit der renommierte Fotokritiker Jean Gallotti, »Pylonen und Brücken aus Metall, Zahnräder, Pleuelstangen und Exzenter. Seit langem sind wir versucht zu sagen, dass nur dort, dort allein die große, reine Schönheit der modernen Welt zu finden ist. Welch eine verwirrende Poesie der elektrischen Stromabnehmer, welch zauberhafte Kugellager!«

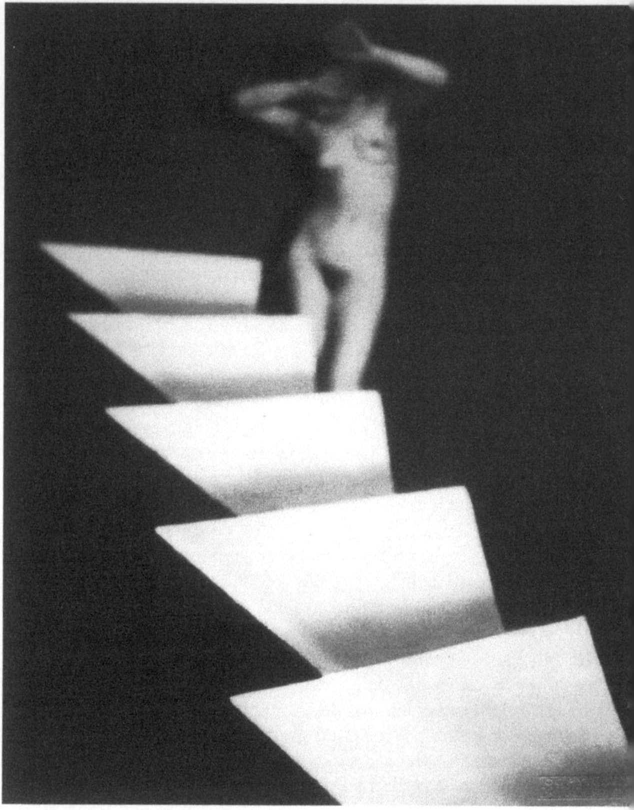

Frantisek Drtikol: Dornen, 1927

FRANTISEK DRTIKOL: Dornen

Die tschechische Fotografie zu Beginn des 20. Jahrhunderts zählt viele bekannte und z.T. heute zu Unrecht nahezu vergessene Fotografen: Drahomir Josef Ruzicka, Jan Lauschmann, Eugen Wiskovsky, Jaromir Funke, Jaroslav Rössler und Jindrich Styrsky, um nur einige wenige zu nennen. Prag war zu dieser Zeit eine Hochburg der Avantgardefotografie. Frantisek Drtikol (1883–1961), der hier neben Josef Sudek nur pars pro toto ausgewählt werden konnte, ist einer der ersten Fotografen in Prag mit internationalem Renommee. Jaroslav Rössler arbeitete einige Jahre als Laborant in seinem Atelier. In eigentümlicher, origineller und auch etwas obsessiver Weise hat er ein eigenständiges Werk geschaffen, das zwischen Piktorialismus und Avantgarde, zwischen bildmäßiger Fotografie und neusachlicher Abstraktion eigene Wege sucht. Das macht wohl auch seine Faszination aus, die bis heute andauert. Dabei konzentriert sich Drtikol in den Arbeiten, die er neben seinem Brotberuf als Porträtfotograf anfertigt, vor allem auf ein Thema: die Aktfotografie. Diese variiert er in zahlreichen Aufnahmen, arbeitet mit harten Schlagschatten und geometrisierenden Raumordnungen und Accessoires, aber auch mit Silhouetten und symbolisierenden Kompositionen. In seinen schlechtesten Aufnahmen kommt er über einen erotischen Edelkitsch nicht hinaus (dieser reicht sogar bis hin zu inszenierten Kreuzigungen nackter Mädchen), in seinen besten findet er zu einer neuen avantgardistischen Bildsprache der Aktfotografie, die bis heute polarisiert. Drtikol, exzentrisch wie er war, wandte sich dann dem Buddhismus zu und experimentierte mit Aufnahmen kleiner geschnitzter Figuren, die ihm als visuelle symbolische Abbreviaturen dienten. Von der Avantgarde führt auch sein Weg – wie jener vieler seiner Zeitgenossen – zu einem dezidiert religiösen Spätwerk.

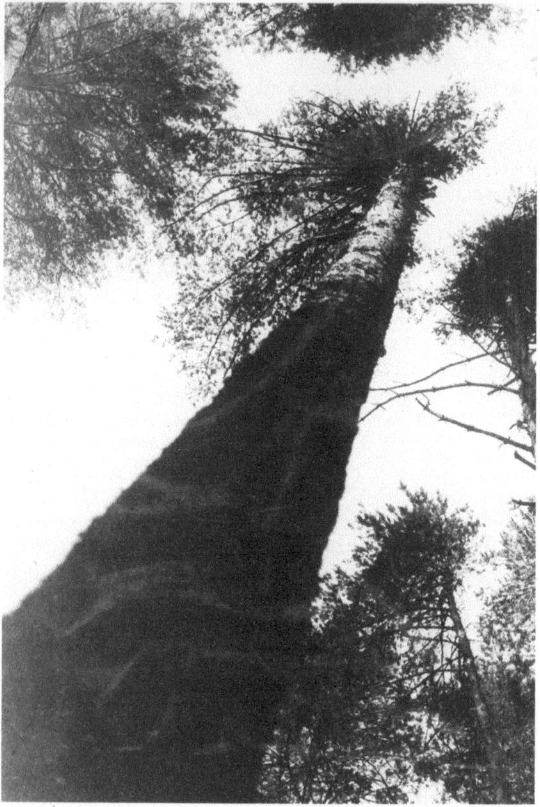

Alexander Rodtschenko: Kiefern, 1927

Alexander Rodtschenko: Kiefern

Als Alexander Rodtschenko (1891–1956) im Jahr 1927 während eines Aufenthalts in der Datscha seines Freundes Majakowski eine Serie von Kiefern-Aufnahmen anfertigt, konnte er noch nicht wissen, dass ein Jahr später eine dieser Fotografien genutzt werden würde, um ihn in einem anonymen Leserbrief der Zeitschrift *Sovetskoje Foto* des Plagiats und des Formalismus zu bezichtigen, was seinerzeit in der Sowjetunion kein geringer und wenige Jahre später in der Regel ein fataler Vorwurf war. In dieser Zeitschrift erschien eine Gegenüberstellung dreier seiner Bilder mit drei weiteren aus dem ›bourgeoisen‹ Ausland, namentlich von den Fotografen Moholy-Nagy, Renger-Patzsch und Martin. Es folgte ein vehementer, öffentlich ausgetragener Streit, in dem Rodtschenko seine Position verdeutlichte. Ihm ging es um eine Revolution der Sichtweise, die den Menschen vom Schleier befreien sollte, die die Tradition über die Augen gelegt habe. Die Fotografie könne, so Rodtschenko, insbesondere dann, wenn sie aus neuen, ungewohnten Perspektiven aufgenommen sei, eine neue Einstellung des Menschen zur Welt überhaupt erst eröffnen. Es gehe um nichts Geringeres als um einen neuen Menschen, der eben auch über ein ›Neues Sehen‹ verfügen müsse. Fotografie sei visuelle Aufklärung. Auch wenn diese Ansicht und dieser neue Blick auf die Wirklichkeit für die ›offizielle‹, sprich linientreue Fotografie dann nachgerade zu einer neuen Ästhetik wurde, war Rodtschenkos Arbeit in der Folge erheblichen Restriktionen unterworfen – und zwar just zu der Zeit, als sein ›Neues Sehen‹ verbindlich gemacht wurde. Alexander Rodtschenkos Fotografien wie auch seine Gemälde und seine typographischen Arbeiten gehören zum Kernbestand der Avantgarde. Ihr durch die politischen Zeitläufe bestimmtes Schicksal spiegelt sein Werk wie kaum ein zweites.

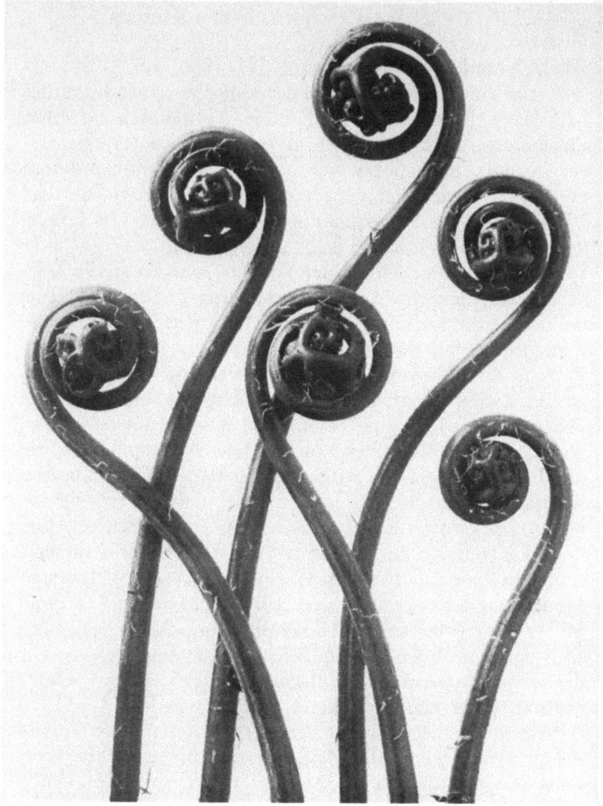

Karl Blossfeldt: Haarfarn, 1928

Karl Blossfeldt: Haarfarn

Fasziniert beobachtet Walter Benjamin an *Urformen der Kunst*, dem erstem Buch von Karl Blossfeldt (1865–1932), das ihn kurz vor seinem Ruhestand auf einen Schlag berühmt machte, das plötzliche Auftauchen neuer Bildwelten, die wie ein »Geysir« aufzischen. Das Buch gestattet für ihn eine »Entdeckungsfahrt in eine neue Formen- und Strukturwelt« und eröffnet zugleich Bildwelten, »welche im Kleinsten wohnen, deutbar und verborgen genug, um in Wachträumen Unterschlupf gefunden zu haben, nun aber, groß und formulierbar, wie sie geworden sind, die Differenz von Technik und Magie als durch und durch historische Variable ersichtlich zu machen.« Mit seiner Faszination für das fotografische Werk von Blossfeldt, das ausschließlich aus Aufnahmen von Pflanzen besteht, steht Benjamin nicht allein. Karl Blossfeldt wurde – zusammen mit August Sander und Albert Renger-Patzsch – zum maßgeblichen Fotografen der Neuen Sachlichkeit. Seine Bilder wurden auch in populären Zeitschriften publiziert und nicht zuletzt von den Avantgarden rezipiert. Danach hatte es lange nicht ausgesehen. Blossfeldt hatte seine Aufnahmen keineswegs den Status eines eigenständigen Kunstwerks zugemessen. Sie waren vielmehr im Kontext des Kunstunterrichts zuletzt an den Vereinigten Staatsschulen für Freie und Angewandte Kunst in Berlin entstanden und wurden dort vor allem für die Gestaltung von Ornamenten genutzt. Erst 1926 wurden sie von der Galerie Nierendorf zusammen mit afrikanischen und ozeanischen Plastiken ausgestellt: Nicht zuletzt aufgrund des großen Erfolgs dieser Ausstellung erschienen drei Bücher, die sämtlich ausschließlich Pflanzenaufnahmen in meist starker Vergrößerung enthielten. Der programmatische Titel des ersten Bandes – *Urformen der Kunst* – deutet an, dass es Blossfeldt um das Heben eines ›Formenschatzes‹ ging, der Natur und Technik, Natur und Kultur gleichermaßen bestimmt.

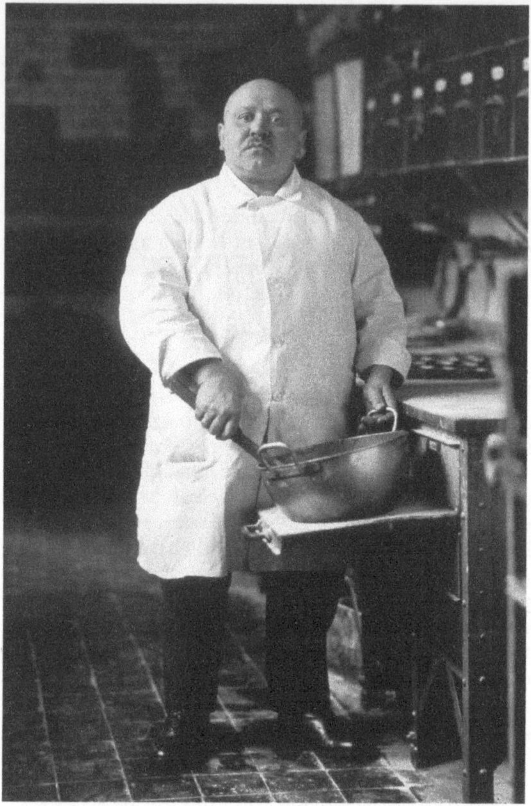

August Sander: Konditor, 1928

AUGUST SANDER: Konditor

Das Buch *Antlitz der Zeit* von August Sander (1876–1964), für das Alfred Döblin das Vorwort schrieb, gehört nicht nur zu den raren Inkunabeln der Fotografie der Moderne, sondern auch zu den berühmtesten Projekten der Fotografie überhaupt. Sander, von dem nur wenige Texte existieren, schilderte in einem Brief an Erich Stenger, einen der ersten Fotografiehistoriker, sein Projekt wie folgt: »Um nun wirklich einen Querschnitt durch die heutige Zeit und unser deutsches Volk zu bringen, habe ich diese Aufnahmen in Mappen zusammengestellt und beginne hierbei bei dem Bauer und ende bei den Vertretern der Geistesaristokratie. Dieser Entwicklungsgang wird eingefasst durch ein dem genannten parallellaufendes Mappenwerk, welches die Entwicklung vom Dorfe bis zur modernsten Großstadt darstellt. – Dadurch, dass ich sowohl die einzelnen Schichten wie auch deren Umgebung durch absolute Fotografie festlege, hoffe ich eine wahre Psychologie unserer Zeit und unseres Volkes zu geben.« Der Versuch, »Menschentypen des 20. Jahrhunderts« bildlich zu erfassen (Sander wählt sieben Gruppen aus, die jeweils noch eine spezifische und komplexe Binnendifferenzierung aufweisen: Der Bauer, Der Handwerker, Die Frau, Die Stände, Die Künstler, Die Großstadt, Die letzten Menschen), basiert darauf, Klassen- und Standeszugehörigkeiten physiognomisch darzustellen und im Antlitz der Menschen die gesellschaftliche Ordnung der Zeit fotografisch abzubilden. Sanders »Bekenntnis zur Fotografie als Weltsprache und der Versuch, zu einem physiognomischen Zeitbild des deutschen Menschen, welches aufgebaut ist auf der reinen Lichtgestaltung«, zu gelangen, formuliert ein Programm, das seinerzeit überaus emphatisch rezipiert wurde. Für Walter Benjamin etwa ist Sanders Buch ein regelrechter Übungsatlas oder eine »physiognomische Galerie« der Gegenwart.

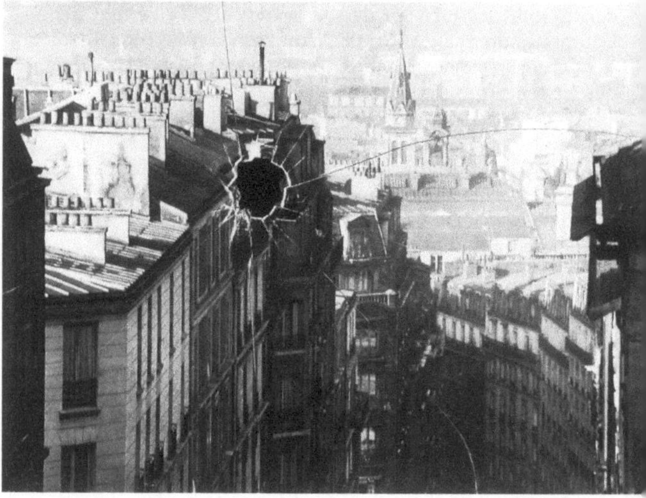

André Kertész: Zersprungene Platte, 1929

André Kertész: Zersprungene Platte

Manchmal ist ein besonderes Bild das Ergebnis eines Unfalls. So auch dieses des Avantgardefotografen André Kertész (1894–1985), das 1929 in Paris entstanden ist. »Bei dieser Aufnahme«, schreibt er, »habe ich bloß ein neues Objektiv für einen besonderen Effekt ausprobiert. Als ich nach Amerika ging, habe ich fast mein ganzes Material in Paris zurückgelassen, und als ich zurückkehrte, stellte ich fest, dass 60 Prozent der Glasplatten zerbrochen waren. Diese eine habe ich aufbewahrt. Sie hatte aber ein Loch. Trotzdem machte ich eine Kopie. Ein Missgeschick hat mir geholfen, eine wunderbare Wirkung zu erzielen.« Kertész hatte auf diese Weise ein Bild produziert, das in eigentümlicher Weise nicht nur mit der Oberfläche spielt, sondern auch die Materialität des Bildträgers zum Gegenstand des Bildes selbst macht. Seine Aufnahme unterstreicht die Ambivalenz des Dargestellten, indem sie für den Betrachter die Frage aufwirft, ob es sich um eine zerbrochene Fotoplatte oder um einen zerbrochenen Spiegel handelt, der dann wiederum fotografiert wurde: die Fotografie als zerbrochener Spiegel oder eben die Fotografie eines zerbrochenen Spiegels. So überführt sie die Aufnahme in eine Ambivalenz der Darstellung als solcher. Kertész nimmt zudem eine lange Traditionslinie auf, die in der Fotografie einen »Spiegel mit einem Gedächtnis« (Oliver Wendell Holmes) oder einen »Spiegel, der alle Reflexe bewahrt« (Jules Janin) erblickt hatte. Dieser Charakter der Fotografie wird hier aufgrund des Unfalls in eine Ambivalenz des Dargestellten und der Darstellung überführt, die die Fotografie und die ihr zugeschriebenen Aufzeichnungs- und Dokumentationsqualitäten zum Gegenstand der Darstellung selbst macht. Nicht zuletzt aber zeigt dieses besondere Bild, dass die Fotografie ein höchst zerbrechlicher Spiegel des Realen ist.

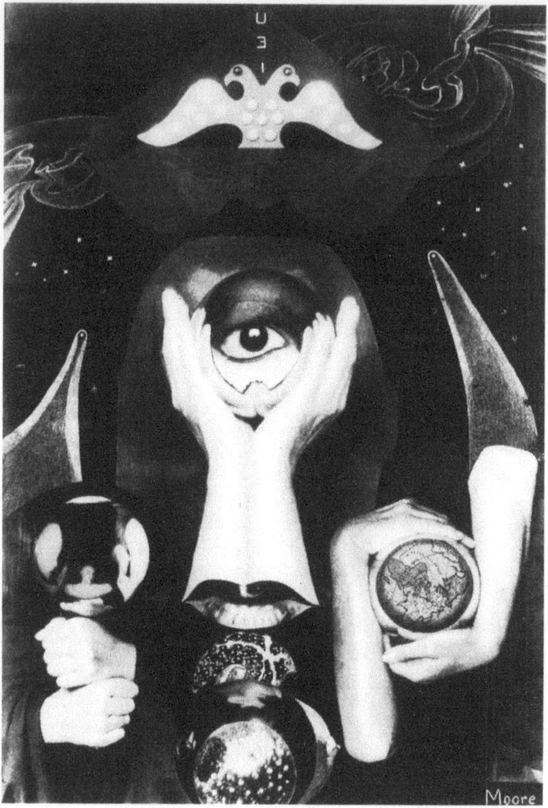

Claude Cahun: »Aveux non avenus«, Frontispiz, 1929/30

Claude Cahun: »Aveux non avenus«, Frontispiz

Die Französin Claude Cahun (1894–1954) gehört zu den enigmatischsten Figuren der fotografischen Szene. Lange Zeit war ihr Werk fast vollständig in Vergessenheit geraten, bis Ende der 1980er Jahre seine besondere Bedeutung entdeckt und gewürdigt wurde. Arbeiten wie etwa jene von Cindy Sherman stehen in ihrer Tradition und setzen diese in anderer Weise fort. Ihre Bilder waren und sind irritierend: Sie wollen provozieren, und das gleich in vielfacher Hinsicht. Claude Cahun engagierte sich als Lesbe und – zumindest eine Zeitlang – als Kommunistin, war Mitglied der Résistance (sie wurde zum Tode verurteilt, später begnadigt, verlor jedoch einen Großteil ihres Œuvres) und eine Zeitlang in surrealistischen Zirkeln aktiv präsent. Zugleich beschäftigte sie sich mit Sozialpsychologie und Psychiatrie, spielte mit Gender-Rollen, Selbstinszenierungen, Montagen und intermedialen Kombinationen von Bildern und Texten höchst unterschiedlicher Genres. Das hier ausgewählte Bild stammt aus dem 1930 erschienenen Band *Aveux non avenus*, an dem sie zehn Jahre gearbeitet hatte, und der dieses Verwirrspiel auf die Spitze treibt, indem er autobiographische und lyrische Texte mit Fotomontagen kombiniert, die meist nur einen einzigen Gegenstand haben: sie selbst. Viele weitere Aufnahmen variieren diese Selbstinszenierung: Sie erscheint unter anderem als Puppe, als Buddha, als rätselhaftes eierköpfiges Wesen, als Diva und Spinnenfrau. Sie ist hässlich und schön, verführend und abstoßend – immer aber faszinierend. Claude Cahun arbeitet dabei mit den unterschiedlichsten Techniken: mit Doppelbelichtungen und ornamentalen Abstraktionen, mit Verkleidungen, Masken, Brillen und Spiegeln unterschiedlichen Typs, mit Rahmen im Bild und nicht zuletzt mit ihren Haaren, die ihre Farbe und Länge wechseln und schließlich gänzlich verschwinden.

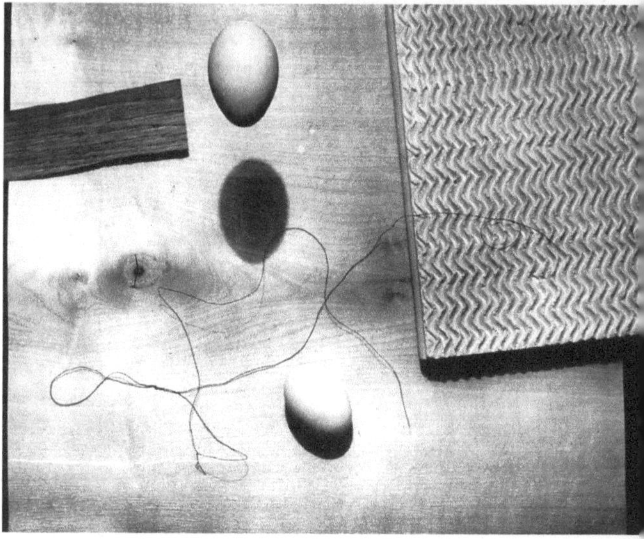

Walter Peterhans: Ohne Titel [Materialstudie], um 1930

Walter Peterhans: Ohne Titel

Es war nicht, wie man vielleicht vermuten könnte, Moholy-Nagy, der am Bauhaus Fotografie unterrichtete, sondern Walter Peterhans (1897–1960), der gleichwohl immer im Schatten der berühmten Avantgarde-Fotografen stand. Sein fotografisches Œuvre ist sachlich, nüchtern und von großer Klarheit, vermeidet aber all jene visuellen oder apparativen Experimente, wie sie ansonsten für viele Fotografen der Avantgarde charakteristisch sind. Auch verfasste er keine theoretischen Programmschriften oder Manifeste, sondern nur technische Handreichungen. Peterhans, schrieb 1931 Harry Alan Potamkin in einem kurzen Porträt, ist »Positivist in seiner Kunst«. Und weiter: »Ein Ei ist ein Ei, Käse ist Käse, ein Gesicht ist ein Gesicht.« Ihn interessierten vor allem Materialstudien, die es ihm gestatteten, in subtilen Kompositionen Halbtöne, Licht- und Schattenverhältnisse und Strukturen in Bildern festzuhalten. 1929 war er der erste Dozent in der neugegründeten – und heute berühmten – Fotoklasse am Bauhaus in Dessau, wo er bis zu dessen Schließung 1932 und dann noch bis zum Frühjahr an dem von Mies van der Rohe geleiteten Bauhaus in Berlin arbeitete. Später lehrte er an diversen Instituten, u. a. in Chicago, Ulm und Hamburg. Seine Bilder sind minutiös inszeniert. Oft arbeitete er stundenlang an dem genauen Arrangement der Gegenstände, bis er eine Komposition gefunden hatte, die der Materialität des Abgebildeten gerecht wurde und es doch in eigentümlicher Weise zum Schweben brachte. Wenn sich oft filigrane Netze in seinen Bildern finden, so scheinen diese in visueller Weise jene Aufgabe der Fotografie bildlich umzusetzen, die Peterhans in seinem Aufsatz »zum gegenwärtigen stand der fotografie« dieser zuschrieb: »die technik biegsam zu handhaben wie ein netz, das unverletzt einen fund hervorholt«.

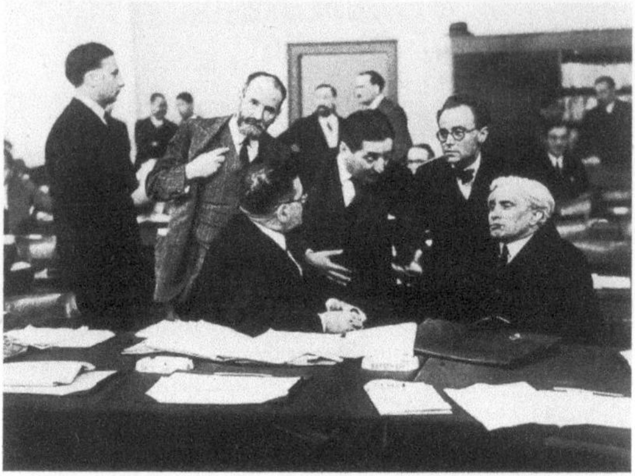

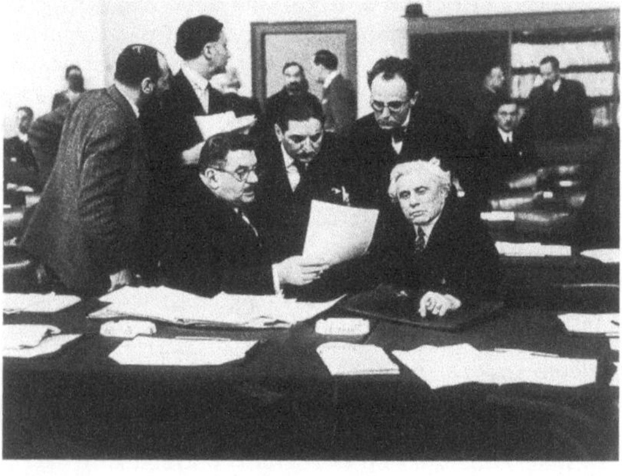

Erich Salomon: Die französische Delegation in der Sitzungspause während der Lausanner Abrüstungskonferenz, 1932

Erich Salomon: Die französische Delegation in der Sitzungspause während der Lausanner Abrüstungskonferenz

Was uns heute zum Alltag geworden ist, war zu Beginn des 20. Jahrhunderts noch keineswegs selbstverständlich: die illustrierte Presse. Erst in der Zeit zwischen den Weltkriegen kam es zu jener unaufhaltsamen massenhaften Verbreitung von Fotografien in Zeitschriften, und rasch entstand auch der Beruf des Pressefotografen. Bereits Zeitgenossen diagnostizierten dies als Zeichen der Zeit; so etwa Paul Renner 1930: »Das mit Holzschnitten illustrierte Familienblatt ist schon lange ersetzt worden durch illustrierte Zeitungen, die von der ersten bis zur letzten Seite mit Fotos angefüllt sind. Das deutsche Volk allein kauft davon wöchentlich fünf Millionen Exemplare und gibt dafür wöchentlich eine Million Reichsmark aus. Das ist nur eine von den vielen Tatsachen, welche die Verbreitung und Bedeutung der Fotografie in der Gegenwart beweisen. Man kann diesen Siegeszug des mechanischen Lichtbildes beklagen; aber man wird ihn kaum aufhalten können.« Ein entscheidender Faktor für den Siegeszug der Pressefotografie war die Entwicklung lichtstarker Objektive und neuer Kameras, wie der Leica und der Ermanox, die erstmals Aufnahmen ohne Blitzlicht auch in Innenräumen ermöglichten – und so den Fotografen fast unsichtbar machten. *Berühmte Zeitgenossen in unbewachten Augenblicken* lautet denn auch der Titel des 1931 erschienenen Buches von Erich Salomon (1886–1944), einem der berühmtesten Pressefotografen seiner Zeit. Salomon, der in Auschwitz ermordet wurde, fotografierte bei Gerichtsprozessen und Sitzungen, bei Verhandlungen, im Reichstagsgebäude und in jenem des Völkerbundes. Dadurch, dass er unbemerkt die Aufnahmen anfertigen konnte, hatten diese einen fast privaten Charakter: Politik zum Anfassen für die heimischen vier Wände.

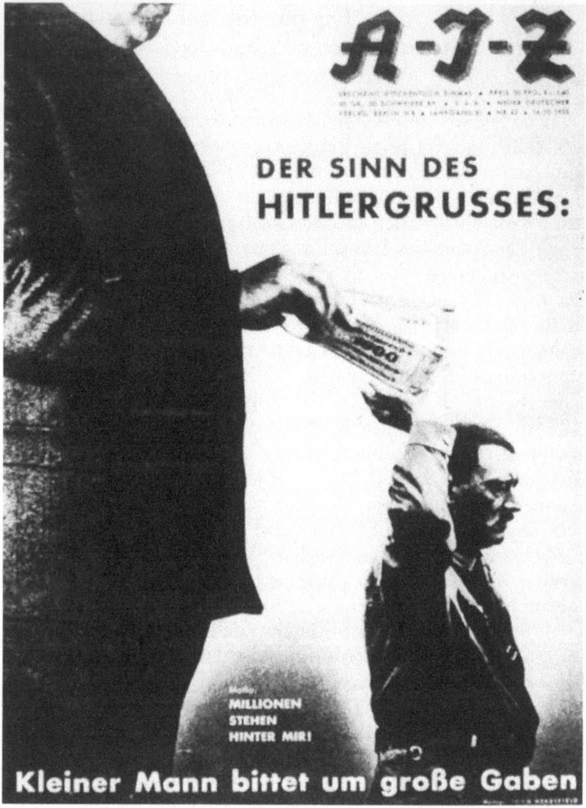

John Heartfield: Der Sinn des Hitlergrußes:
Kleiner Mann bittet um große Gaben, 1932

John Heartfield: Der Sinn des Hitlergrußes

Der Bruder des Verlegers Wieland Herzfelde, Helmut Herzfeld (1891–1968), der sich 1916 aus politischem Protest den englischen Namen John Heartfield zulegte, ist wohl der berühmteste Künstler der politischen Fotomontage. Begonnen hatte er mit dadaistischen Fotomontagen und Collagen – er arbeitete u. a. mit George Grosz und Raoul Hausmann zusammen –, bevor er sich Mitte der 1920er Jahre politischen Arbeiten zuwendete. Bereits seit 1921 gestaltete er die Umschläge des von ihm zusammen mit seinem Bruder gegründeten Malik-Verlags und griff auch hier fast durchweg auf Montagen zurück. 1929 erschien das mit Kurt Tucholsky zusammen verfasste Buch *Deutschland, Deutschland über alles*, und ein Jahr später begann seine Zusammenarbeit mit der von Willi Münzenberg herausgegebenen *Arbeiter Illustrierten Zeitung*, die ihn berühmt machen sollte. Für jede Ausgabe gestaltete er Fotomontagen und griff dabei auf das Material von anderen, bereits publizierten Fotos zurück. Heartfield hatte sich ein regelrechtes Archiv zusammengestellt, aus dem er sich bedienen konnte. So konnte er die Aussagen der Bilder umfunktionieren – gemäß seiner Parole: »Benütze Fotografie als Waffe!« Für ihn war sie eine Waffe im Dienste der politischen Aufklärung, die hier ironisch, bissig, sarkastisch, aber auch durchweg witzig das politische Geschehen bildlich aufspießte. Nach dem Verbot der *AIZ* floh Heartfield erst nach Prag und dann nach Großbritannien, um sich nach dem Ende des Krieges 1945 in der DDR niederzulassen. Trotz gelegentlicher Aufträge und vereinzelter Ehrungen erreichte er nie wieder die Publizität wie während der NS-Zeit, dies nicht zuletzt, weil auch er unter das Verdikt des Formalismus fiel. John Heartfields Arbeiten der 1930er Jahre zählen bis heute zu den Ikonen einer kritischen Fotoarbeit.

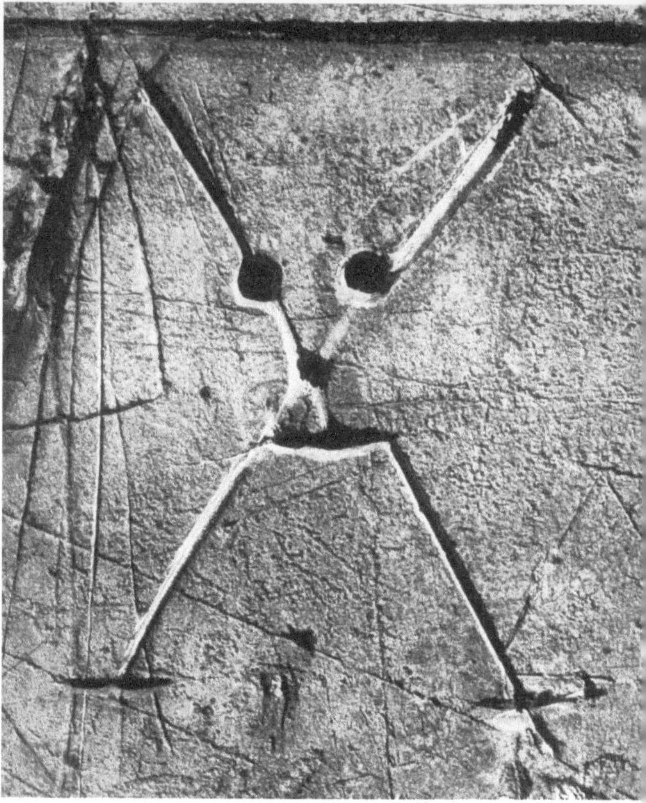

Brassaï: Graffito aus der Serie VII: »La Mort«, 1933–50

Brassaï: Graffito aus der Serie VII: »La mort«

Der in Ungarn als Gyula Halász geborene Fotograf Brassaï (1899–1984) gehört zusammen mit seinem Freund André Kertész zu den vielseitigsten Fotografen im 20. Jahrhundert. Berühmt wurde er mit seinem 1933 erschienenen Buch *Paris de nuit*, das in subtiler Weise das nächtliche Paris erkundete – seinerzeit eine technisch überaus anspruchsvolle Aufgabe. Später freundete er sich mit Picasso an und publizierte ein Buch mit Gesprächen, die er mit ihm geführt – und Aufnahmen, die er von ihm gemacht hatte. Ein weiteres Buch galt Marcel Proust und der Fotografie. Am ungewöhnlichsten sind jedoch wohl seine Serien von Aufnahmen aus den 1930er Jahren, die in Avantgarde-Zeitschriften wie *Minotaure* oder *Arts et Métiers Graphiques* erschienen und die einen explizit surrealistischen Zug haben. Es waren Fotografien von Kristallen, Pflanzen, stark vergrößerte Alltagsgegenstände, Aktaufnahmen und nicht zuletzt sogenannte *sculptures involontaires*: weggeworfene Tickets und andere Funde in der Metro, die sich durch den fotografischen Blick in rätselhafte Gegenstände verwandeln. Es sind Versuche einer Art fotografischer *écriture automatique* mit Wirklichkeitsfragmenten. Als in Form geronnene Überreste der Kultur liefern sie der Einbildungskraft eine Matrix, an der diese kulturelle Kodierungsformen einklammern kann, um die Welt mit anderen Augen zu sehen. Die Fotografien oszillieren zwischen einer reinen Wiedergabe des Amorphen und einer Strukturierung des Gesehenen, in der der Betrachter Gegenstände, bildliche Darstellungen zu erblicken glaubt. Die Bilder der Natur werden zu Projektionsflächen der Einbildungskraft. Die Fotografie ist Wiedergabe des Chaos der Phänomene und seine Strukturierung zugleich. Das macht ihren rätselhaften Zauber aus. Nach 1933 fotografierte Brassaï in den Straßen von Paris regelmäßig die anonyme *art brut* der Graffiti und Mauerritzungen, die er 1960 in einem eigenen Band publizierte.

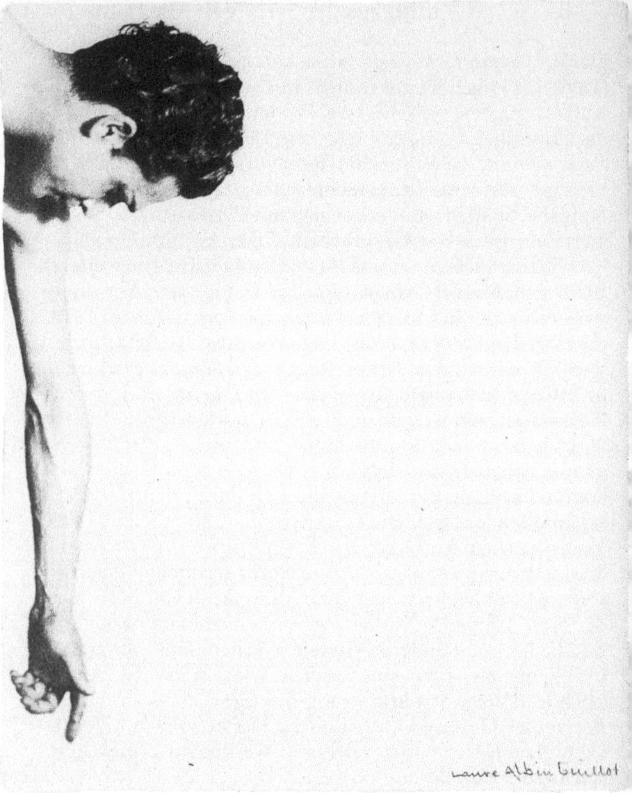

Laure Albin-Guillot: Narziss (»Le Narcisse«), 1934

Laure Albin-Guillot: Narziss

Auch wenn – oder vielleicht gerade weil das Werk von Laure Albin-Guillot (1879–1962) zwischen Piktorialismus und Avantgarde oszilliert, gehört es in Frankreich zu den innovativsten seiner Zeit: Ihre fotografischen Arbeiten erkunden fortwährend Neuland. 1931 erschien *Micrographie décorative*, ein heute überaus seltenes, opulent ausgestattetes Buch, das mit Hilfe des Mikroskops und der Kamera die Abstraktion in extremen Vergrößerungen von zahlreichen Gegenständen, wie Koffein, Pollen, Kristalle oder Pflanzenteile, die man eher aus den Naturwissenschaften kannte, suchte. In der französischen Avantgarde finden sich vergleichbare Versuche in Jean Painlevés Dokumentarfilmen, aus denen Stills auch in Avantgardezeitschriften wie *Documents* publiziert wurden, jener legendären Zeitschrift, die u.a. von Georges Bataille und Carl Einstein herausgegeben wurde. Später arbeitete Laure Albin-Guillot in so unterschiedlichen Kontexten wie der Werbe-, der Akt- und der Porträtfotografie oder illustrierte literarische Texte – nicht zuletzt Paul Valérys *Narcisse*. Ihre Arbeit hierfür nahm nicht weniger als 18 Monate in Anspruch. Bemerkenswert sind die kühnen Kadrierungen der Bilder, die mit starken Schnitten und, wie etwa das ausgewählte Bild aus diesem Band zeigt, einer auch für ihre Zeit höchst ungewöhnlichen Aufteilung des Bildraums arbeiten. Paul Valéry, der mit der homoerotischen Deutung seines Textes erst erhebliche Probleme hatte, würdigte letztendlich das Buch als ein zweites Gedicht, das seines begleite. Es sollte nicht sein letztes Buch sein, das Albin-Guillot ›illustrierte‹. Es folgten eine weitere Ausgabe von *Cantate du Narcisse* und *Arbres. Dialogue*. Auch Brassaïs berühmter Band *Paris de nuit* fand mit Albin-Guillots Buch *Le Louvre la nuit* ein würdiges Gegenstück.

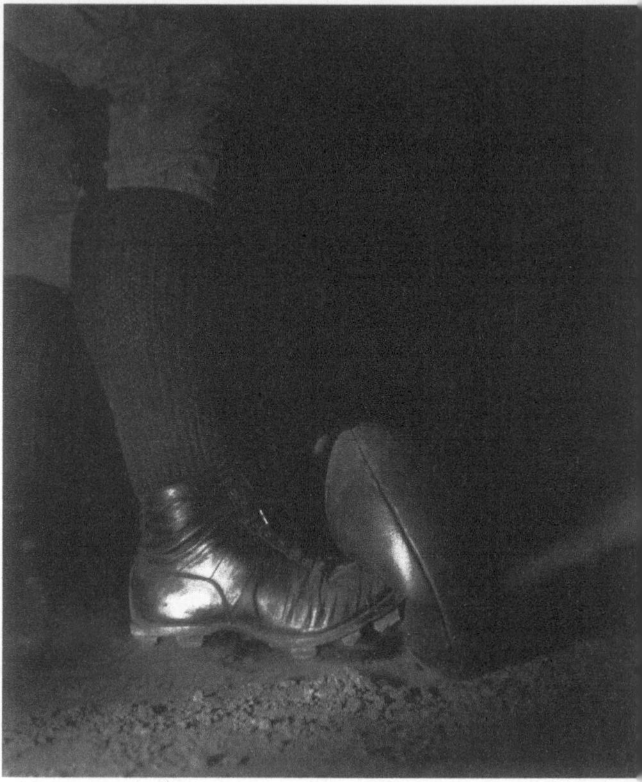

Harold E. Edgerton: Wes Fesler tritt einen Fußball, 1934

Harold E. Edgerton: Wes Fesler tritt einen Fußball

Als in den beiden letzten Jahrzehnten des 19. Jahrhunderts kurze Verschlusszeiten technisch möglich wurden, machte sich die Fotografie rasch daran, das Reich der Bewegungen zu erkunden. So konnte im Bild eingefangen werden, was das menschliche Auge nicht sehen konnte. Étienne-Jules Marey und Eadweard Muybridge konzentrierten sich besonders auf menschliche und tierische Bewegungsabläufe, der Physiker und Wissenschaftstheoretiker Ernst Mach hingegen unternahm ballistische Versuche und konnte 1886 erstmals das Bild eines fliegenden Projektils, oder genau der durch das Projektil erzeugten verdichteten Luftmassen, auf die Glasplatte bannen. Wie zumindest Marey und Mach verstand sich auch Harold Edgerton (1903–1990) mehr als Wissenschaftler denn als Fotograf, auch wenn nach seinem Tod das *National Geographic Magazine* titelte »The man who made time stand still« – und damit die Leistung seiner Fotografien meinte. Heute werden sie in der Tat auf dem Kunstmarkt gehandelt. Edgerton, der als Professor am Massachusetts Institute of Technology arbeitete, entwickelte das Stroboskop, das ihm gestattete, in rascher Folge Aufnahmen mit einer Belichtungszeit bis hin zu einer zehntausendstel Sekunde aufzunehmen. Er fotografierte zerplatzende Ballons, eine Kugel, die eine Spielkarte durchschoss (die berühmteste ist der Karo-Bauer), und nicht zuletzt einen Milchtropfen, der von der Oberfläche der Flüssigkeit erst zurückgeschleudert wurde, bevor er in ihr versank. Das Stroboskop konnte auch zu einer Sonartechnologie weiterentwickelt werden, die in anderer Weise das Unsichtbare sichtbar machte. Jean-Jacques Cousteau arbeitete mit Edgerton zusammen, um den Meeresboden abzutasten und so Tauchgänge gezielt vorzubereiten – auch dies eine andere Form, mittels der Fotografie das Unsichtbare sichtbar zu machen.

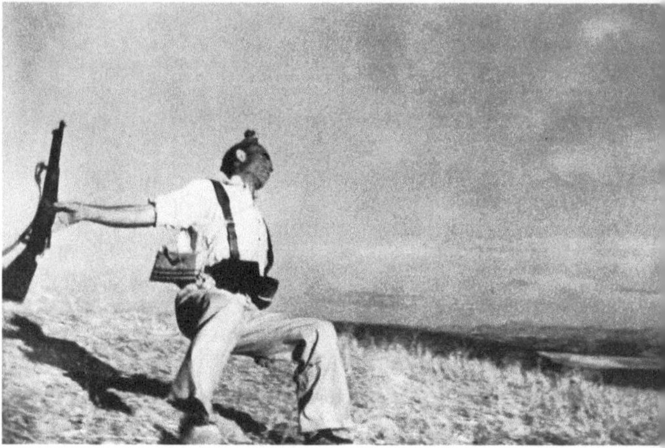

Robert Capa: Fallender Soldat
(»Falling Soldier«), 1936

Robert Capa: Fallender Soldat

Die berühmt-berüchtigte Aufnahme von Robert Capa (1913–1954) ist wohl *die* fotografische Ikone des Spanischen Bürgerkriegs, ja der Kriegsfotografie überhaupt. Capas Biograph Richard Whelan spricht sogar von dem »bedeutendsten Kriegsfoto, das je gemacht wurde«. Gleichwohl riss bis heute die Debatte nicht ab, ob dieses Bild, das in exemplarischer Weise die neuen Anforderungen an den Fotojournalismus bündelt, nicht gestellt sei. Die Aufnahme entstand am 5. September 1936 und erschien dann in relativ rascher Folge an diversen Orten: zuerst zusammen mit einer zweiten Aufnahme in der französischen Zeitschrift *Vu* (am 23. September 1936), dann 1937 in *Paris-Soir* (am 28. Juni 1937), *Life* (12. Juli 1937) und *Regards* (am 14. Juli 1937). Das Bild wurde von *Life* nach dem Tod von Capas Lebensgefährtin und Arbeitspartnerin Gerda Taros in einem ihr gewidmeten Artikel vom 16. August 1937 ein weiteres Mal verwendet, und Capa griff auch für das Frontispiz seines Buchs *Death in the Making*, das ein Jahr später erschien, auf es zurück. Sowohl die Bestimmung des Ortes als auch der Identität des Gefallenen wurden mehreren Revisionen unterzogen. Jüngst konnte nachgewiesen werden, dass das Foto nicht in Cerro Muriano, sondern in Espejo entstanden sein muss. Dort gab es seinerzeit jedoch keinerlei Kriegshandlungen, und es wurden auch keine Gefallenen gemeldet. Es spricht viel dafür, dass die Fotografie inszeniert wurde – im Sinne eines Journalismus, der auf visuelle Authentizität setzt, auf den ›entscheidenden Augenblick‹, der eine räumliche, sprich physische Präsenz des Fotografen als *embedded journalist* erfordert. »Wenn ihre Bilder nicht gut sind, dann waren sie nicht dicht genug dran«, formulierte Capa pointiert. Die Aufnahme des Gefallenen erfüllt auf tragische Weise dieses Bildprogramm.

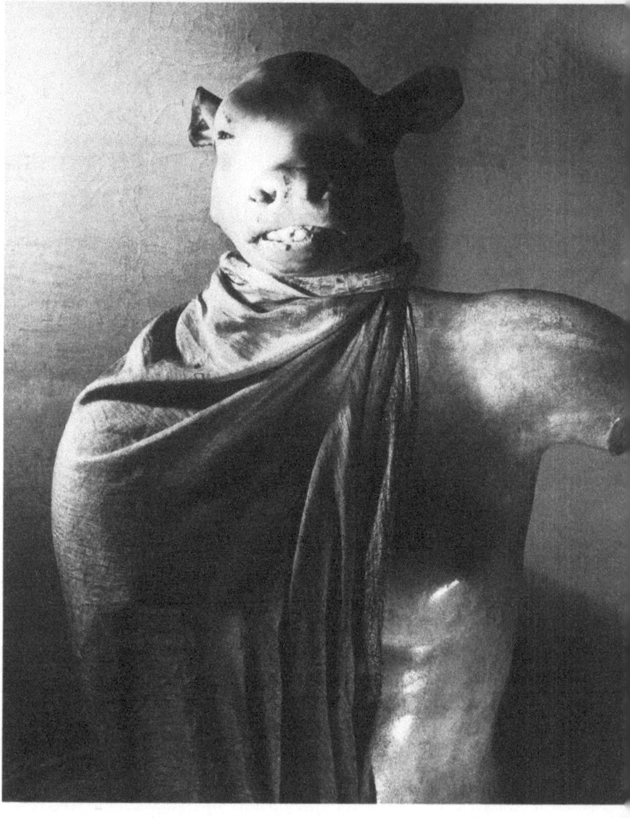

Erwin Blumenfeld: Der Diktator, 1936

Erwin Blumenfeld:
Der Diktator

Erwin Blumenfeld (1897–1969) hat – zu Unrecht weitgehend unbemerkt – eine der fulminantesten Autobiographien der Gegenwartsliteratur geschrieben, die lange keinen Verleger fand und erst 1998 ungekürzt erschien: *Einbildungsroman* lautet ihr Titel, und das ironische Spiel mit der bedeutenden Gattungsvorgabe ist ihr Programm. Auch der englische und französische Titel sind wunderbar gewählt: *Eye to I* lautet der eine und *Jadis et Daguerre* der andere. Blumenfeld ist nichts heilig, und vor seinem Spott ist nichts sicher – auch er selbst nicht. Betrachtet man die Stationen seines Lebens, so ist das durchaus überraschend: In Berlin geboren, machte er später eine Lehre in der Damenkonfektionsabteilung eines Geschäfts und arbeitete 1917 sogar als Totengräber an der Westfront. Er wurde verhaftet und musste in die Niederlande fliehen, zog nach Paris, um dort 1939 abermals verhaftet und interniert zu werden. Nach seiner Flucht in die Vereinigten Staaten wurde er einer der bestbezahlten Fotografen der Modebranche und arbeitete über viele Jahre unter anderen für *Harper's Bazaar* und *Vogue*. Sein Œuvre ist vielfältig und überraschend experimentell: Neben den zahlreichen Modefotografien, die formal ein riesiges Spektrum ausreizen, finden sich politische Fotomontagen, Doppelbelichtungen, Solarisationen und Experimente mit Negativen, Groß- und Detailaufnahmen und abstrakte Fotografien. Blumenfeld greift auf Spiegel, komplexe Spiegelkonstruktionen, Fenster, Schleier und Gazestoffe zurück und arbeitet nicht selten mit starken Kontrasten, die das, was er zeigt, in schärfstem Licht erkennen lassen. In der Komposition *Der Diktator* umhüllt er einen Torso mit einem Umhang und setzt ihm einen Tierkopf auf, der den Betrachter listig-perfide anblickt.

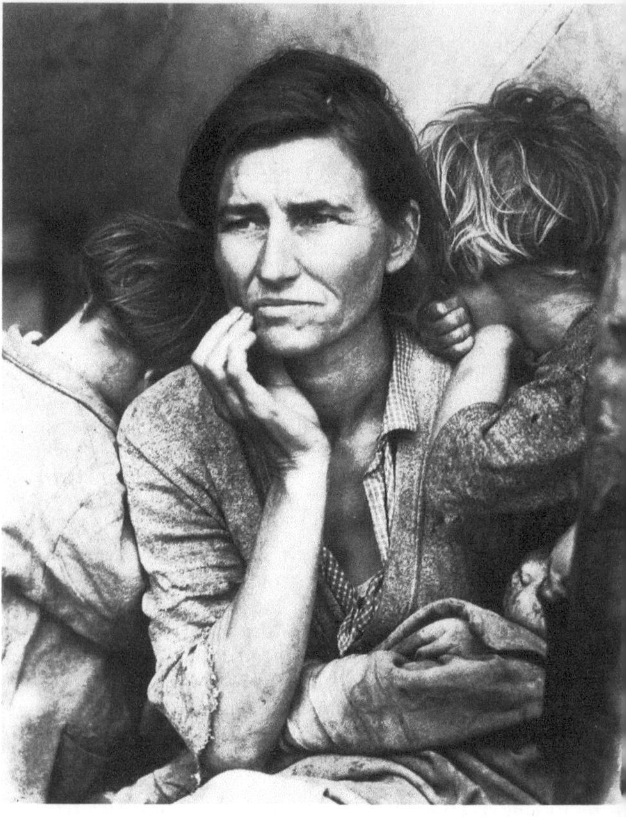

Dorothea Lange: Mutter einer Wanderarbeiterfamilie (»Migrant Mother«), 1936

Dorothea Lange: Mutter einer Wanderarbeiterfamilie

Migrant Mother von Dorothea Lange (1895–1965) ist wohl *die* fotografische Ikone der sogenannten Farm Security Administration, ja der sozialdokumentarischen Fotografie überhaupt. Im Rahmen der Politik des New Deal unter Franklin D. Roosevelt hatte die FSA zur Aufgabe, der notleidenden und verarmten Landbevölkerung zu helfen. Teil des Projekts war auch eine umfangreiche fotografische Dokumentation der Arbeits- und Lebensbedingungen. Zu diesem Zweck wurden zahlreiche Fotografen, zu denen u. a. auch Walker Evans zählte, angestellt, die nicht weniger als 164 000 Negative anfertigten. Das Foto entstand am 9. März 1936 und erschien bereits einen Tag später in den *San Francisco News.* Es war Teil einer Serie von Bildern, die sämtlich überliefert sind und so deutlich machen, wie sehr es gerade bei der dokumentarischen Fotografie auch auf die Inszenierung und Komposition ankam. Das Bild wurde unzählige Male publiziert und erzielte später als Vintageprint auf einer Fotoauktion den enormen Preis von einer Viertelmillion Dollar. Und zugleich hat diese Geschichte ihren Schatten, der sie lange Zeit unbemerkt begleitet hatte: Florence Owens Thompson machte erst in den 1970er Jahren in einer kleinen Zeitung darauf aufmerksam, dass sie es war, die hier abgebildet worden war. Wie die Geschichte ablief, hat ihr Enkel wie folgt überliefert: »Dann fuhr ein glänzendes neues Auto in den Eingang, und eine gut gekleidete Frau kam heraus mit einer großen Kamera. Sie begann Florence zu fotografieren und sagte dann zu Florence: ›Hallo, ich bin Dorothea Lange, ich arbeite für die Farm Security Administration und dokumentiere die Notlage der Wanderarbeiter. Die Fotos werden nie veröffentlicht, das verspreche ich.‹ Florence sagte, ›Okay, wenn Sie denken, dass es hilft‹. Die Frau drehte sich um, ging weg, stieg in ihr Auto ein und war weg.«

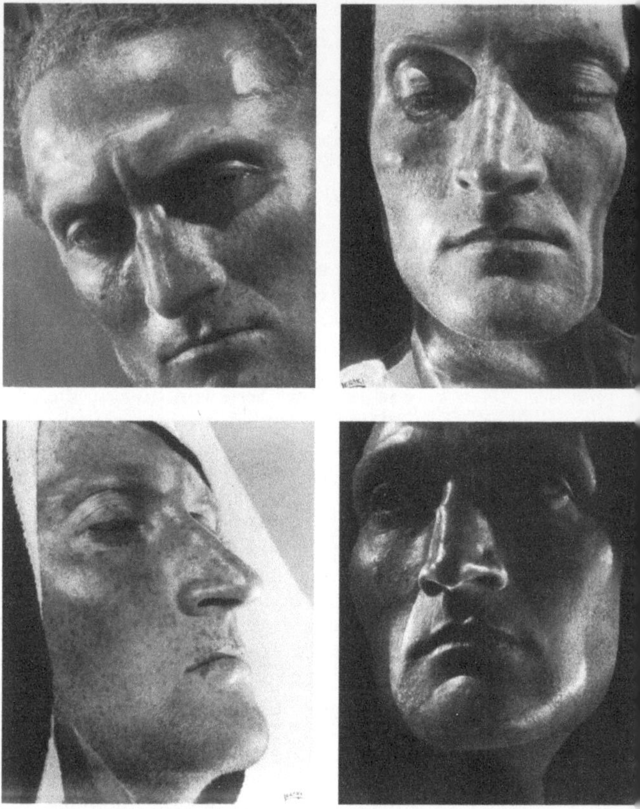

Helmar Lerski: Verwandlungen durch Licht, 1936

Helmar Lerski: Verwandlungen durch Licht

1936 entstand in Palästina eines der eindrücklichsten Projekte der Fotografiegeschichte: »Verwandlungen durch Licht« von Helmar Lerski (1871–1956), das aus mehr als 140 Aufnahmen des Gesichts eines einzigen jüdischen Arbeiters besteht und erst 1982 als Buch erscheinen konnte. Dabei verändern sich »Gesicht, Charakter und Ausdruck – ja dessen ganze Persönlichkeit – von einem Bild zum anderen so radikal, dass manchmal jegliche Ähnlichkeit zu dem vorherigen schwand«. Sie erscheinen als Rollen, als Masken und Möglichkeiten und letztlich auch als Projektionsflächen der betrachtenden Deutung. Lerski bezieht damit eine strikte Gegenposition zu August Sander, dessen Projekt darauf zielte, das Individuum für eine soziale Klasse, eine gesellschaftliche Gruppe durchscheinend zu machen, mit anderen Worten: seinen sozialen Habitus darzustellen. Lerski hingegen versucht zu zeigen, dass ein einziges Gesicht mit Hilfe der Fotografie in immer wieder anderen und immer wieder aufregend neuen Weisen dargestellt und betrachtet werden kann. Individuum und Typus prallen hier hart aufeinander. Die Fotografie wird bei Lerski zu einer regelrechten Lichtbildnerin, die neue und überraschende Facetten eines Gesichts herausmodelliert.

Lerski, der auch als Kameramann arbeitete, hatte bereits 1931 mit seinem Buch *Köpfe des Alltags* einen Meilenstein der Avantgardefotografie vorgelegt: Abgebildet sind hier Serien von Frauen und Männern der Berliner Unterschicht, die so aufgenommen sind, als seien sie Schauspieler auf einer Bühne. Auch sie tragen wie bei Sander keine Namen mehr, sondern einzig Berufsbeschreibungen. Doch sie haben längst ihre gesellschaftlichen Rollen hinter sich gelassen, um einzig im Licht der Fotografie zu leuchten.

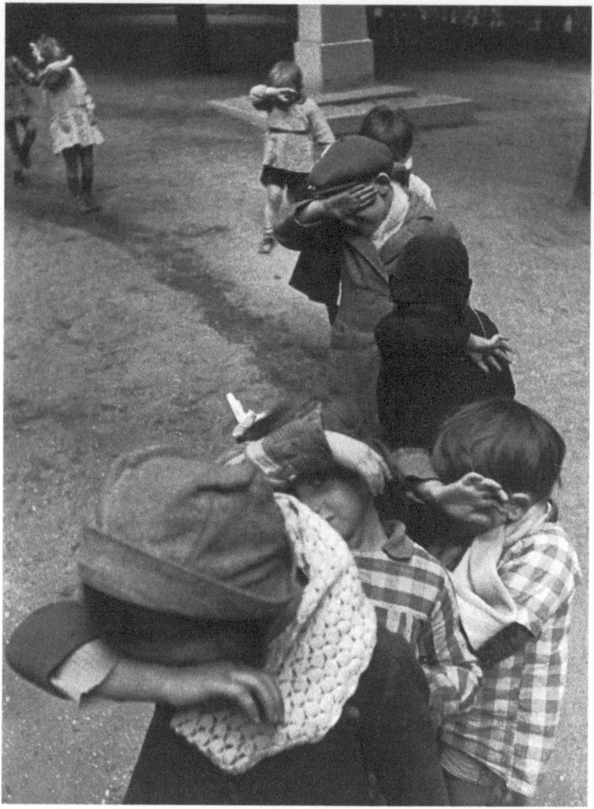

Henri Cartier-Bresson: Frankreich 1938

Henri Cartier-Bresson: Frankreich 1938

1994 fand eine Ausstellung mit dem Titel »Auge des Jahrhunderts« statt. Gewidmet war sie allerdings Luis Buñuel und nicht Henri Cartier-Bresson (1908–2004), dem dieser Titel wohl eher entsprochen hätte. Als Cartier-Bresson mit weit über neunzig Jahren starb, hinterließ er nicht nur ein riesiges Werk mit zahllosen weltbekannten Fotos, sondern auch die berühmteste Fotoagentur der Welt, die er zusammen mit Robert Capa, David Seymour und George Roger 1947 gegründet hatte: MAGNUM. Unabhängigkeit und Humanität schrieb sie auf ihre Fahnen, und zugleich ging es auch um die bestmögliche Verwertung der urheberrechtlich festgelegten Rechte des Fotografen. Zusammengeschlossen hatten sich Fotojournalisten. Cartier-Bresson hat in seinem Aufsatz »Der entscheidende Augenblick« dieser erst in den 1920–30er Jahren entstandenen Berufsgruppe ihr Credo formuliert: »Die Bildreportage«, so Cartier-Bresson, »ist eine fortlaufende Handlung im Kopf, im Auge und im Herzen; sie stellt Fragen oder hält ein Ereignis oder Eindrücke fest.« Als Folge von Einzelbildern hat sie zur Aufgabe, die entscheidenden Momente einer Handlungsfolge im Bild zu bannen und dann dem Betrachter zu vermitteln. Dabei geht es um die Frage nach dem »fotografischen Augenblick«, um die fotografische wie visuelle Strukturierung eines zeitlichen Ablaufs, der sich in wenigen Bildern konzentrieren soll. Die antike Lehre des *kairos* findet hier ihre medientheoretische Aktualisierung. Dabei ist bemerkenswert, dass Cartier-Bresson besonderen Wert auf die Komposition des Bildes legt und dabei sogar auf die Tradition der Malerei zurückgreift und mitunter den Goldenen Schnitt bemüht. Anders als etwa Capa geht es ihm darum, ein formal perfektes Bild aufzunehmen, das zugleich in der Lage sein soll, als Abbreviatur einer ganzen Geschichte zu dienen.

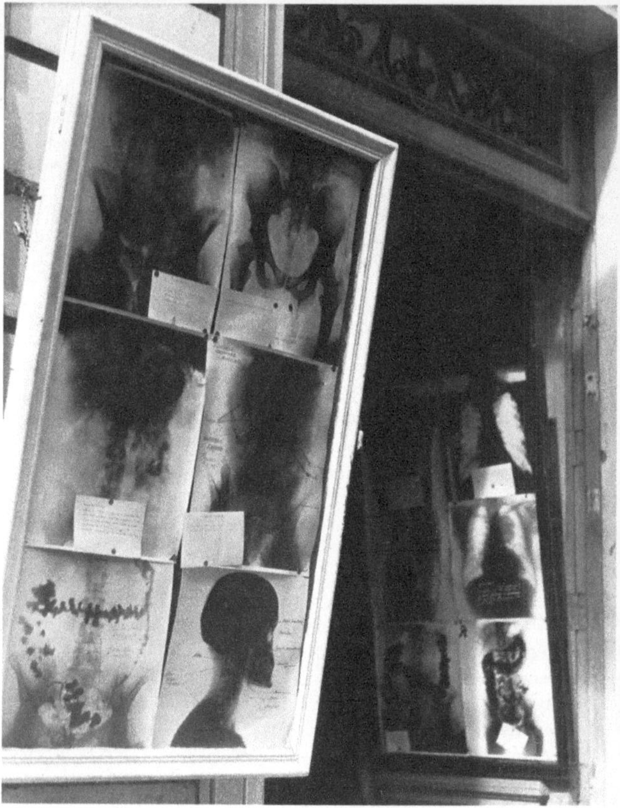

Manuel Alvarez Bravo: Röntgenfenster, 1940

Manuel Alvarez Bravo: Röntgenfenster

Wie bei kaum einem anderen Fotografen seiner Zeit sind die Aufnahmen des Mexikaners Manuel Alvarez Bravo (1902–2002) fast durchweg mehrdeutig: Sie sind nicht selten politische Statements, dokumentarische Aufnahmen, formale Kompositionen und surrealistische Bilder zugleich. Das macht ihre eigentümliche Faszination und wohl auch ihre besondere Rezeptionsgeschichte aus. Neben Tina Modotti ist Alvarez Bravo wohl der bedeutendste Fotograf Südamerikas dieser Zeit. Modotti führte ihn in die Fotografie ein und machte ihn, als Muse und Geliebte Edward Westons, auch mit diesem bekannt. Während Weston die formale Strenge faszinierte (»if you are a new worker, photography's fortunate in having someone with your viewpoint«, schrieb er ihm), stellte André Breton 1939 seine Arbeiten gerade aufgrund der Nähe zum Surrealismus in Paris aus. Später wurde wiederum die soziale und politische Dimension seiner Bilder unterstrichen. Alvarez Bravo zeigte seine Werke zusammen mit Cartier-Bresson, partizipierte aber auch an surrealistischen Ausstellungen und an Steichens *Family of Man.* Und das ist Programm: Humanismus, Formalismus, Surrealismus und auch Sozialdokumentarismus gehen bei ihm Hand in Hand. Fast als sei die politische Realität nur in surrealen Bildern zu ertragen, findet Manuel Alvarez Bravo immer neue überraschende Einstellungen für einen grausamen wie banalen Alltag, der sich plötzlich in ein Wunderland verwandelt. Viele seiner Bilder sind Vexierbilder, rätselhafte Ansichten von offenkundigen Alltagsszenen oder alltäglichen Gegenständen, die im Bild eine Metamorphose durchlaufen. Und bis heute haben diese Fotografien ihre Faszination nicht verloren: Ein wenig zeitlos zeugen sie von der Geschichte Mexikos mit all ihren Verwerfungen und finden zugleich eindringliche Bilder für ein elementares alltägliches Leben.

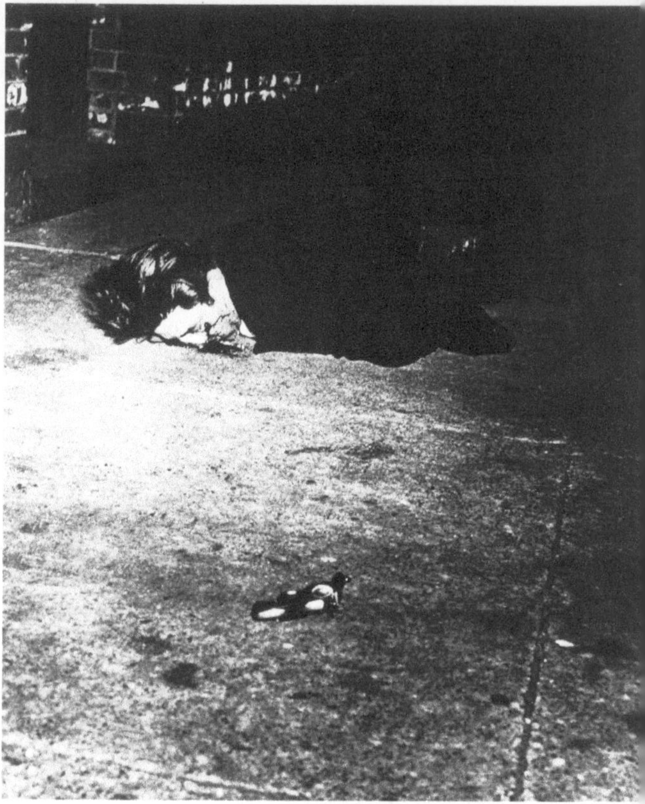

Weegee: Mord in Hell's Kitchen, 1940

Weegee: Mord in Hell's Kitchen

Namen können oder sollen sogar sprechend sein – so auch bei Arthur Fellig (1899–1968), der sich das Pseudonym Weegee nach dem Vorbild des Ouija-Brettes zulegte, das seinerzeit bei spiritistischen Sitzungen eingesetzt wurde. Nun ging es Fellig nicht um esoterische Neigungen, sondern um seine besondere Begabung, zur rechten Zeit am rechten Ort zu sein. Diese unheimliche Fähigkeit, so soll sein Name sagen, zeichne ihn aus. Er war kein Kind von Bescheidenheit, nannte sich *Weegee the Famous*, und durchzog rastlos die amerikanische Nacht auf der Suche nach Motiven. Sohn eines gebildeten österreichisch-polnischen Juden, der später Rabbi in seiner Gemeinde wurde, wollte Arthur Fellig unbedingt Pressefotograf werden. Er arbeitete erst als Passbildfotograf, dann für das Manhattan Police Headquarter. Weegee hörte nachts den Polizeifunk ab, um sich gleich auf den Weg zu den Tatorten zu begeben – am besten noch bevor die Polizei eintraf. So auch bei diesem Bild, das einen Mord im Viertel *Hell's Kitchen* in New York dokumentiert. Tausende Fotos machten ihn berühmt. Sie sind, anders als etwa die sozialdokumentarischen Aufnahmen von Jacob August Riis oder Lewis Hine, nüchtern, sachlich, ja fast zynisch. Ein berühmtes Foto zeigt eine Frau, die hinter einer Wasserleiche kniend den Fotografen ungeniert anlächelt. Eines seiner Bücher, *Naked City* von 1945, wurde ein großer Erfolg. Es gab nicht zuletzt auch den Titel ab für einen Film Noir, der 1947 mit dem Academy Award ausgezeichnet wurde, und für eine bekannte amerikanische Avantgardeband, die bei ihrem Debütalbum aus dem Jahr 1989 auf das hier ausgewählte Foto zurückgriff. Weegee arbeitete mit Blitzlicht, das die Abgebildeten regelrecht einfrieren ließ. Und doch scheinen sie nur in einer Bewegung unterbrochen worden zu sein, die der Betrachter fortsetzen kann und soll – es sei denn der Tod hat der Bewegung des Lebens bereits ein Ende gesetzt.

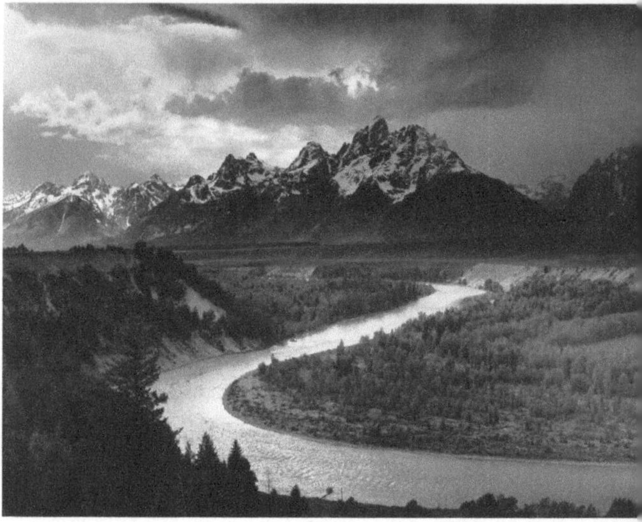

Ansel Adams: Grand Tetons und Snake River, 1942

Ansel Adams: Grand Tetons und Snake River

Als die amerikanische Weltraumbehörde NASA am 20. August 1977 die Voyager-2-Sonde mit einer Rakete in den Weltraum schickte, trug sie eine goldene Scheibe mit audiovisuellen Daten mit sich. Diese Daten – Bilder, Texte, Musikstücke – sollen den intelligenzbegabten extraterrestrischen Lebewesen, die die Scheibe einst finden werden, Aufschluss geben über die Natur des Menschen und ihren Lebensraum, die Erde. Unter den 115 gespeicherten Bildern findet sich eine frühe Landschaftsfotografie des Amerikaners Ansel Adams (1902–1984), seine wohl berühmteste: *The Tetons, Snake River.* Die Aufnahme zeigt die Welt im unberührten Urzustand, so wie sie einst war und wie sie nur noch in einigen Naturparks wie dem Grand Teton National Park in Wyoming anzutreffen ist. Dort entstand diese Aufnahme während einer vom National Park Service finanzierten Kampagne. Durch eine Talsohle, die sich vor einer imposanten, schneebedeckten Bergkette ausbreitet, schlängelt sich, von Wäldern gerahmt, der Fluss. Ein Sonnenstrahl, der zufällig durch die dunklen Wolken bricht, bringt ihn silbrig zum Leuchten. Die Fotografie zeigt die menschenleere, gottgesegnete Welt der Pioniere, wie sie die Vertreter der Hudson River School hundert Jahre früher in ihren Gemälden dargestellt haben. Die auch dort übliche Vogelperspektive simuliert eine Art göttlichen Blick auf die Erde. Eine passende Blickeinstellung für unsere Extraterrestrischen, damit sie, wenn sie sich mit ihren Raumschiffen der Erde nähern, unseren Planeten wiedererkennen werden …

Ansel Adams war fast ausschließlich als Landschaftsfotograf tätig. Als ein großer Techniker der Fotografie gab er seine Erfahrungen im Unterricht und in zahlreichen Publikationen weiter. In den drei, zwischen 1948 und 1950 publizierten Bänden *Camera and Lens*, *The Negative*, *The Print*, legte Adams eine systematisch angelegte Lehre der klassischen Fotografie vor.

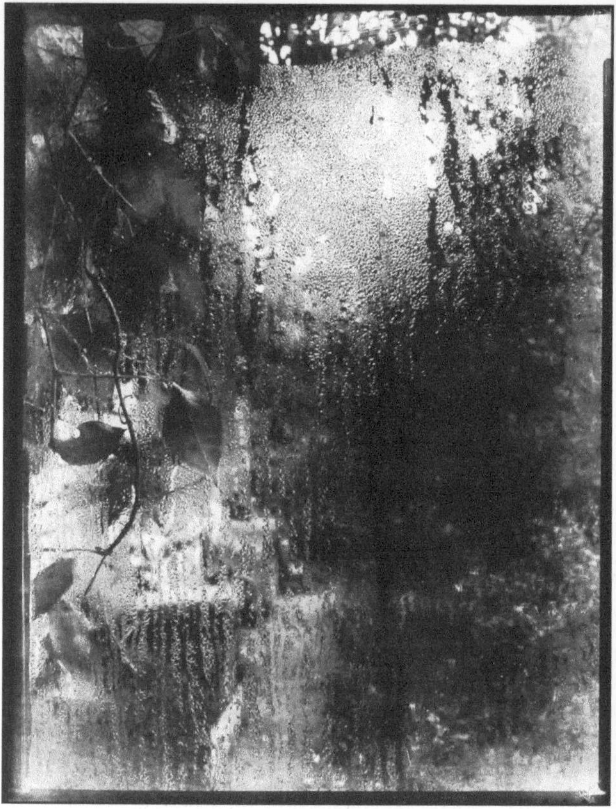

Josef Sudek: Aus der Serie
»Fenster meines Ateliers«, 1940–54

Josef Sudek:
Aus der Serie »Fenster meines Ateliers«

Zu den großen Fotografen des 20. Jahrhunderts gehört einer, der meist im Verborgenen arbeitete und mitunter sein Atelier, ein kleines Häuschen im Hinterhof eines Mietshauses in Prag, noch nicht einmal verließ: Josef Sudek (1896–1976). Zu den Eröffnungen seiner Ausstellungen erschien er nicht, war auch sonst eher menschenscheu und lebte zurückgezogen in einem verwunschenen Raum von wenigen Quadratmetern. Dort entstanden wunderbare Serien mit Aufnahmen aus seinem Fenster oder Stillleben, für die er mitunter auf nicht mehr als auf ein Trinkglas zurückgriff. Sudeks Weg zur Fotografie war dabei keineswegs selbstverständlich: Im ersten Weltkrieg wurde er verwundet und verlor einen Arm. Später arbeitete er bei Jaromir Funke, einem der wichtigsten Avantgarde-Fotografen in Prag, bildete selbst jedoch einen eher piktorialistischen Stil aus. Überhaupt entfernte sich Josef Sudeks Werk in den späten Jahren mehr und mehr von den modernistischen Anfängen: Sudek durchstreifte nachts das verlassene Prag und publizierte meist menschenleere Panoramen einer wie in einen Traumschlaf verfallenen Stadt. Oder er brach früh morgens auf, um mit dem Stativ über der Schulter verwunschene Winkel in einer Grauzone zwischen Natur und Stadt aufzusuchen. Oder aber er verließ sein kleines Häuschen nicht einmal, um das Traumland seines kleinen Gartens oder den Blick durch das Fenster als Aussicht in eine eigentümlich verwunschene Welt zu dokumentieren. Oder er verwandelte das Reich seiner mit allerlei Gegenständen (und zahlreichen Schallplatten klassischer Musik) vollgestopften Wohnung, um aus ihr – so der Titel dieser Serie – ein Labyrinth zu machen. Entstanden sind auf diese Weise zahlreiche Bildbände mit Aufnahmen einer wiederverzauberten Welt.

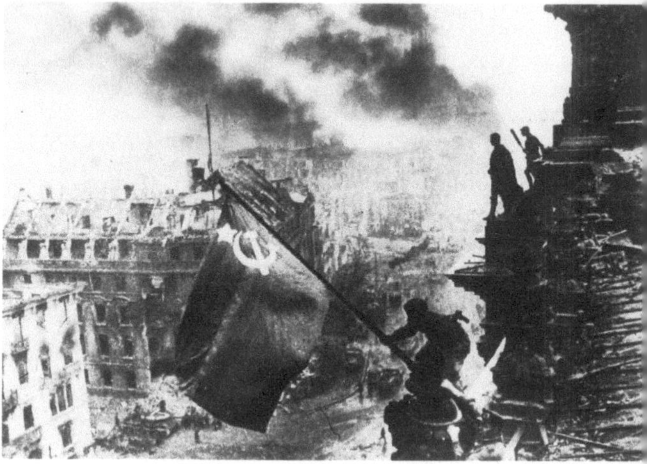

Jewgeni Chaldej: Hissen der russischen Flagge auf dem Reichstag, 1945

Jewgeni Chaldej: Hissen der russischen Flagge auf dem Reichstag

Vom russischen Fotografen Jewgeni Chaldej (1917–1997) stammt eine der fotografischen Ikonen des 20. Jahrhunderts. In dieser Fotografie meinen wir, ein Bild eines historischen Ereignisses zu sehen, das über den Moment hinaus wirkt und dabei zu einem pikturalen Merkzeichen des Endes des Dritten Reichs wird. Ähnlich wie Capas *Fallender Soldat* ist Chaldejs Reichstagsbild ein Emblem des Jahrhunderts, ein Foto, das im doppelten Wortsinn Geschichte gemacht hat. Und für beide Bilder gilt die gleiche Vermutung: dass das, was sie auszeichnet, nämlich einen ›besonderen Augenblick‹ aufgezeichnet zu haben, das Ergebnis einer bewusst eingesetzten Inszenierungsstrategie sei. Chaldej berichtet über die Entstehung des Bildes: »Als der Krieg begann, sprachen alle vom Reichstag. Es war am frühen Morgen des 2. Mai 1945. Ich betrat das Reichstagsgebäude. Überall war schrecklicher Lärm. Ein junger sympathischer Soldat kam auf mich zu. Ich hatte eine rote Fahne in der Hand. […] Wir fanden eine lange Stange. Ich suchte nach Kompositionsmöglichkeiten. Es sollte auch etwas von Berlin zu sehen sein. Ich habe einen ganzen Film verknipst, 36 Bilder, und bin in der Nacht zum 3. Mai nach Moskau geflogen, und das Bild ist sofort veröffentlicht worden.« Chaldej schildert hier die Entstehung des Bildes bereits als dezidierte Komposition. Allerdings geht seine fotografische Inszenierung über diese hinaus: Er retuschierte eine der beiden Armbanduhren, die der fahnenhissende Soldat trug, und verwendete ein früher aufgenommenes Negativ, um den dramatischen Effekt der gehissten Flagge vor einer brennenden Stadtlandschaft zu erzielen. Wenn Chaldej die Frage gestellt wurde, ob sein Bild inszeniert sei, so pflegte er zu antworten: »Es ist ein gutes Foto und historisch bedeutend, nächste Frage bitte.« Hatte er nicht recht?

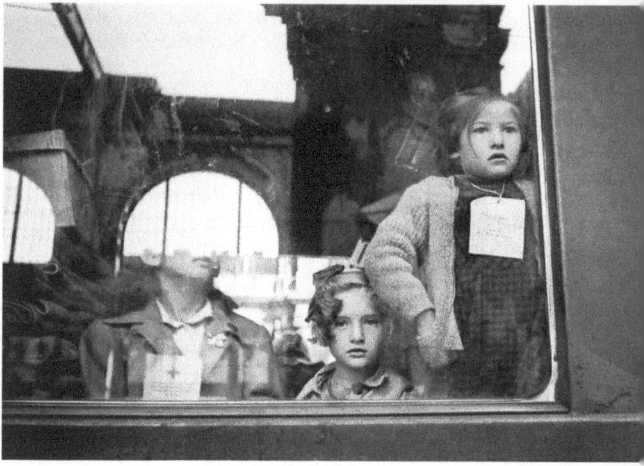

Werner Bischof: Kinderzug des Schweizerischen Roten Kreuzes, Budapest, 1947

Werner Bischof: Kinderzug des Schweizerischen Roten Kreuzes, Budapest

Im Sommer 1947, während er im Auftrag der Kulturzeitschrift *Du* die im Krieg zerstörten Länder Europas bereiste, entdeckte Werner Bischof (1916–1954) im Budapester Ostbahnhof am Fenster eines stehenden Zuges drei Kinder. Ihre traurigen Blicke gehen in unterschiedliche Richtungen. Um den Hals tragen sie eine Art Etikette. Die eine Seite zeigt das rote Kreuz, die andere ihren Namen und die Anzahl der ihnen mitgegebenen Gepäckstücke. Die Aufnahme ist mehr als ein Zeitdokument: Sie zeigt nicht nur das Elend des Krieges am Beispiel dreier unschuldiger Opfer, sie macht gleichzeitig die prekäre Situation eines jeden Reportage-Fotografen emblematisch sichtbar. Durch die Glasscheibe, in der sich die zerstörte Bahnhofshalle spiegelt, ist er von den Opfern getrennt. Seine Rolle kann nur die eines Zeugen sein, der das Gesehene mit der Kamera festhält, um es der Welt vorzuzeigen. »Das Gesicht der leidenden Menschen wurde zum Mittelpunkt«, notierte damals der Schweizer, der zwar 800 Tage Militärdienst geleistet hatte, aber wie seine Landsleute vom Krieg verschont geblieben war.

Werner Bischof war einer der erfolgreichsten Reportage-Fotografen der Nachkriegsjahre. Nach der Ausbildung in der von Hans Finsler geleiteten Fotoklasse an der Zürcher Kunstgewerbeschule arbeitete Bischof zuerst als Sach- und Modefotograf. Die verschiedenen *Du*-Hefte, an denen er mitgearbeitet hatte, machten auf den jungen Fotografen aufmerksam. Durch eine von *Life* 1951 publizierte große Bildreportage über den Hunger in Indien wurde er schließlich international bekannt. Es folgten Reisen nach Ostasien und Südamerika. 1954 starb Werner Bischof, 38jährig, bei einem Verkehrsunfall in den peruanischen Anden.

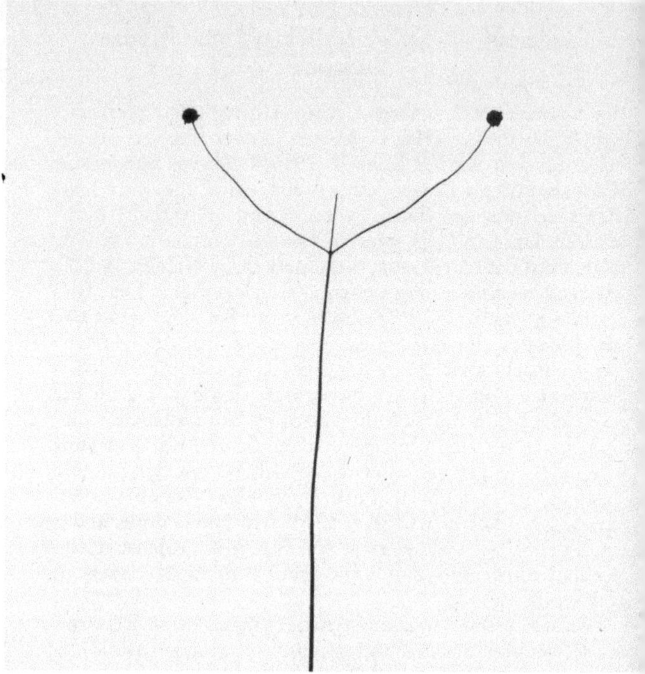

Harry Callahan: Gras gegen den Himmel, Detroit, 1948

Harry Callahan: Gras gegen den Himmel, Detroit

Was wir hier sehen – Punkt, Punkt, Strich, Strich, Strich – ist keine Zeichnung des späten Paul Klee, sondern die Fotografie einer Pflanze. Dies besagt der Titel *Weed against the Sky, Detroit*. Harry Callahan (1912–1999) hat sie, seiner täglichen Gewohnheit entsprechend, während eines der morgendlichen Pirschgänge mit der Kamera festgehalten und am Nachmittag in der Dunkelkammer entwickelt und kopiert. Dabei ist aus dem Körper einer Pflanze die Strichzeichnung eines weiblichen Torsos – und gleichzeitig eines freundlich lachenden Gesichts geworden. So jedenfalls sehen wir als Betrachter die Aufnahme. Und zweifellos hat bereits der Fotograf die Pflanze so gesehen. Beide, Fotograf und Betrachter, sind in diesem Spiel der projektiven Umdeutung des Gesehenen Komplizen, auch wenn die Rolle des Fotografen eine andere, komplexere war. Er hat zuerst in der dürren Pflanze eine Darstellung, ein ›Zeichen‹, gesehen und hat dann das Gesehene durch die Aufnahme gegen den Himmel, den Ausschnitt im quadratischen Sucher und den harten Abzug zu einer Zeichnung gemacht. Dabei hat er darauf geachtet, dass die Fotografie weiterhin auch als das Abbild einer Pflanze erkennbar blieb. Denn wir sollen uns bewusst bleiben, dass *wir* es sind, die die Pflanze zu dem machen, was sie nicht ist. Im Prozess des Sehens können wir beobachten, wie wir das Gesehene verwandeln, indem wir von einer Seheinstellung zur andern wechseln.

Harry Callahan begann zu fotografieren, nachdem er Arbeiten von Ansel Adams gesehen und einen seiner Workshops besucht hatte. Obwohl er nach eigenen Worten ursprünglich ein »schrecklich naiver« Hobbyfotograf war, wurde Callahan 1946 eingeladen, am Institute of Design in Chicago zu unterrichten. Nach 1961 lehrte Callahan an der Rhode Island School of Design.

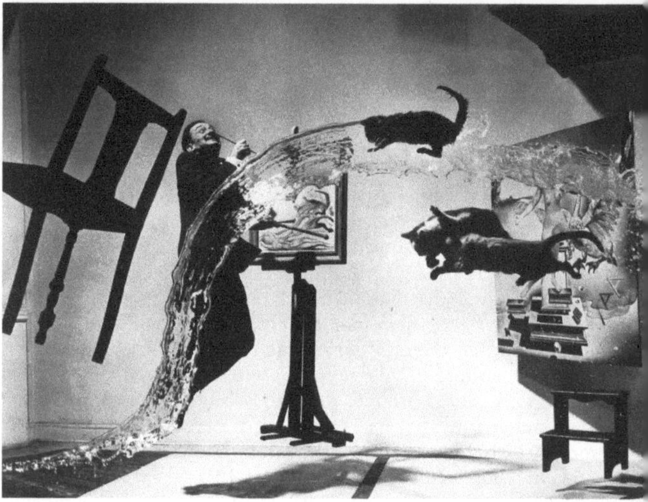

Philippe Halsman: Dalí atomicus, 1948

Philippe Halsman: Dalí atomicus

Philippe Halsman (1906–1979) emigrierte 1940, nachdem er seine Karriere in Deutschland begonnen hatte, in die USA. Sein Markenzeichen sind die *jump*-Porträts bekannter Persönlichkeiten. Halsman war der Ansicht, dass sich bei einem Sprung das wahre Selbst der Porträtierten am besten zeige. Unter den nach diesem Konzept entstandenen Aufnahmen nimmt jene, die Salvador Dalí gewidmet ist, einen besonderen Stellenwert ein. *Dalí atomicus* ist nicht nur ein Porträt des berühmten Spaniers. In einem komplexen ikonographischen Programm entwickelt die Fotografie die Idee des Schwebens, das nach den damals neuesten Entdeckungen der Atomphysik den Weltzustand überhaupt charakterisiert. Entstanden ist eine spektakuläre surrealistische Szene, die fast ohne Tricks und ganz ohne nachträgliche Manipulationen auskam: Das Mobiliar – die Staffelei, das noch unvollendete Gemälde »Leda atómica«, ein Stuhl – sind an Schnüren an der Decke montiert oder werden in die Luft gehalten. Dalí selbst springt hoch, während gleichzeitig ein Schwall Wasser sowie – diesem entgegen – drei lebende Katzen in großen Bögen durch die Luft geschleudert werden. Das Ganze sei, so Halsman später, »simpel« gewesen. Doch dauerte die Sitzung, wenn man dieses Wort hier noch gebrauchen mag, mit den vom Fotografen im Sekundentakt rhythmisierten Versuchen sechs Stunden. Halsman wetteifert in dieser komplexen Fotografie mit seinem Freund Dalí, der seine surreale Ästhetik zeichnend und malend entwickelt hatte. Die komplexe Traumwelt des Spaniers ist mit den abgebildeten Gemälden in der Fotografie präsent, doch wirkt sie nun über die dargestellten Bilder hinaus fort. Die von Dalí entworfene Gegenlogik erobert, vom Fotografen ins dokumentarische Medium überführt, die Wirklichkeit.

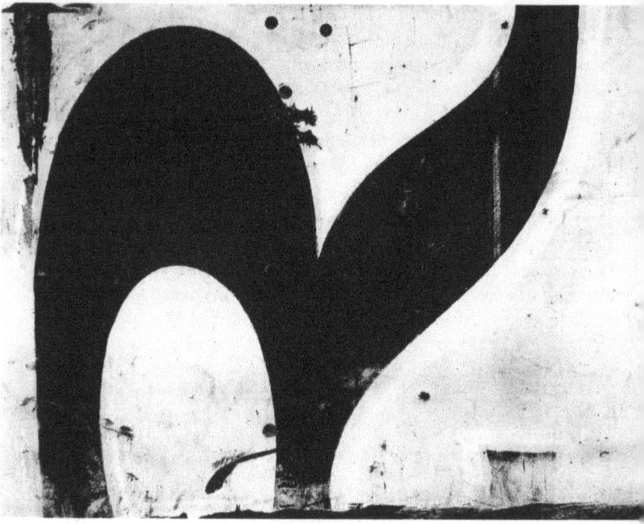

Aaron Siskind: Chicago, 1949

Aaron Siskind: Chicago

Die Fotografie ist im 20. Jahrhundert der Malerei wohl nie so nahegekommen wie in den Arbeiten des Amerikaners Aaron Siskind (1903–1991). Diese erinnern nicht nur an die Gemälde des *abstract expressionism,* der Kunstströmung, die damals die New Yorker Szene beherrschte, es liegt ihnen ein eng verwandtes ästhetisches Konzept zugrunde. Wie der Kritiker Clement Greenberg, der 1955 in einem einflussreichen Text die Betonung der »Flächigkeit der Bildebene«, der *flatness* des *picture plane*, als Markenzeichen und Qualitätsmerkmal der damaligen abstrakten Malerei bestimmte, hat sich Siskind bereits 1950 unabhängig von Greenberg und schließlich gegen sein Verdikt – *You can't do that with photography!* – zu einer Fotografie ohne Tiefenperspektive bekannt: »Zuallererst und mit Nachdruck akzeptiere ich die flache Ebene der Bildoberfläche als den wichtigsten Bezugsrahmen für das Bild.« Siskind, der seine Karriere mit sozialkritischen Reportagen in New Yorker Armenvierteln begonnen hatte, erreichte diese Bildwirkung, indem er bei seinen Gängen durch die amerikanischen Städte aus beschrifteten, besprayten oder mit Plakatresten beklebten Wänden Fragmente visuell herauslöste, die dann im fotografischen Abzug mit der Papierfläche zusammenzufallen schienen. Siskind war dabei fähig, die Oberflächenstruktur der realen Vorlage – wie hier den eleganten Pinselduktus des anonymen Schriftenmalers – als spezifische ästhetische Reize in seine Fotografien hinüberzuretten. Die Resultate erinnern an fotografierte abstrakte Kunstwerke und sind gleichzeitig reine Fotografie. Es ist heute schwer, beim Betrachten von Siskinds Arbeiten nicht die Werke der damaligen Stars der amerikanischen Malerei mitzusehen, mit denen der Fotograf befreundet war, insbesondere jene von Franz Kline, Robert Motherwell und Clyfford Still.

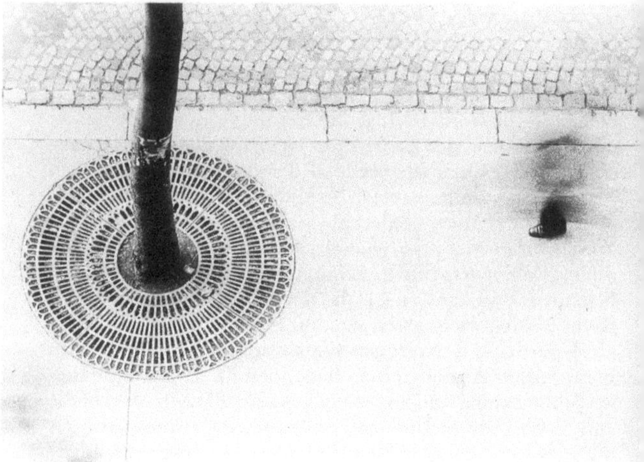

Otto Steinert: Ein-Fuß-Gänger, 1950

Otto Steinert: Ein-Fuß-Gänger

Ein Fuß, sein zugehöriger Körper wie ausradiert, bewegt sich auf einem Gehsteig hin zum Stamm eines Baumes. Anstelle der fehlenden Krone umgibt ihn an der Wurzel eine riesige Eisenrosette. Oben, quer über Fuß und Stamm, pflanzt sich in regelmäßigen Bögen das Straßenpflaster fort. Die in starker Draufsicht realisierte Langzeitaufnahme ist so elementar, präzis und rätselhaft wie ein Haiku. Entstanden ist sie 1950 in Paris. Ihr Autor, Otto Steinert (1915–1978), hatte die Stadt bereits während des Krieges als Stabsarzt der deutschen Besatzungstruppen kennengelernt. Nach dem Krieg widmete sich Steinert, der schon in seiner Jugend fleißig fotografiert hatte, bald ganz der Fotografie: als Kurator, Herausgeber und vor allem als Lehrer. Der »Ein-Fuß-Gänger« wurde zusammen mit verwandten Werken zahlreicher europäischer Kollegen 1951 in der von Steinert kuratierten Ausstellung *subjektive fotografie* gezeigt und 1952 in einem gleichnamigen Katalog reproduziert. 1954/55 folgte unter dem gleichen Titel eine zweite Ausstellung, ebenfalls mit Publikation. Das Konzept der ›subjektiven fotografie‹, bei dessen Ausprägung Steinert von den Kunsthistorikern Josef Adolf Schmoll gen. Eisenwerth und Franz Roh unterstützt wurde, war als Absetzung von der damals noch vorherrschenden Strömung der ›neuen Sachlichkeit‹ bei gleichzeitiger Bezugnahme auf die experimentellen Errungenschaften der Avantgarde gedacht. Steinert definierte den von ihm begründeten neuen Stil wie folgt: »›Subjektive Fotografie‹ heißt vermenschlichte, individualisierte Fotografie, bedeutet Handhabung der Kamera, um den Einzelobjekten ihrem Wesen entsprechende Bildsichten abzugewinnen.« Aufgrund seiner langjährigen Lehrtätigkeit, zuerst in Saarbrücken, danach an der Folkwangschule in Essen, gehörte Steinert zu den einflussreichsten Figuren der deutschen Nachkriegs-Fotografie.

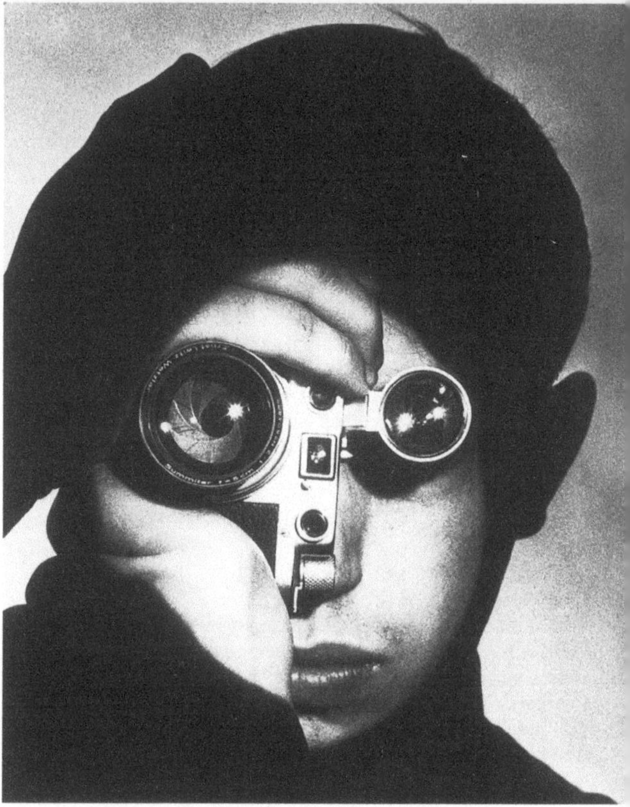

Andreas Feininger: Der Fotojournalist, 1951

Andreas Feininger: Der Fotojournalist

Der »Fotojournalist« von Andreas Feininger (1906–1999) versteht sich nicht als Porträt, sondern als Darstellung eines Berufes. Das Gesicht des Abgebildeten – es handelt sich um den Magnum-Fotografen Dennis Stock – zählt hier nicht. Das Modell hält seine Leica III für ein Hochformat so vor das Gesicht, dass das Objektiv mit der geöffneten Linse an die Stelle des rechten, der ebenfalls kreisrunde, aufgesteckte Sucher an die Stelle des linken Auges tritt. »Die Kamera ist dem Auge überlegen« – diese Aussage Feiningers macht auch das Bild. Durch die Engführung von Mensch und Apparat wird der Fotograf zu einem monströsen Zwitterwesen, dessen fremdem Blick sich der Betrachter wehrlos ausgesetzt fühlt. Die raffiniert ausgeleuchtete Aufnahme ist zum bekanntesten Werk Feiningers geworden. Zahlreiche Publikationen zu Fotogeschichte und Fototheorie, selbst Romane verwenden es als ein rätselhaftes Emblem auf ihrem Umschlag.

Andreas Feininger, Sohn des ebenso bekannten Malers und Bauhauslehrers Lyonel Feininger, besuchte das Staatliche Bauhaus in Weimar, bevor er sich als Architekt ausbilden ließ. Er emigrierte 1939, nach ersten Arbeiten als Architekturfotograf, in die USA und gehörte zwischen 1943 und 1962 zum Mitarbeiterstab von *Life*. Feininger war publizistisch außerordentlich aktiv: In einem halben Jahrhundert veröffentlichte er mehr als 50 populäre Bildbände und Bücher über Fotografie, darunter 1965 den Klassiker *The Complete Photographer* (deutsch unter dem Titel *Feiningers große Fotolehre* erschienen). Bekannt sind die mit starken Teleobjektiven aufgenommenen, stimmungsreichen Schwarzweiß-Bilder von Manhattan und die Naturaufnahmen, die darauf abzielen, die Strukturen der Lebewesen – von Muscheln, Pflanzen und Tieren – mit Hilfe der Fotografie sichtbar zu machen.

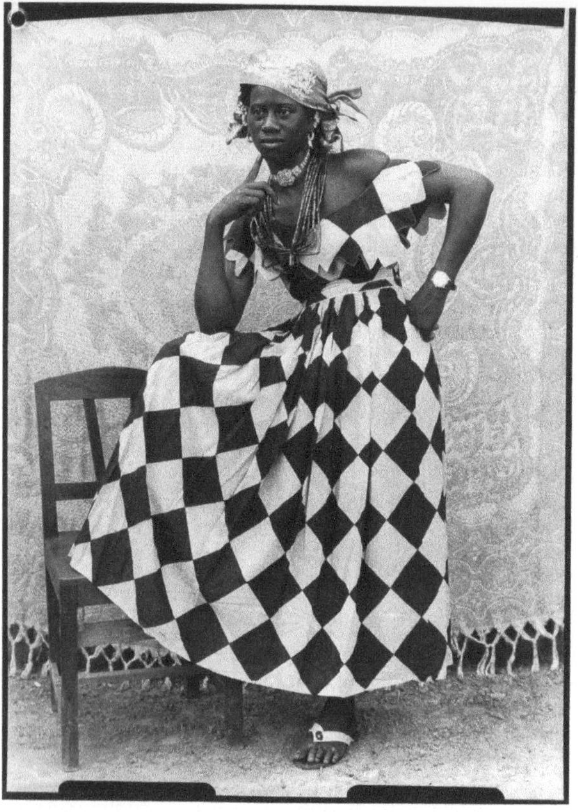

Seydou Keïta: Porträt einer jungen Frau, 1952/55

Seydou Keïta: Porträt einer jungen Frau

Im Werk des in Mali tätigen Seydou Keïta (1921–2001) wiederholt sich gleichsam die Erfindung der Porträtfotografie auf afrikanischem Boden – und gewinnt dabei eine besondere Qualität. Am Anfang stand eine einfache Kodak Brownie-Kamera, welche ein Verwandter dem 14-Jährigen von einer Reise als Geschenk mitbrachte. Keïta begann Menschen zu fotografieren und hatte damit – während er gleichzeitig seine Technik kontinuierlich verbesserte – immer größeren Erfolg, so dass er schließlich den von ihm erlernten Tischlerberuf gegen den des Fotografen eintauschen konnte. Keïta betrieb sein Porträtstudio in der Nähe des Hauptgefängnisses von Bamako und war bald weit über die Stadt hinaus bekannt und begehrt.

Nachdem die französische Fotografin Dominique Anginot sein Werk zufällig entdeckt hatte und die amerikanischen Museen und Galerien sich darum bemühten, konnte ein Interviewer Keïta am Ende seines Lebens sein Erfolgsrezept entlocken: »Die Technik des Fotografierens ist einfach, aber was den Unterschied ausmachte, war, dass ich die richtige Pose zu finden wusste. […] Ich war fähig, jemanden schöner zu machen.« Ein Beleg für diese Kunst des »Schönermachens« ist dieses Porträt einer unbekannten jungen Frau, die vor einer weißen Tagesdecke mit Fransen posiert. Sie hat ihr rechtes Bein auf den Stuhl gestellt, damit ihr langes Kleid mit dem diagonal geschnittenen Karomuster sich wie ein großer Fächer entfalten kann. Der Zeigefinger der angewinkelten rechten Hand hält das strahlende Gesicht weniger, als dass er auf dieses hinweist. 100 Jahre früher hatte der große französische Porträtmaler Jean-Auguste-Dominique Ingres die Damen der Pariser Bourgeoisie mit dieser Handhaltung posieren lassen. Henri Matisse seinerseits hätte zweifellos Keïtas ungewöhnlichen Sinn für das Dekorative bewundert.

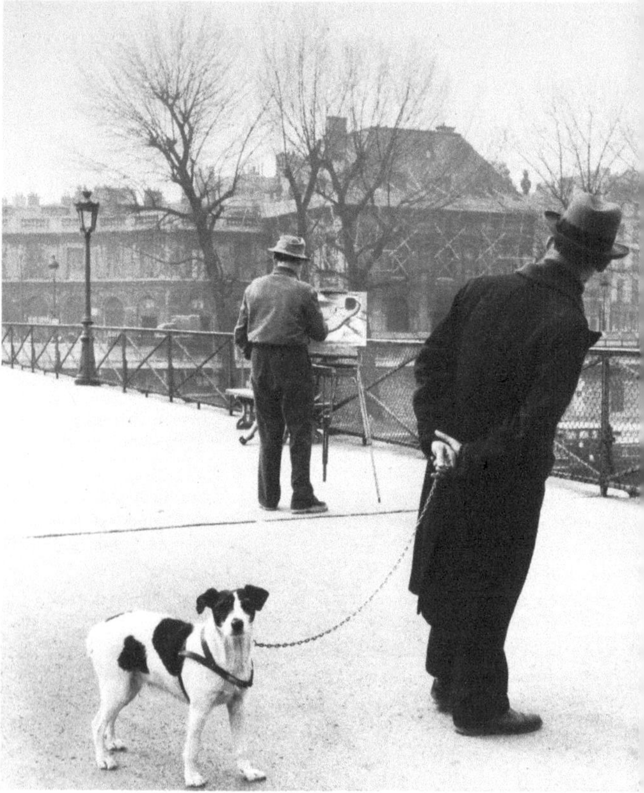

Robert Doisneau: Foxterrier auf dem Pont des Arts, 1953

ROBERT DOISNEAU: Foxterrier auf dem Pont des Arts

Die Aufnahmen, die Robert Doisneau (1912–1994) von Straßenszenen im Paris der Nachkriegszeit machte, sind bis heute beliebte Postkartenmotive geblieben. Sie wirken noch immer durch ihren delikaten Humor und ihre bisweilen etwas sentimentale Menschlichkeit, Charakteristika, wie sie auch Jacques Tatis Filmen eigen sind. Hinter den besten Werken beider, des Fotografen und des Regisseurs, steckt ein aus surrealistischer Spielfreude genährtes Raffinement. Robert Doisneau liebte es, mit Bildern Fallen zu stellen und die Opfer im entlarvenden Augenblick fotografisch festzuhalten. Berühmt ist die Serie, für die er ein harmloses Aktbildchen in das Schaufenster eines Pariser Antiquars hängte, um dann – im Innern des Geschäfts versteckt – abzuwarten, bis der eine oder andere Bürger beim Sonntagsspaziergang, einmal sogar unter dem strengen Blick seiner Angetrauten, einen visuellen Seitensprung vollführte: klick!

Auch die vorliegende Aufnahme ist ein raffiniert kalkuliertes Sehstück, bei dem ein argloser Spaziergänger, diesmal begleitet von seinem Hund, die Hauptrolle übernehmen sollte. In das Spiel war von vornherein der zusätzliche Blick des Betrachters als Leerstelle mit einkalkuliert: Ein Maler, Doisneaus Freund Louis Pipart, hat – so wie der unsichtbar hinter ihm stehende Fotograf – seine Staffelei auf dem Pont des Arts aufgestellt, und malt – kurios genug – an einem liegenden Akt. Ein Passant versucht in der Pose des Voyeurs, dem Maler über die Schultern zu gucken. Wir sehen weniger, aber vermutlich auch mehr als er – nämlich das Bein einer von der Staffelei des Malers verdeckten, auf einer Bank sitzenden Frau. Dass es uns nicht gelingt, das Bilderrätsel mit seiner Kaskade verhinderter Einblicke aufzulösen, dafür sorgt am anderen Ende der Foxterrier, der uns – und den Fotografen – am Nähertreten hindert.

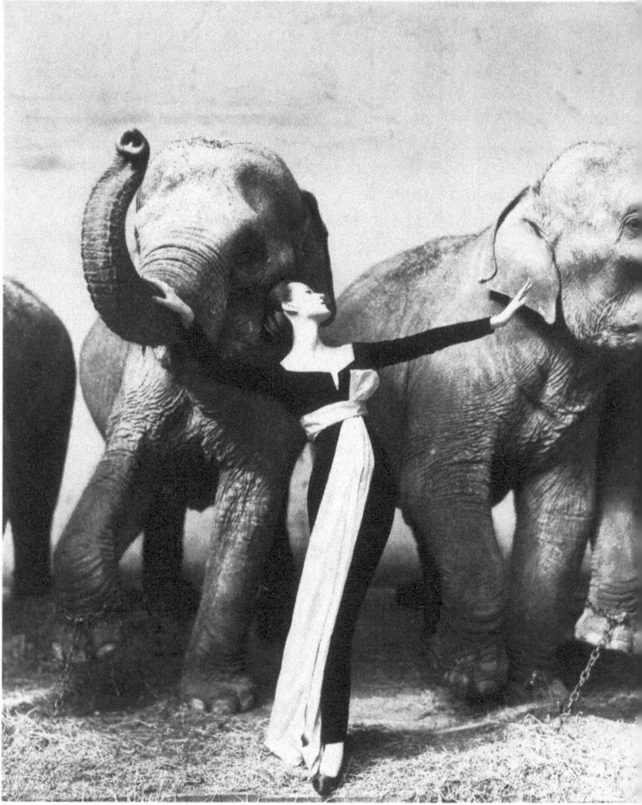

Richard Avedon: Dovima mit Elefanten, 1955

Richard Avedon: Dovima mit Elefanten

Die Gattung der Modefotografie unterliegt eigenen Gesetzen und Regeln. Aufgrund ihres Gegenstandes – Mode ist per definitionem neu, weltoffen, sinnlich, dynamisch – ist sie auch immer wieder zu einem Feld für fotografische Experimente und Innovationen geworden. Viele der besten Fotografen des 20. Jahrhunderts haben zeitweise oder regelmäßig für die großen Hochglanzjournale wie *Harper's Bazaar* und *Vogue* gearbeitet und dabei Elemente einer fotografischen Sprache entwickelt, die sie später auch bei ihren übrigen Arbeiten einsetzten. Zu ihnen gehören so klingende Namen wie Cecil Beaton, Edward Steichen, William Klein, Robert Frank, Bruce Davidson, Diane Arbus, Duane Michals und Robert Mapplethorpe, um nur jene zu nennen, die im vorliegenden Band mit Arbeiten in anderen fotografischen Gattungen vertreten sind.

Richard Avedon (1923–2004) gehört zu den größten und prägendsten Figuren der Modefotografie in der zweiten Hälfte des 20. Jahrhunderts. Avedon war der erste, der die Models nicht mehr im Studio, sondern auf der Straße, häufig auch in ungewöhnlicher Umgebung fotografierte. Berühmt ist die Aufnahme, für die er das amerikanische Model Dovima mit einem schwarzweißen Abendkleid von Dior vor den grauen Elefanten des Cirque d'Hiver in Paris posieren ließ. Avedon hat das Model dazu gebracht, sich mit seiner Gestik in die unstete Bewegung der angeketteten Dickhäuter einzuordnen, um so dem extravaganten Kleid mit der langen weißen Schärpe einen ebenso extravaganten Auftritt zu verschaffen.

Der Weg von der Modefotografie zur Porträtfotografie – vor allem wenn *celebrities* vor der Kamera stehen – ist nicht weit. Avedon ist wie viele andere diesen Weg gegangen und hat auch in diesem Fach Werke geschaffen, die zu den bedeutendsten des 20. Jahrhunderts zählen.

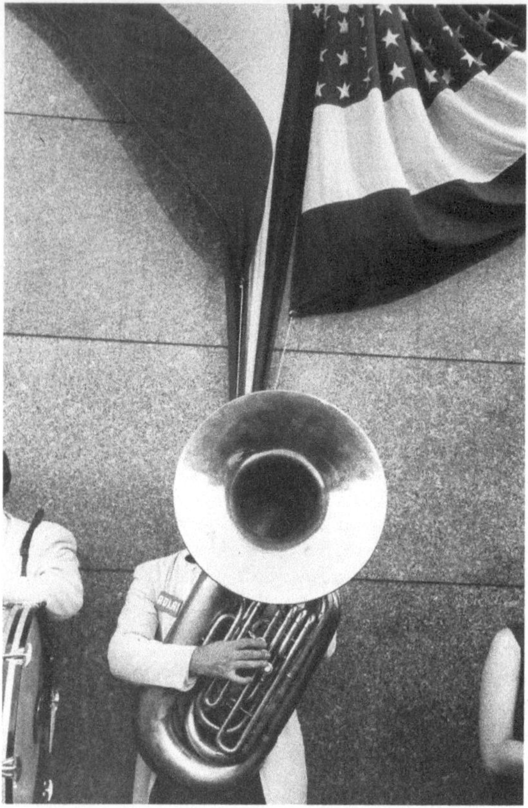

Robert Frank: Politische Versammlung, Chicago, 1956

Robert Frank: Politische Versammlung, Chicago

In den Jahren 1955–57 durchquerte der in der Schweiz aufgewachsene, in Amerika eingebürgerte Robert Frank (1924–2019) – fast gleichzeitig wie Garry Winogrand und wie dieser von einem Guggenheim-Stipendium unterstützt – fast alle Staaten der USA. Von den 27000 Aufnahmen, die Frank von seinen Reisen zurückbrachte, blieb nach monatelanger kritischer Prüfung eine Sequenz von 83 Aufnahmen zurück. Diese wurde unter dem Titel *Les Américains* bzw. *The Americans* 1958 in Paris und ein Jahr später in New York – diesmal ohne die ausführlichen Legenden, aber zusammen mit einer Einleitung von Jack Kerouac – publiziert. Von der Kritik wurde der Band bei Erscheinen als das inadäquate, triste Bild, das ein Fremder von Amerika und ihren Einwohnern gab, abgelehnt. Für eine ganze Generation junger Fotografen aber wurde der Bildband mit seiner ungeschminkten und komplexen Analyse der damaligen Gesellschaft bald zur wichtigsten Referenz.

Es ist nicht möglich, Franks Fotografien auf eine einfache Formel zu bringen. Viele von ihnen wirken in der visuellen Dichte und der radikalen Schnitttechnik wie Collagen. Im ausgewählten Beispiel etwa – eines der vier Fahnenbilder, die den Band in thematisch konzipierte Kapitel gliedern – scheint die amerikanische Flagge aus dem Schallrohr des kopflosen Basstubaspielers aufzusteigen. Andere – etwa die körnigen Landschaften und die magisch beleuchteten Interieurs – entwickeln einzigartige Stimmungen. Zusammen bilden die 83 Aufnahmen in ihrer Abfolge eine große Erzählung. Jede Fotografie findet in der jeweils nächsten ihre Nachbildung in der Form einer Korrektur, Ergänzung oder Fortführung, etwa wenn die Aufnahme eines mit einem weißen Tuch geschützten Autos von einer Aufnahme gefolgt wird, die das Opfer eines Autounfalls zeigt: vergleichbar angeordnet, doch nun von einem dunklen Tuch bedeckt.

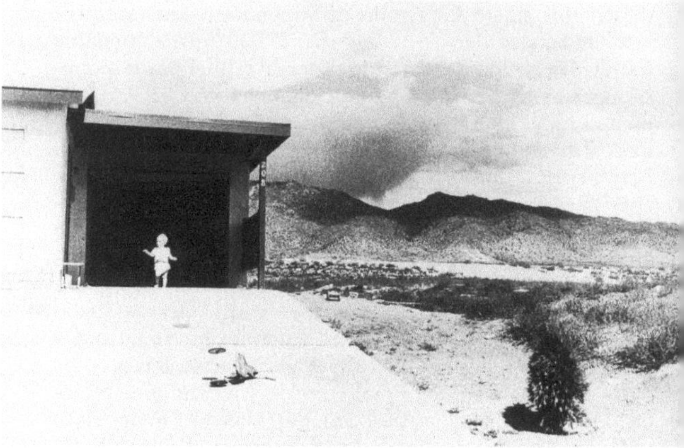

Garry Winogrand: New Mexico, 1957

Garry Winogrand: New Mexico

Es finden sich im Werk großer Fotografen immer wieder Schnappschüsse, die die inhaltlich-formale Stringenz einer sorgfältig geplanten malerischen Komposition haben. *New Mexico* von Garry Winogrand (1928–1984) gehört dazu: Aus dem schwarzen Schlund des Garagenanbaus einer amerikanischen Vorortvilla kommt uns ein weiß gekleideter Junge entgegen. Auf dem grauen Trapez des Weges, der auf ihn zuführt, liegt sein umgekipptes Dreirad. Über dem Hügelzug hinter dem Gebäude steigt, wie ein adäquater Bühnendekor, drohend eine dunkle Gewitterwolke auf. Nichts ist gestellt. Es ist das Auge des Fotografen, das die einzelnen Elemente zusammen gesehen hat. Entstanden ist so weniger die Schilderung eines individuellen Seelenzustandes als eine Allegorie des amerikanischen Lebens.

Der im New Yorker Stadtteil Bronx aufgewachsene Winogrand war einer der bedeutendsten und – in seiner Arbeitsweise – extremsten Vertreter der *snapshot photography*. Während einer viermonatigen Reise durch Amerika, die er 1964 mit einem Stipendium der Guggenheim-Foundation unternahm, schoss er an die 20 000 Aufnahmen, von denen er dann immerhin tausend Motive für Abzüge auswählte. Viele seiner Bilder aber hat Winogrand überhaupt nur durch den Sucher seiner Leica gesehen. Nach seinem frühen Tod fanden sich im Nachlass 2500 belichtete, aber nicht entwickelte Kleinbildfilme zu je 36 Aufnahmen sowie 6500 entwickelte Filmrollen, von denen jedoch kein einziger Abzug gemacht worden war. Der Fotograf hatte die Gewohnheit angenommen, seine Filme ein bis zwei Jahre liegenzulassen, um die Erinnerung an die Aufnahmesituation zu verlieren. Nur eine kleine Auswahl seiner Fotografien hat Winogrand zu Lebzeiten in thematisch konzipierten Bildbänden wie *Animals* und *Women are beautiful* publiziert.

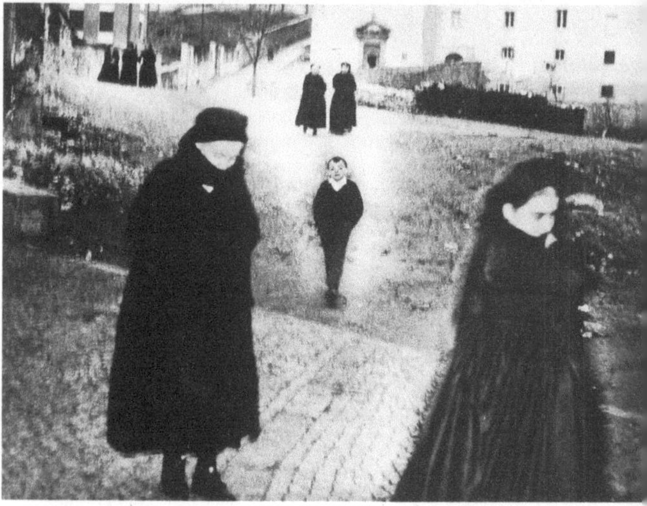

Mario Giacomelli: Scanno, 1957 oder 1959

Mario Giacomelli: Scanno

»Scanno ist ein märchenhafter Ort, mit einfachen Bewohnern. Schön ist dort der Kontrast zwischen den Kühen, den Hühnern und den Leuten: zwischen den weißen Straßen und den schwarzen Figuren, den weißen Mauern und schwarzen Mänteln. Ich habe versucht, einige dieser Bilder festzuhalten, um auch andern die innere Bewegung weiterzugeben, die ich gegenüber einer noch intakten und spontanen Welt empfunden habe. Ich habe für all diese Aufnahmen eine lange Verschlusszeit gewählt, damit die Bilder etwas bewegter würden, um die Welt zu verzaubern. Ich habe die Bildgründe aufgehellt, während ich die Figuren geschwärzt habe, und ich habe leere Räume geschaffen, indem ich Grautöne einsetzte, um das Bild im Gleichgewicht zu halten. Die bekannteste Aufnahme ist die mit den dunklen, bewegten Frauen, die sich so im Kreis zu drehen scheinen, wie wenn es sich um die gleiche Person handeln würde – und mit dem Kind, das auf uns zukommt, während es im Fokus ist und wie reglos zwischen ihnen steht.«

So hat der große Einzelgänger der italienischen Nachkriegsfotografie, Mario Giacomelli (1925–2000), eine seiner bekanntesten, Ende der 1950er Jahre in einem Bergdorf der Abruzzen entstandenen Aufnahmen später kommentiert. Die Arbeitsweise des Fotografen erscheint hier – aufgrund des kalkulierten Einsatzes der technischen Mittel vor dem Motiv und in der Dunkelkammer – identisch mit der des Malers. Dass er anders als der Maler auch mit dem Zauber des Zufalls rechnet, erwähnt der Fotograf jedoch nicht.

Bekannt sind neben den frühen, ungewöhnlich malerisch konzipierten Landschaftsaufnahmen die Bildzyklen, die Giacomelli alten und todkranken Menschen gewidmet hat. Dagegen erscheint das Leben in der berühmten Serie über die jungen Kuttenträger im Priesterseminar von Senigallia als fröhlicher Ringelreihen.

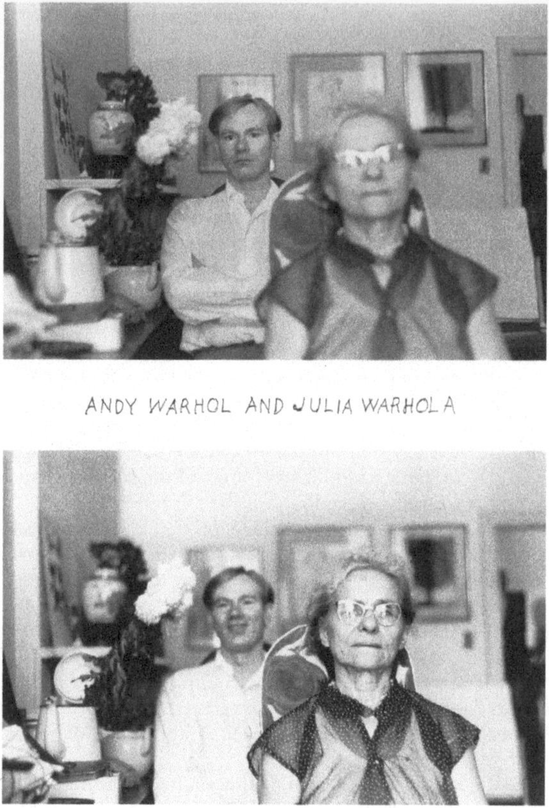

Duane Michals: Andy Warhol
und seine Mutter Julia Warhola, 1958

Duane Michals: Andy Warhol und seine Mutter Julia Warhola

Seit seinen ersten Werken hat der Amerikaner Duane Michals (* 1932) die Möglichkeiten der Fotografie radikal erweitert, indem er sie stärker, als dies je zuvor der Fall war, zu einem Medium der Erzählung und der Reflexion über das Dargestellte machte. Michals ist bekannt durch die Fotosequenzen von meist fünf bis acht Aufnahmen, die, in der Art des *fotoromanzo* durch kleine Zeitsprünge voneinander getrennt, elementare Geschichten erzählen. Meist sind es Geschichten, die Mythen und christliche Erzählungen ironisch nachstellen oder mit dem Unheimlichen spielen. Die technischen Möglichkeiten der Fotografie als einem Medium der Einschreibung von Licht werden zur Darstellung von spiritistischen Phänomenen der Dematerialisation oder des visionären Erscheinens von Figuren eingesetzt. Michals hat sich auch nicht gescheut, seine Bilder und Bildfolgen mit handschriftlichen Texten zu versehen, wodurch er der modernen Fotografie neue Wege wies.

Eine der frühesten Arbeiten von Duane Michals, die mit dem *gap* zwischen Bildern operiert, ist das 1958 entstandene Doppelporträt des 30-Jährigen Andy Warhol und seiner 66jährigen Mutter Julia, das Michals durch eine systematische Transformation zu einem zweifachen Doppelporträt mit wechselnder Akzentsetzung ausgestaltet hat. In der ersten Aufnahme ist der hinter seiner Mutter stehende Andy Warhol in den Fokus genommen. In der zweiten ist es die vor ihm sitzende Mutter, wobei sich Gesichtsausdruck und Haltung der beiden Porträtierten in der Zwischenzeit leicht verändert haben. Mit dem zeitlichen Abstand hat sich auch unser Sehen verändert: Der Betrachter ist gezwungen, den Wechsel in der Scharfeinstellung durch den Fotografen nachzuvollziehen und als mentale Operation der Verschiebung der Aufmerksamkeit vom Sohn zur Mutter zu reflektieren.

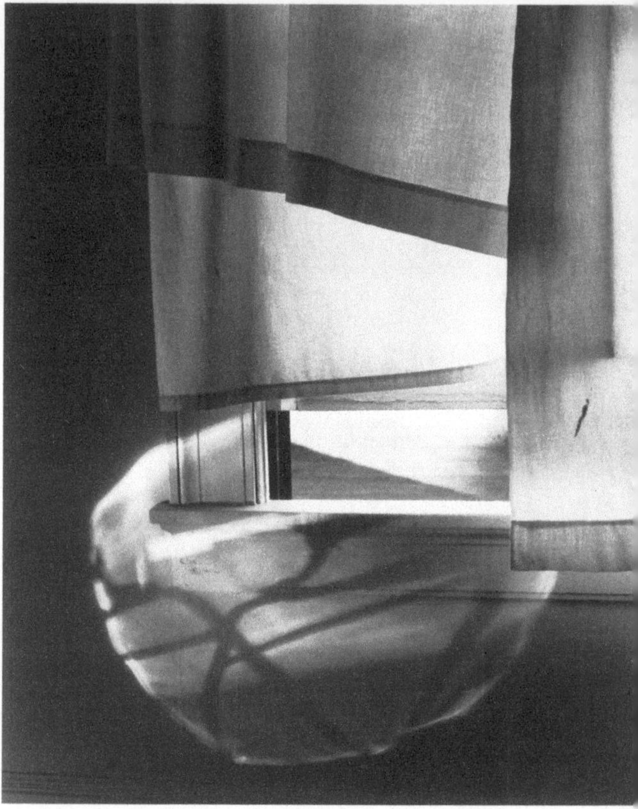

Minor White: Fenstersims im Tagtraum
(»Windowsill daydreaming«), 1958

Minor White: Fenstersims im Tagtraum

Das rätselhafte Bild ist wie alle Fotografien von Minor White (1908–1976) eine Momentaufnahme, das Protokoll eines Seheindrucks ohne nachträgliche Manipulation. Zu erkennen ist im oberen Teil – perfekt scharf abgebildet – der Rahmen eines geöffneten Fensters. Der Ausblick ist durch zwei Vorhangbahnen verdeckt, wobei die linke, vom Luftzug bewegt, diagonal verlaufende Bänder zeigt. Darunter schwebt – halb im Raum, halb an der Wand – ein unscharfer, von einem schwarzen Liniennetz durchzogener ovaler Fleck: vermutlich die zufällige, zuckende Lichtprojektion eines reflektierenden Gegenstandes mit gesprungener Oberfläche. *Windowsill daydreaming* hat der Autor das Werk genannt, das mittlerweile zu seinem bekanntesten geworden ist. Der Ausdruck *daydreaming* verweist auf Minor Whites private symbolistische Ästhetik, eine Bildtheorie, die der wortgewandte Fotograf mit Bezug auf Stieglitz' Konzept der *equivalents* entwickelt und in zahlreichen Schriften vertreten hat. Der Titel des einzigen zu Whites Lebzeiten, 1969, publizierten Bildbandes fasst diese Ästhetik in drei Begriffen zusammen: *Mirrors – Messages – Manifestations*. White arrangierte darin die einzelnen Aufnahmen in Sequenzen, die er mit Bezug auf seine persönliche Mythologie als Darstellungen seelischer Läuterungsprozesse verstand.

Windowsill daydreaming steht exemplarisch für Whites Werk überhaupt. Die Fotografie ist bei ihm nicht mehr nur Wiedergabe der Welt. Sie ist Darstellung dessen, was sich an der Grenze zwischen innen und außen abspielt, und das der Künstler in besonders empfänglichen Momenten zu erfassen fähig ist. Zu diesem Konzept passt, dass Minor White die Seele des Künstlers einmal mit einem sensiblen Film verglich und damit die beiden Grundlagen seines fotografischen Werks, die Technik und den psychischen Prozess, miteinander kurzgeschlossen hat.

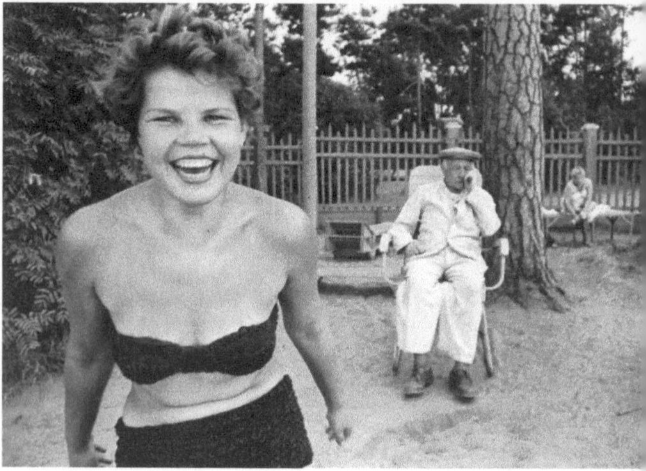

William Klein: Bikini, Moskau, 1959

William Klein: Bikini, Moskau

Die Fotobände, die William Klein (1926–2022) vier Weltstädten widmete, folgten unmittelbar aufeinander: *New York* (1956), *Rom* (1958), *Moskau* und *Tokyo* (beide 1964). Bereits auf seine Vaterstadt New York richtete Klein, der 1947 als amerikanischer Soldat nach Paris gekommen und dort wohnhaft geblieben war, einen fremden Blick. Stadt bedeutet für Klein das pulsierende Leben. Die meist mit einem 38-mm-Weitwinkelobjektiv gemachten Aufnahmen versuchen häufig, möglichst viele Menschen in unterschiedlichen Verrichtungen zusammen einzufangen. Auch das damals ungewöhnliche Layout, für das der Fotograf selbst verantwortlich zeichnete, kommt diesem Blick, der alles gleichzeitig erfassen will, entgegen: Die in harten Kontrasten abgezogenen Aufnahmen sind häufig auf Doppelseiten reproduziert oder in Sequenzen montiert. Anders als Henri Cartier-Bresson und anders auch als Robert Frank, die die Menschen in unbeobachteten Augenblicken zu überraschen pflegten, liebte es Klein, mit der Kamera offen auf sie zuzugehen. Und diese antworteten ihm häufig mit der gleichen Offenheit, wie es das ausgewählte Beispiel aus dem Band *Moskau* zeigt.

William Klein, der ursprünglich Maler werden wollte, war in Paris zuerst (wie vor ihm Cartier-Bresson) Schüler von André Lhote, dann von Fernand Léger. Auch wenn Klein später gerne beteuerte, er sei immer Maler geblieben, bedeutete für ihn die Entdeckung der Fotografie doch eine Art Befreiung: »Für einen, der von einer geometrischen *hard edge*-Malerei herkam, aus der die Außenwelt verbannt war, war die Fotografie wie ein offenes Fenster auf das Leben. Ich konnte zeigen, wie ich es sah und was ich darüber dachte.« So nimmt es auch kaum Wunder, dass William Klein später Assistent von Federico Fellini wurde und schließlich selbst als Regisseur von Dokumentar- und Spielfilmen arbeitete.

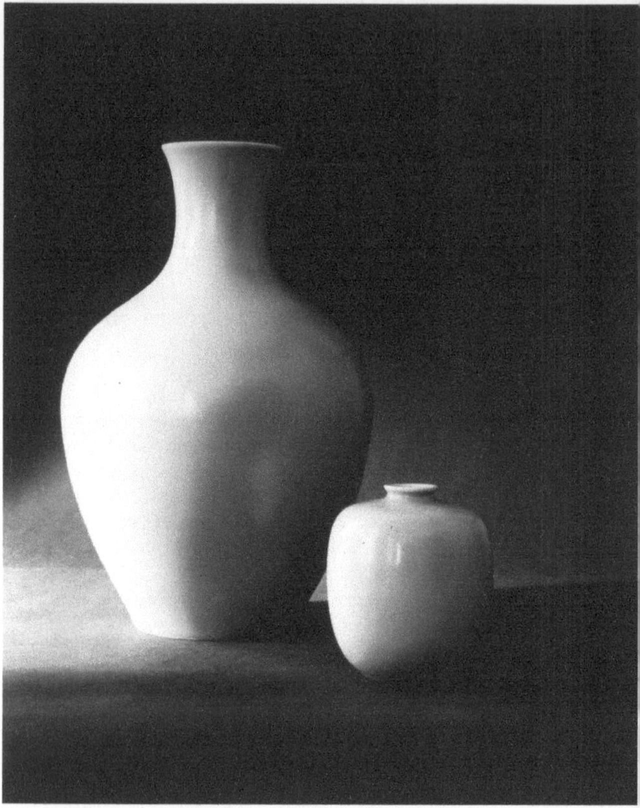

Willi Moegle: Zwei Porzellanvasen
(Arzberg 1512 und 1504), 1950er Jahre

Willi Moegle: Zwei Porzellanvasen

Die großen Firmen im Nachkriegsdeutschland ließen ihre Produkte für Kataloge, Werbung und Geschäftsberichte regelmäßig fotografisch dokumentieren. Die Fotografen entwickelten dabei – in der Tradition der Neuen Sachlichkeit – einen ebenso gepflegten wie nüchternen Stil. Einer der führenden Produktefotografen jener Zeit war der in Esslingen bei Stuttgart geborene Willi Moegle (1897–1989), der vor allem für Porzellan-, Glas-, Besteck- und Möbelhersteller arbeitete.

Der neusachliche fotografische Stil, der die Formqualitäten der Objekte zum Teil in abstrahierender Konsequenz unterstreicht, entspricht perfekt der Designideologie der ›guten Form‹ der 1950er Jahre. Er wurde damals auch in der fotografischen Ausbildung als Kerndisziplin gepflegt. Einer der wichtigsten und einflussreichsten Vertreter der neusachlichen Richtung war Hans Finsler, der nach seiner Tätigkeit an der Kunstgewerbeschule Burg Giebichenstein in Halle an der Zürcher Gewerbeschule die Fotoklasse leitete. In ihr haben u. a. auch die späteren Reportagefotografen Werner Bischof und René Burri die Grundlagen ihres Handwerks erlernt.

Fotografie ist bei Moegle und Finsler vor allem Kunst des Arrangements und der Ausleuchtung. Durch die Lichtinszenierung werden in der vorliegenden Aufnahme die beiden Vasen – mit ihren kontrastierenden Formen geschickt gepaart – doppelt definiert: Auf der linken Seite zeigen sie eine messerscharfe Kontur, während ihr Körper sich auf der rechten Seite im Schwarz des Raums auflöst. So werden die beiden Industrieprodukte gleichzeitig als Linienverläufe und als Volumen im Raum erfahrbar. In ihrer elementaren Bildsprache ruft die Aufnahme Prinzipien der fernöstlichen Ästhetik auf und verweist gleichzeitig auf Kompositionsregeln, wie sie damals in der nachkubistischen Malerei, etwa von Giorgio Morandi, gepflegt wurden.

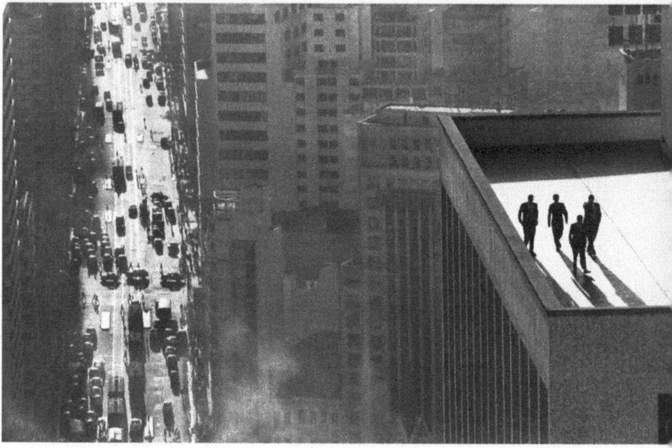

René Burri: Männer auf dem Dach, São Paulo, 1960

René Burri: Männer auf dem Dach, São Paulo

Hans-Michael Koetzle hat sich in seiner Monographie über René Burri (1933–2014) die Frage gestellt, weshalb gerade diese Aufnahme – neben dem zigarrenrauchenden Che Guevara – zu einer der bekanntesten des Schweizer Fotografen geworden ist. Worin liegt ihre Faszination, ihre Aussage, wenn sie denn überhaupt eine machen will? Was die Gattungszugehörigkeit betrifft, sind Burris Arbeiten Reportage-Fotografien. Sie zeigen die Welt angeblich »so wie sie ist«, aber sie leben – wie alle übrigen bedeutenden Beispiele dieser Gattung – nicht nur vom dargestellten, häufig exotischen Gegenstand, den sie zeigen. Die Legende, die Burri der Aufnahme beigegeben hat – »Männer auf dem Dach, São Paulo, 1960« – greift jedenfalls zu kurz. Sie mag, indem sie den Blick auf das markanteste Element der Aufnahme lenkt, den Einstieg in die Bildlektüre bezeichnen, mehr nicht. »Männer auf dem Dach« ist zu ergänzen durch »Autos auf der Straße«. Die beiden Gruppen erscheinen durch den gewählten Ausschnitt gegeneinander geführt. Der Gegensatz entwickelt sich in starken gestalterischen Kontrasten: Die vier Männer stehen rechts im Bild (oben in der Welt) in einem klar abgetrennten hellen Carré und werfen, selber schwarze Silhouetten, lange Schatten vor sich hin; die Autos bewegen sich im Verkehr links im Bild (unten in der Welt) in der Anonymität und verschwimmen gleichzeitig im Dunst der Ferne. Die Szene wird erst aufgrund ihrer klaren, die Aufnahme als ganze gliedernde Komposition bedeutungsvoll. Die Welt abbilden heißt für Burri, aber auch für viele seiner Kollegen vom Reportage-Fach, die Welt gestaltend zu erkennen. In den besten ihrer Werke können Gegenstand und Gestaltung nicht getrennt werden. Aus dem Zusammenspiel beider entsteht der Sinn.

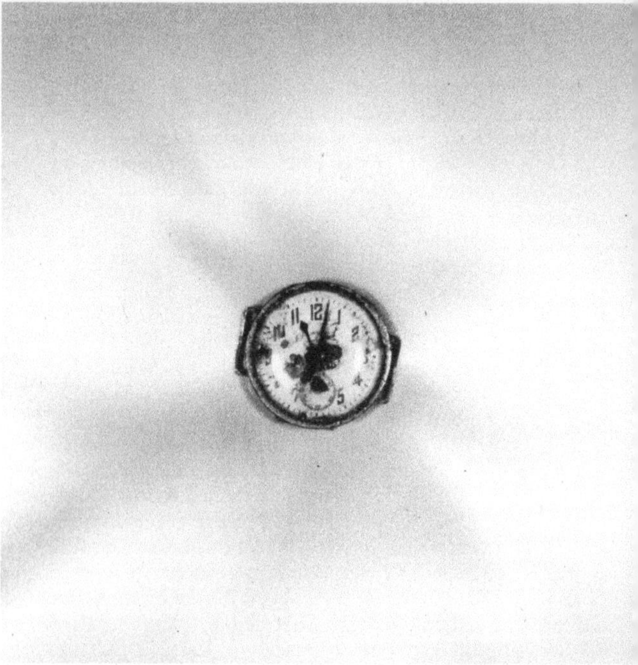

Shomei Tomatsu: 11 Uhr 02, Nagasaki –
Durch Atombombenabwurf angehaltene Armbanduhr, 1961

Shomei Tomatsu: 11 Uhr 02, Nagasaki

Mitten im quadratischen Bildfeld liegt auf einem feinen Kissen eine lädierte Armbanduhr. Der Seidenstoff wirkt wie eine Wolke, vor der die Uhr zu schweben scheint. Sie ist eine Reliquie im eigentlichen Sinn des Wortes: das Überbleibsel eines Menschen. Die Zeiger stehen auf 11 Uhr 02. Es ist die exakte Uhrzeit, an der am 9. August 1945 die zweite amerikanische Atombombe die japanische Hafenstadt Nagasaki zerstörte. 74 000 Personen wurden dabei getötet und etwa ebenso viele verwundet. Die Uhr wurde 700 Meter vom Epizentrum der Bombe ohne das Armband, ohne den Menschen, der sie trug, ausgegraben. Die Aufnahme stammt von Shomei Tomatsu (1930–2012), dem führenden japanischen Fotografen seiner Generation. Sie war ursprünglich Teil eines im Auftrag des *Council Against Atomic and Hydrogen Bombs* geschaffenen Portfolios. Auch in den übrigen Aufnahmen nimmt Tomatsu eine ähnliche ikonoklastische, durch indirekte Verfahren charakterisierte Position ein: Etwa wenn er eine durch die Gluthitze der Bombe verformte Bierflasche wie einen gehäuteten Tierkadaver präsentiert. Auf Porträts von verunstalteten Opfern hat Tomatsu – anders als Ken Domon, der im gleichen Band das Schicksal von Hiroshima dokumentierte – größtenteils verzichtet. Die Aufnahme der zerstörten Uhr diente schließlich als titelgebendes Umschlagbild für den 1966 publizierten Band *11:02 Nagasaki*, in dem Tomatsu seine Aufnahmen erneut publizierte. Die gewaltsam angehaltene Armbanduhr ist in ihrem medialen Status der Fotografie, dem Medium der Erinnerung, verwandt. Sie ruft das Ereignis nicht nur über die Spuren der Zerstörung wach, sie gibt ihm auch ein Datum und dadurch eine historische Wertigkeit: Nagasaki hat es gegeben.

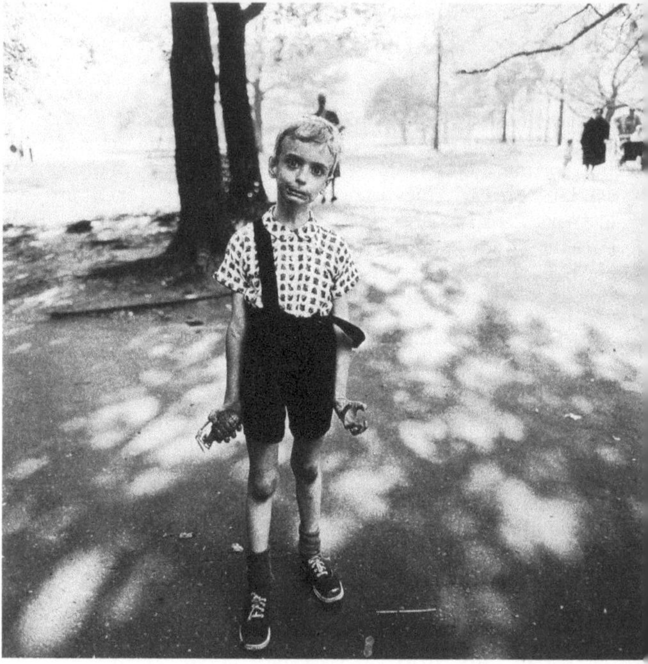

Diane Arbus: Junge mit Spielzeug-Handgranate
im Central Park, 1962

Diane Arbus:
Junge mit Spielzeug-Handgranate im Central Park

Die späten Porträt-Aufnahmen, die Diane Arbus (1923–1971) meist von Randfiguren der Gesellschaft – von Kabaretttänzerinnen, Prostituierten, Transvestiten, Nudisten, Freaks und Behinderten – machte, haben noch immer nichts von ihrer erschreckenden Intensität verloren. Arbus, zuvor als erfolgreiche Modefotografin tätig, fand ihren persönlichen Stil, nachdem sie Workshops der großen Porträtistin Lisette Model besucht hatte. Charakteristisch für Arbus' Spätwerk ist das ruhige Quadratformat und der direkte Blick der Porträtierten hin zur Kamera und damit zum Betrachter. 1972, ein Jahr nach Arbus' Freitod, zeigte das Metropolitan Museum die Bilder in einer der erfolgreichsten Ausstellungen ihrer Geschichte. Zu den verstörendsten der ganzen Serie gehört der Knabe mit der Spielzeug-Handgranate. Frontal, annähernd mittig steht der Junge mit bösem Gesichtsausdruck vor der idyllischen Kulisse des Parks. Subtile Asymmetrien verstärken den Ausdruck der Bedrohung und stellen ihn gleichzeitig in Frage. Einer der Hosenträger ist heruntergefallen, und der zur starren Faust geballten Rechten mit der Granate steht die leere, aber gleichermaßen verkrampfte Linke gegenüber. Die Haltung des Buben drückt ebenso sehr Selbstqual wie Bedrohung aus.

Die kürzlich publizierten Kontaktabzüge und die spätere Aussage des Abgebildeten belegen, dass der Junge vorerst fröhlich lächelnd und noch ohne Handgranate für die Fotografin posierte. Die drohende Haltung nahm dieser erst an, als es für ihn zu lange dauerte, bis Arbus den Auslöser betätigte. Diese Tatsache verringert den Wert der Aufnahme nicht. Erst der wütende und verkrampfte Ausdruck brachte den Dargestellten mit seinem seltsamen Spielzeug in Einklang und ergab so ein packendes Bild.

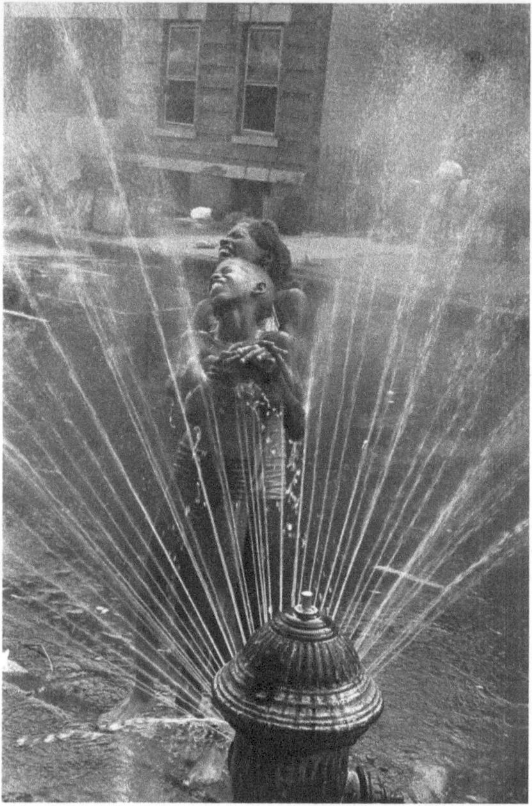

Leonard Freed: Harlem, N. Y., 1963

Leonard Freed:
Harlem, N. Y.

Wer im digitalen Archiv der Agentur Magnum nach den kombinierten Begriffen *New York*, *fire hydrant* und *water jet* sucht, dem werden mehrere Aufnahmen von verschiedenen Fotografen aus fünf Jahrzehnten angeboten, die den klassischen Zeitvertreib von New Yorker Kindern an heißen Sommertagen zeigen. Unter ihnen ist jedoch allein die mittlerweile berühmte Fotografie von Leonard Freed (1929–2006) fähig, die Lebensfreude der Beteiligten wirklich einzufangen. Die aufsteigende Wasserfontäne und die beiden Schwarzen – es ist eine Mutter, die sich mit ihrem Sohn zusammen dem Vergnügen hingibt – sind in der hochformatigen Fotografie in einer einzigen kompositorischen Geste aufeinander bezogen. Das Vergnügen ist als direkte Wirkung des kühlenden Nass erfahrbar. Es wäre jedoch falsch, diese einzige Aufnahme als repräsentativ für das fotografische Werk von Leonard Freed zu betrachten. Sie ist Teil eines umfassenden Projekts, das 1968 unter dem Titel *Black in White America* in Buchform erschien. Die Idee zu seiner großen Foto-Dokumentation kam Freed, der selber einer jüdischen Arbeiterfamilie in Brooklyn entstammte, in der Fremde. Als er einen schwarzen US-Soldat an der Berliner Mauer sah, bemerkte er: »Zu Hause kämpfen Afro-Amerikaner um ihre Bürgerrechte und hier in Deutschland ist ein schwarzer Soldat bereit, die USA zu verteidigen.«

Als Edward Steichen von Leonard Freed 1935 drei Aufnahmen für das Museum of Modern Art erwarb, gab er ihm den Rat, Amateur zu bleiben, am besten als Lastwagenfahrer. Freed hielt sich nicht an den Ratschlag, blieb aber ein *concerned photographer* im eigentlichen Sinne, einer der in seinen zahlreichen Reportagen in effektvollen Bildern Rassendiskriminierung und gesellschaftliche Gewalt jeder Art anprangerte.

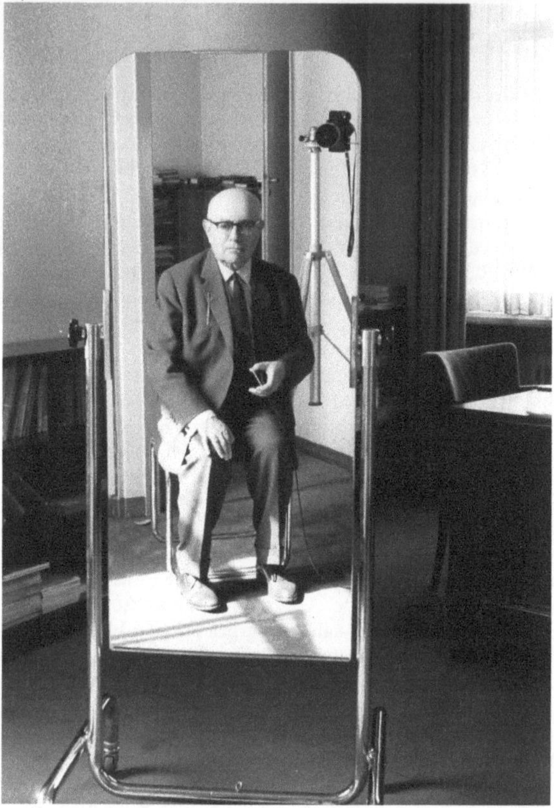

Stefan Moses: Theodor W. Adorno – »Selbst im Spiegel«, 1963

Stefan Moses: Theodor W. Adorno – »Selbst im Spiegel«

Der große Porträtist Stefan Moses (1928–2018) benutzte nach 1962 für eine Gruppe von Darzustellenden – Intellektuelle und Künstler – bisweilen eine besondere Anordnung, die darauf abzielte, die Porträtsitzung in eine Selbstporträtsitzung zu verwandeln. Moses nahm für die Aufnahme neben Stativ und Kamera zusätzlich einen großen Garderobespiegel und einen Drahtfernauslöser mit. Der zu Porträtierende wurde eingeladen, sich nach Gutdünken vor dem Spiegel zu installieren. Nachdem der Fotograf das mögliche Ergebnis durch den Sucher der Kamera im Rücken des zu Fotografierenden kontrolliert hatte, drückte er ihm den Fernauslöser in die Hand. Dieser hatte nun jede Freiheit, den ihm genehmen Ausdruck vor dem Spiegel kontrolliert zu wählen und den richtigen Moment für die Aufnahme zu bestimmen. Auf dieses Dispositiv, das die Porträtsitzung zu einem Ereignis zwischen Selbstreflexion und Selbstdarstellung macht, haben die einzelnen Personen ganz unterschiedlich reagiert. So blickt der Schriftsteller Erich Kästner, seine schwarze Angorakatze in den Armen, sich (und gleichzeitig uns) mit fröhlichem Lachen direkt in die Augen. Ganz anders das »Selbst im Spiegel« namens Theodor W. Adorno. Der Kodirektor des Frankfurter Instituts für Sozialforschung war – anders als sein Freund Walter Benjamin – kein Augenmensch, und in seinen Schriften fehlen gewichtige Äußerungen zur Fotografie. Adorno blieb, die Füße etwas verlegen gegen innen gewandt, beim Akt der Reflexion bei sich. »Wenn man sich in einem Spiegel betrachtet, sieht man sich entweder gesehen oder sehend, aber niemals beides zugleich«, hat der französische Philosoph Jacques Derrida einmal gesagt. Vor dieses Dilemma gestellt, scheint es der Frankfurter Kollege offenbar vorgezogen zu haben, erst gar nicht einmal genau hinzublicken.

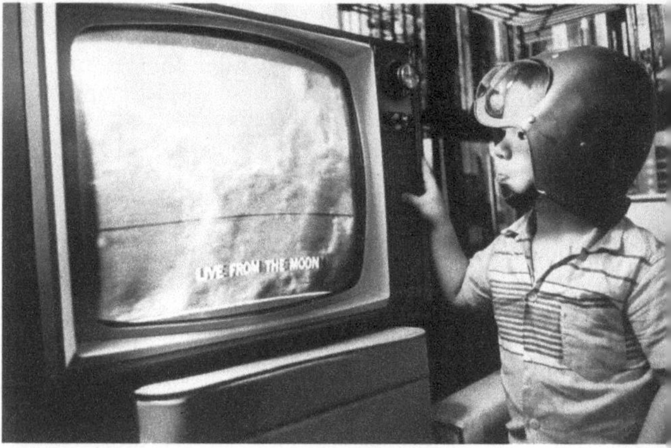

Anonym: Junge am TV bei der Direktübertragung vom Mond, 24. März 1965

Anonym: Junge am TV bei der Direktübertragung vom Mond

Der Kleine hat für das angekündigte Ereignis – es handelt sich um die unbemannte Ranger-9-Mission von 1965 – seinen Weltraumhelm aufgesetzt und blickt fasziniert in den Flimmerkasten. Eine mit Kratern übersäte Fläche war dort in einem schnellen Zoom für ein paar Sekunden zu sehen, weiter nichts. Es ist nicht ganz sicher, dass der junge Fernsehkonsument heute, als Erwachsener, noch daran glaubt, dass die grauen, unscharfen Bilder damals tatsächlich das zeigten, was die Einblendung vorgab: »LIVE FROM THE MOON«. Im Jahre 2000 waren sechs Prozent der US-Amerikaner der Ansicht, dass es sich bei der späteren, bemannten Apollo-11-Mission von 1969 um einen großen Betrug, einen *hoax*, gehandelt habe. Aufschlussreich ist, dass ausgerechnet die gestochen scharfen Farbaufnahmen, welche die NASA nach der Rückkehr der Astronauten verbreitete, den Zweiflern heute als Argumente dienen. Auf dem berühmten Bild, auf dem Buzz Aldrich die amerikanische Flagge salutiert, flattere die Flagge – auf dem windstillen Mond könne sie das doch gar nicht – und auch viele der Schatten, die die kleinen Mondkrater auf den Ektachromebildern werfen, seien falsch ausgerichtet. Vielleicht waren diese Bilder zu schön, um wahr zu sein. Die Lehre: Bilder können dazu eingesetzt werden, sich selbst und andere Bilder kritisch in Frage zu stellen – und: Die Beweiskraft fotografischer Bilder ist immer beschränkt, dies nicht erst seit dem Anbruch der digitalen Ära. Wer bezeugt denn, dass unsere rührende, anonyme Schwarzweiß-Aufnahme tatsächlich am 24. März 1965 aufgenommen worden ist und einen kleinen kalifornischen Jungen vor dem Fernseher im Augenblick der Direktübertragung vom Mond zeigt? Wir lesen es in der von der Agentur mitgelieferten Legende.

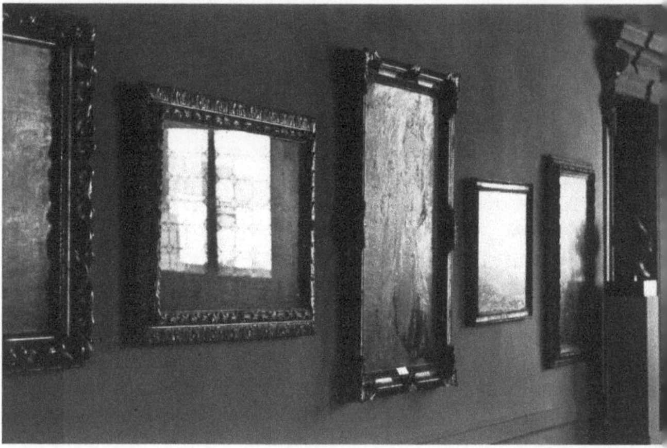

Elliott Erwitt: »Venice«, 1965

Elliott Erwitt: »Venice«

Unser alltägliches Sehen ist von Stereotypen geprägt, die uns ohne viel Aufwand eine fraglose Orientierung in der Welt ermöglichen. Wir gliedern die Dinge nach den bekannten Kategorien und wissen dann auch gleich, wie wir uns ihnen gegenüber zu verhalten haben. Als beständiges Unterlaufen der Stereotypen des gewöhnlichen Sehens kann das Werk des Amerikaners Elliott Erwitt (*1928–2023) verstanden werden. Die 1965 in einer Kunstsammlung in Venedig entstandene Aufnahme zeigt dies exemplarisch. Wer einen mit Naturlicht beleuchteten Museumssaal betritt, um Kunst zu sehen, hat gelernt, vieles zu übersehen. Er wird sich so positionieren, dass er die Reflexe, die von den mit Glas geschützten Gemälden zurückgeworfen werden, nicht mehr wahrnimmt. Er wird den Schatten ausschalten, den sein Körper auf die Bilder wirft, und er wird sich so plazieren, dass er das Dargestellte und nicht mehr die Faktur der mit Ölfarbe bestrichenen Leinwand sieht. Doch all diese Störungen – Spiegelungen, Schattenwürfe und Oberflächenstrukturen – machen paradoxerweise gerade das seit dem Impressionismus kultivierte künstlerische Sehen aus. Diesen Widerspruch exponiert Elliott Erwitts *Venice*. Es ist ein Bild von unsichtbar gemachter Kunst und gleichzeitig eine Demonstration des neuen künstlerischen Sehens.

Das Infragestellen der Sehkonventionen öffnet auch dem Humor das Feld der Fotografie. Als Elliott Erwitt von der *New York Times* den Auftrag bekam, für die Sonntagsbeilage Frauenschuhe zu fotografieren, entschied er sich dazu, sie aus der Perspektive eines Hundes aufzunehmen, weil diese doch mehr Schuhe als jedermann sonst wahrnehmen würden. Die Hundeperspektive gefiel dem Fotografen Erwitt so gut, dass sie mittlerweile zu einem seiner Markenzeichen geworden ist.

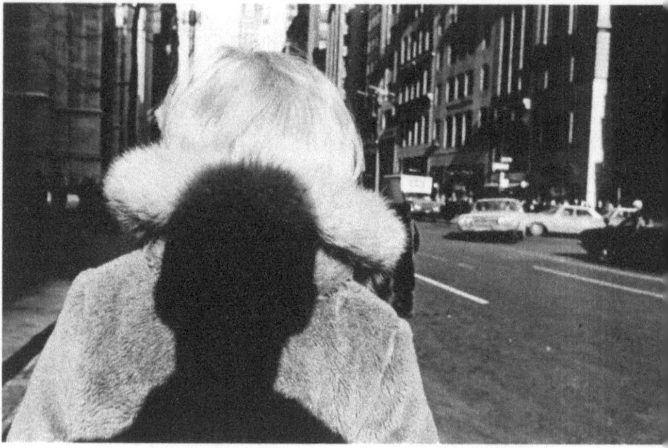

Lee Friedlander: New York City, 1966

Lee Friedlander:
New York City

Eines der langlebigsten Denkmuster, das die Geschichte der Fotografie seit ihren Anfängen begleitet, ist die Charakterisierung des Mediums als eines gleichsam autorlosen, natürlichen, automatisch mit Hilfe einer Apparatur hervorgebrachten ›objektiven‹ Bildes. In fast obsessioneller Beharrlichkeit hat der amerikanische Fotograf Lee Friedlander (*1934) in seinem Werk gegen diese Vorstellung angekämpft. Es gibt wohl kaum ein anderes Werk, in dem die Position des Fotografen so häufig und mit so vielfältigen Mitteln in den Aufnahmen selbst sichtbar gemacht wird. Dabei geht es weniger um die narzisstische Selbstdarstellung des Fotografen im Modus des Selbstporträts, was eigentlich nur als ein weiterer ›Beweis‹ für die Objektivität des Mediums gedient hätte. Vielmehr versucht Friedlander immer wieder im Akt der Fotografie die Stelle sichtbar zu machen, die er selbst in dem Augenblick einnimmt, in dem er die Welt mit Hilfe seiner Leica im Netz der Fluchtpunktperspektive einfängt. Dies geschieht entweder durch die Präsenz zufälliger Spiegelungen in einer technisierten, an Verglasungen und polierten Oberflächen reichen städtischen Umgebung oder aber – wie in dieser Aufnahme, die mittlerweile zu einer Art Markenzeichen Friedlanders geworden ist – durch seinen eigenen Schattenwurf. Die Einschreibung des Autors ist ungewöhnlich komplex. Der männliche Schatten wirkt wie ein Double des Fotografen, das – von ihm beobachtet und gesteuert – sich an die Frau heftet und diese während ihres Ganges durch die Straßen von New York verfolgt. Durch die fluchtenden Häuserzeilen erscheint sie wie eingefasst. Dass es in der Zone des Pelzkragens der Frau zu einer Art Verflechtung mit den Haaren des fotografierenden Verfolgers kommt, unterstreicht das Unheimliche der Aufnahme zusätzlich.

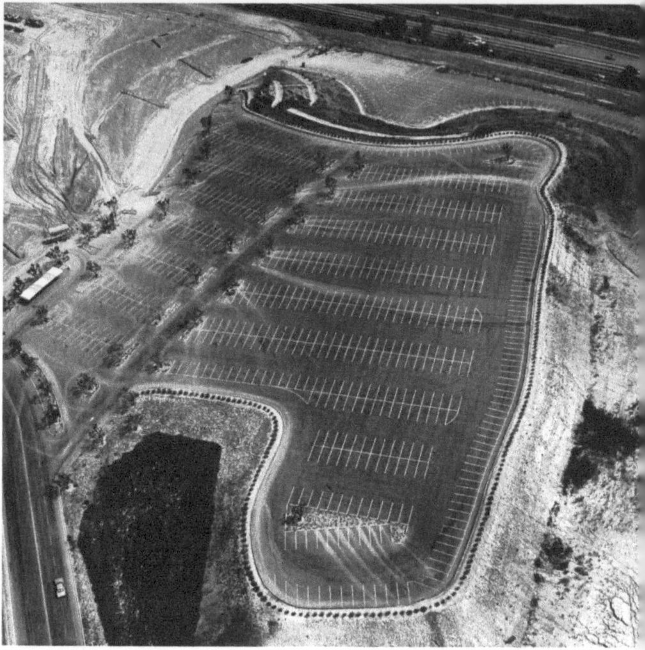

Ed Ruscha: Parking Lot Universal Studios,
Universal City, 1967

Ed Ruscha: Parking Lot Universal Studios, Universal City

Als Ed Ruscha (* 1937) nach seiner Kunstausbildung als 24-Jähriger Europa bereiste, bestieg er in Venedig den Campanile von San Marco und machte eine eigentümliche Aufnahme: Im Blick von oben erscheint die menschenleere Piazza als ein komplexes Muster, gebildet aus den Schmucklinien des Bodenbelags, den regelmäßig angeordneten Tischen der Cafés und der riesigen, das ganze Bild quer durchziehenden Fassade der Procurazie vecchie. Den gleichen distanzierten Blick auf die urbane Welt zeigen die mittlerweile berühmten, als Inventare konzipierten frühen *artist books*, die Ruscha seinem Wohnort Los Angeles gewidmet hat: *Twentysix Gasoline Stations* (1963), *Some Los Angeles Apartments* (1965), *Every Building on the Sunset Strip* (1966) in der Form eines 7,60 m langen gefalteten Panoramastreifens und *Thirtyfour Parking Lots in Los Angeles* (1967). Für das zuletzt genannte Projekt bestieg Ed Ruscha an einem Sonntagmorgen zusammen mit einem professionellen Kollegen einen Helikopter, um die Parkanlagen großer Firmen in Los Angeles und Umgebung aufzunehmen. Zu sehen waren riesige Bilder im Stil der damaligen Avantgardekunst: mit Fischgratmustern regelmäßig markierte Flächen ohne Autos, »eine Sammlung von Ready-mades«, wie Ruscha sie nannte.

Ed Ruschas Blick auf die Stadt hebt sich von demjenigen der damaligen Vertreter der *street photography* wie William Klein und Garry Winogrand dezidiert ab. Die Stadt ist nicht das unkoordinierte Gewusel der Masse oder das Häusermeer, in dem sich der Einzelne verliert, sondern ein nahezu abstraktes Gebilde, in dem der Mensch seine rätselhaften repetitiven Spuren zurückgelassen hat. Ein ähnlicher Blick auf die Welt liegt den Aufnahmeserien von Gebäuden und Industrieanlagen zugrunde, die Bernd und Hilla Becher wenig später in Angriff nehmen sollten.

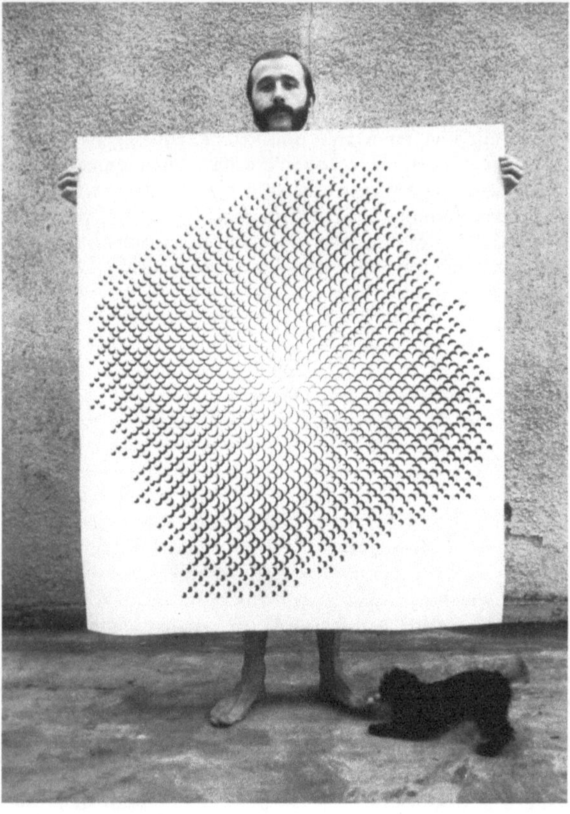

Ursel Jäger: Gottfried Jäger präsentiert seine
»Lochblendenstruktur 3.8.14 F«, 1968

Ursel Jäger: Gottfried Jäger präsentiert seine »Lochblendenstruktur 3.8.14 F«

Auf einem bestimmten Typus von mittelalterlichen Weltkarten, z.B. der Ebstorfer Weltkarte (um 1300), zeigt Gottvater die auf einer Karte gezeichnete Erdoberfläche dem Betrachter so, dass nur noch sein Kopf, seine Hände und seine nackten Füße sichtbar sind. So wie Gott in diesen *mappae mundi* die Welt als sein Werk präsentiert, präsentiert auf dieser als Pressebild hergestellten Aufnahme Gottfried Jäger (* 1937) eine seiner Fotografien als ein von ihm geschaffenes, autonomes Gebilde. Jäger zeigt uns eine »Lochblendenstruktur«, ein Werk der generativen Fotografie, wie der Autor seine Arbeiten mit einem dem Theoretiker der konkreten Kunst, Max Bense, entlehnten Begriff bezeichnet. Die vorgezeigte Fotografie ist – wie eine ganze Reihe von vergleichbaren Arbeiten – in einer Camera obscura als Folge der geregelten, systematischen Veränderung der Lichtöffnung entstanden. Die »Lochblendenstrukturen« sind wie fast alle übrigen fotografischen Arbeiten Jägers Werke der konkreten Kunst, die die Welt – anders als die Fotografie dies üblicherweise tut – nicht abbilden, sondern ihr ein Analogon entgegenstellen wollen.

Gottfried Jäger, der bis 2002 an der Fachhochschule Bielefeld unterrichtete, schuf ein umfassendes, der konkreten Ästhetik verpflichtetes fotografisches Werk. In zahlreichen Techniken lotete er die Möglichkeiten einer nicht referentiellen Fotografie aus, wobei unterschiedliche schöpferische Verfahren zum Einsatz gelangten. Auf freie, intuitive Kompositionen folgten die mit Hilfe generativer Systeme konzipierten Lochblendenstrukturen und »Wellenfelder«, »Fotografien der Fotografie«, schließlich – seit 1971 – auch zufallsgenerierte Arbeiten. Klassische Fotografien mit einem indexikalischen Bezug zur Wirklichkeit, sogenannte »Kamerafotografien«, spielen im Werk von Gottfried Jäger eine untergeordnete Rolle.

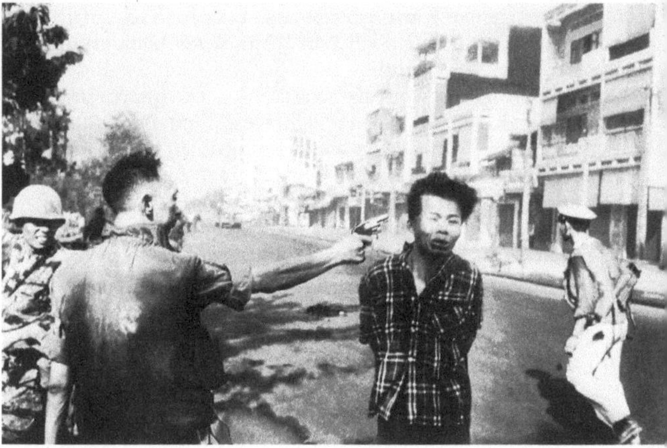

Eddie Adams: General Nguyen Ngoc Loan
erschießt einen Vietkong-Gefangenen
in den Straßen von Saigon, 1. Februar 1968

Eddie Adams: General Nguyen Ngoc Loan erschießt einen Vietkong-Gefangenen in den Straßen von Saigon

Zwei Fotografien haben vermutlich mehr als alle öffentlichen Proteste und Reden die Einstellung der Öffentlichkeit gegenüber der amerikanischen Intervention in Vietnam verändert: Das 1972 entstandene Bild von Nick Ut mit dem nackten Mädchen, das nach einem Napalmangriff aus seinem Dorf flieht, und die hier ausgewählte, vier Jahre ältere Aufnahme. Als der amerikanische Pressefotograf Eddie Adams (1933–2004) in den Straßen von Saigon sah, wie ein Mann auf einen gefangenen Vietkong zuging, um ihm seine Pistole auf den Kopf zu richten, hielt er dies für eine übliche Drohgebärde und drückte auf den Auslöser. Es war jedoch exakt der Moment, in dem die Kugel aus der Pistole des Polizeichefs von Saigon, General Nguyen Ngoc Loan, den Schädel des Gefangenen, Nguyen Van Lem, durchbohrte. Die Szene der Erschießung wurde zufällig auch gefilmt; doch es war die Fotografie mit dem eingefrorenen Sekundenbruchteil der eigentlichen Hinrichtung, die eine unerwartete Wirkung entfaltete. Schon am gleichen Tag, dem 1. Februar 1968, stand das Bild auf der Frontseite einer amerikanischen Abendzeitung, um dann um die Welt zu gehen.

Adams war über den Erfolg dieser *einen* Fotografie – er gewann mit ihr den renommierten Pulitzer-Preis – nicht glücklich. Er habe den General mit seiner Kamera getötet, urteilte Adams später. Dieser hatte nach seiner Flucht vor den Vietkong in Virginia eine Pizzeria eröffnet. Doch nachdem seine Identität bekannt geworden war, blieben die Kunden aus. »Momentaufnahmen sind die mächtigsten Waffen der Welt. Die Leute glauben ihnen. Doch Fotografien lügen immer, auch wenn sie nicht manipuliert sind«, so nochmals Adams.

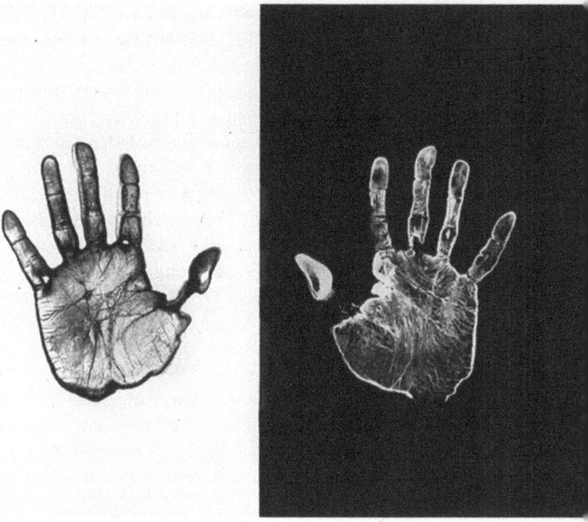

Ugo Mulas: Überprüfung 7 – Die Dunkelkammer
(»Verifica 7 – Il laboratorio«), 1970–72

Ugo Mulas: Überprüfung 7 – Die Dunkelkammer

Im Jahre 1970 begann der italienische Fotograf Ugo Mulas (1928–1973) – er ist vor allem bekannt durch seine Künstlerporträts, die seit 1954 hauptsächlich an den Biennalen in Venedig entstanden – ein ungewöhnliches Projekt. In einer 14teiligen Serie, die er *Verifiche* (»Überprüfungen«) nannte, setzte er sich zum Ziel, »die grundlegenden Operationen der Fotografie und ihre Bedeutungen« in elementaren Versuchsanordnungen nachzuvollziehen: die chemischen Prozesse, den Gebrauch der Apparate wie der Linsen, aber auch die Rolle der Bildlegenden in der Fotografie. Die hier ausgewählte *Verifica 7 – Il laboratorio* (»Überprüfung 7 – Die Dunkelkammer«) trägt den Untertitel »Eine Hand entwickelt, die andere fixiert – Hommage an Sir John Frederick Herschel«. Da in der Dunkelkammer immer die Hände mit im Spiel sind, wählte Mulas sie als Protagonisten der Rekonstruktion eines Experiments des berühmten englischen Astronomen, das die Möglichkeit der Fixierung des lichtgenerierten Bildes bewies. Dazu entschied sich Mulas für das Verfahren des direkten Abdrucks. Die in die Entwicklerflüssigkeit getauchte Hand hinterließ auf dem Blatt, das zuvor dem Licht exponiert worden war, sofort ihre Spur; die Hand, die in die Fixierflüssigkeit getaucht war, wurde hingegen erst sichtbar, nachdem die entsprechende Blatthälfte entwickelt worden war. Was wie ein Positiv und ein Negativ der gleichen Hand aussieht, sind die in unterschiedliche Chemikalien getauchten Abdrücke der beiden Hände des Fotografen.

Mit ihrer konzeptuellen Strenge passte Mulas' mit Kommentaren versehene Serie der *Verifiche* genau in die vom Kunstkritiker Germano Celant propagierte Bewegung der *arte povera*, die die italienische Kunstszene damals beherrschte. Mulas' späte Arbeit ist bis heute eine der konsequentesten Reflexionen der Fotografie über ihre eigenen materiellen und ideellen Grundlagen geblieben.

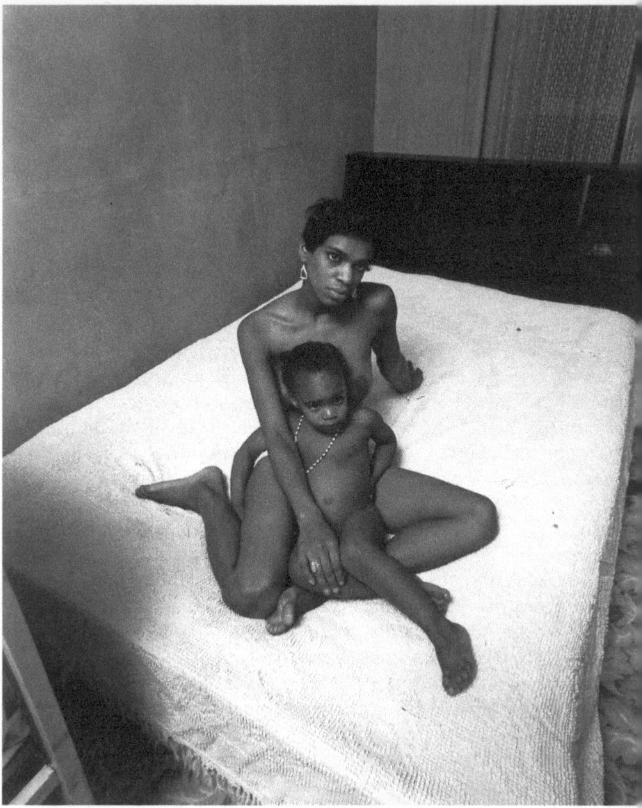

Bruce Davidson: East 100th Street, 1970

Bruce Davidson: East 100th Street

Das Fotografieren von Menschen – wir vergessen dies leicht, wenn wir das Resultat, ein Porträt oder eine Straßenszene, in der Hand halten – ist eine merkwürdige Form von menschlicher Kommunikation. Das Gegenüber, mit dem sich der Porträtierte im Augenblick der Aufnahme konfrontiert sieht, ist nicht wie wir ein bloßer Betrachter. Dieser war ausgerüstet mit einer Maschine, die lange so aussah wie ein Menschenersatz: ein einäugiger Zyklop auf drei Beinen, bekleidet mit einem schwarzen Tuch. Die Präsenz des Apparats kann – im sogenannten Schnappschuss oder bei versteckter Kamera – überspielt werden. Meist aber ist sie unübersehbar, und der Fotograf hat Strategien zu entwickeln, die trotz der Künstlichkeit der Situation zu einem für die Betrachter stimmigen Resultat führen.

Ende 1966 begann Bruce Davidson (* 1933), der bereits mit einer Reportage über die *Brooklyn Gang* hervorgetreten war, ein besonders ehrgeiziges und schwieriges Projekt. Er wollte Menschen in ihren Wohnungen porträtieren, die in der East 100th Street von Ost-Harlem, dem schlimmsten Block von New York, lebten. Und er tat dies mit einer großen Studiokamera auf einem schweren Stativ, um eine ausreichende Tiefenschärfe und möglichst großen Detailreichtum zu erreichen. Die Arbeit dauerte bei fast täglichem Einsatz zwei Jahre, in denen sich Davidson den Bewohnern des Elendsviertels so näherte, dass er sie in ihren Wohn- und Schlafräumen zum Teil in intimen Posen porträtieren konnte. Das ausgewählte Porträt einer nackten schwarzen Mutter mit ihrer Tochter, das 1970 im mittlerweile berühmten Band *New York 100th East* publiziert wurde, ist auch deshalb ein Dokument der menschlichen Würde, weil hier die Präsenz des Fotografen nicht verheimlicht wird.

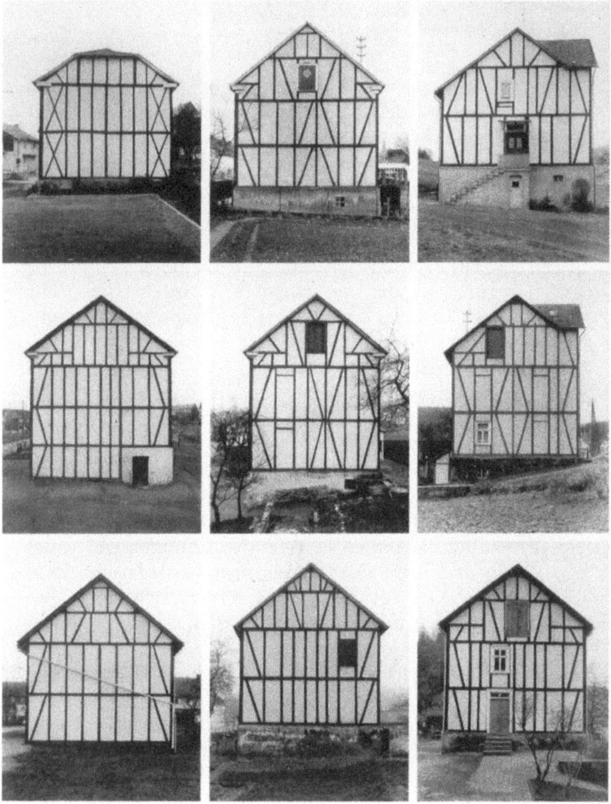

Bernd und Hilla Becher: Fachwerkhäuser im Siegener Industriegebiet, 1959–1972

Bernd und Hilla Becher: Fachwerkhäuser im Siegener Industriegebiet

Die Dokumentation von Fachwerkhäusern war das erste Projekt, das der als Maler ausgebildete Bernd Becher (1931–2007) und die gelernte Fotografin Hilla Becher (1934–2015) in den 1950er Jahren gemeinsam in Angriff nahmen. Spätere Werkserien waren dann anonymen Industriebauten und -anlagen wie Hochöfen, Wassertürmen und Gasbehältern gewidmet. Die wenn möglich bei bedecktem Himmel aufgenommenen Objekte wurden in Fotobänden mit knappen Kommentaren versehen ganzseitig publiziert. Für Ausstellungen hingegen arrangierten die Bechers häufig mehrere Beispiele des gleichen Gebäudetyps in rasterförmig angeordneten Gruppen. Die einzelnen Objekte werden so in der Bandbreite ihrer individuellen Variationen erfahrbar. Doch die fotografischen Serien von Bernd und Hilla Becher sind keine individuellen künstlerischen Setzungen. Das Instrument der Fotografie diente ihnen dazu, Bauten in Szene zu setzen, die vorerst nicht unter dem Vorzeichen der Ästhetik entstanden sind. So gehorchen die zwischen 1870 und 1914 gebauten Fachwerkhäuser im Siegener Braunkohlerevier mit der durchgehend gleichen Balkendicke einem Gesetz, das die Schonung des Baumbestandes zum Ziel hatte. Dass die Liniennetze der dunklen Balken mit den dazwischen gesetzten Tür- und Fensterflächen an die späten Kompositionen Mondrians erinnern, ist freilich nicht zu übersehen.

Bernd Becher leitete nach 1976, unterstützt von seiner Frau Hilla, eine Fotoklasse an der Düsseldorfer Kunstakademie. Zusammen begründeten sie die ›Düsseldorfer Schule‹. Thomas Struth, Andreas Gursky, Thomas Ruff und viele weitere bedeutende Fotografen haben ihr Handwerk bei den Bechers erlernt und gleichzeitig den Sinn für konzeptionelles Arbeiten von ihren Lehrern übernommen und weiterentwickelt.

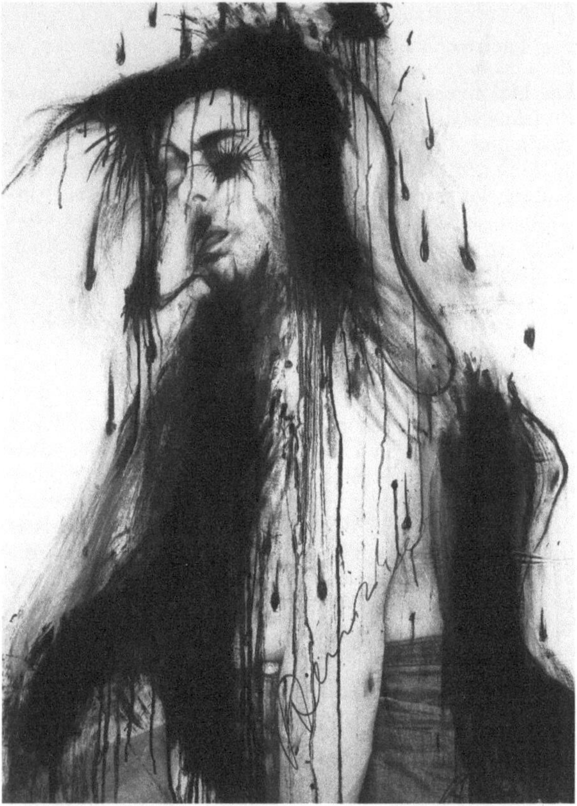

Arnulf Rainer: Schwarze Rinnen (Übermalung), 1973
Farbkreiden und Tusche über Fotografie, 122 × 87 cm
Wien, Graphische Sammlung Albertina

Arnulf Rainer: Schwarze Rinnen (Übermalung)

Die Übermalungen von Arnulf Rainer (* 1929) sind beides: Fotografie und Malerei. Ausgangspunkt ist eine fotografische Vorlage. Meist ist es – wie im vorliegenden Fall – ein vor dem Spiegel entstandenes Selbstporträt, in dem der Künstler die Möglichkeiten des Ausdrucks jenseits der konventionellen Gestensprache ausgelotet hat. Im Prozess des Übermalens wird das, was in der Fotografie angelegt ist, verdeutlicht, weiterentwickelt, aber auch konterkariert: »Ich kämpfe gegen mein eigenes Bild, sofern es ungenügende Qualität hat, also mich fad oder dumm anschaut. Ich reize es, damit es wächst, kräftiger und stärker wird als ich selbst. Ich werfe ihm den Fehdehandschuh hin, damit es sich aufplustert. Ich will mit dem Bild einen interessanten Duett- und Duellpartner erschaffen. Erst wenn es mir überlegen ist, gebe ich auf. Maler basteln sich so ihre eigenen Unter- oder Übermenschenattrappen, stellen sie statt ihrer Person in die Öffentlichkeit. So werden sie geachtet, respektiert, gefürchtet«, so der ironische Selbstkommentar des Künstlers. Arnulf Rainers Ansatz ist mit dem von Cindy Sherman verwandt. Doch anders als der amerikanischen Kollegin geht es Rainer nicht um ein bloßes Rollenspiel. Die Übermalung ist ein Akt der Aggression gegen das fotografische Bild und damit auch gegen die dargestellte eigene Person. Denn in dem Maße, wie die Übermalung den Ausdruck des fotografierten Selbst verdeutlicht, löscht es dieses auch aus. So ist mitunter von der zugrunde gelegten Fotografie kaum mehr etwas zu erkennen. Wichtig an Rainers Arbeiten sind die gestische Natur der Malerei und ihre Materialität, die gerade das betonen, was dem Medium der Fotografie abgeht. So situieren sich Rainers Übermalungen, was das Verhältnis von Malerei und Fotografie betrifft, am anderen Pol des Piktorialismus: Nicht Mimikry und Vermählung sind angesagt, sondern kämpferisches Sichhochschaukeln der beiden Medien.

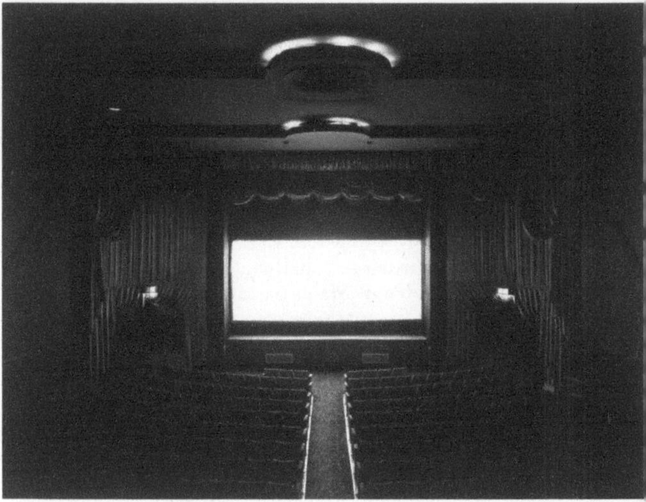

Hiroshi Sugimoto, Trylon, New York, 1976

Hiroshi Sugimoto: Trylon, New York

Wie kaum ein anderer zeitgenössischer Fotograf reflektiert der Japaner Hiroshi Sugimoto (* 1948) in seinem Werk das Medium der Fotografie selbst, die er im etymologischen Sinne und im Sinne ihrer Produktionsbedingungen als ›Lichtschrift‹ versteht. Bekannt sind Sugimotos Schwarzweiß-Aufnahmen der Meeresoberfläche in wechselnden Lichtverhältnissen – abstraktere Versionen von Le Grays Meeresbildern – oder seine Aufnahmen von Bauten der klassischen Avantgarde, die er in bewusst unscharfen Aufnahmen als Licht-Schatten-Phänomene untersucht. Seit 2001 arbeitet Sugimoto an einer Serie, die den Interieurs von alten amerikanischen Kinopalästen gewidmet ist. Es sind sogenannte ›Lichtspieltheater‹, die, was die Typologie ihrer Ausstattung betrifft, noch weitgehend den klassischen europäischen Opern- und Theaterbauten verpflichtet sind. Doch Sugimotos Aufnahmen sind nicht einfach gut ausgeleuchtete Aufnahmen der pompösen Interieurs mit ihrem dekorativen Firlefanz. Die Kinosäle sind – gleichsam in ihrer natürlichen Beleuchtung – während der ganzen Projektionszeit eines Films aufgenommen. Der Raum erscheint in einem diffusen Licht, und auf der Leinwand ist der Film als ›Summe‹ sichtbar, d.h. man sieht eine leuchtend weiße rechteckige Fläche im Format der Filmprojektion. Das leuchtende Rechteck hat eine ganze Story – Musical, Krimi oder Western – aufgeschluckt. Geblieben ist der gebaute Raum mit seinen Sitzgelegenheiten, das kinematographische Dispositiv, das indifferent ist gegenüber dem, was das rhythmisch bewegte Licht dem Betrachter vorgegaukelt hat. Sugimotos Fotografien machen aus dem Lichtspieltheater eine große Camera obscura. An der Stelle der filmischen Fiktion erscheint jetzt auf der Leinwand der einzig reale Akteur des Films: das Licht.

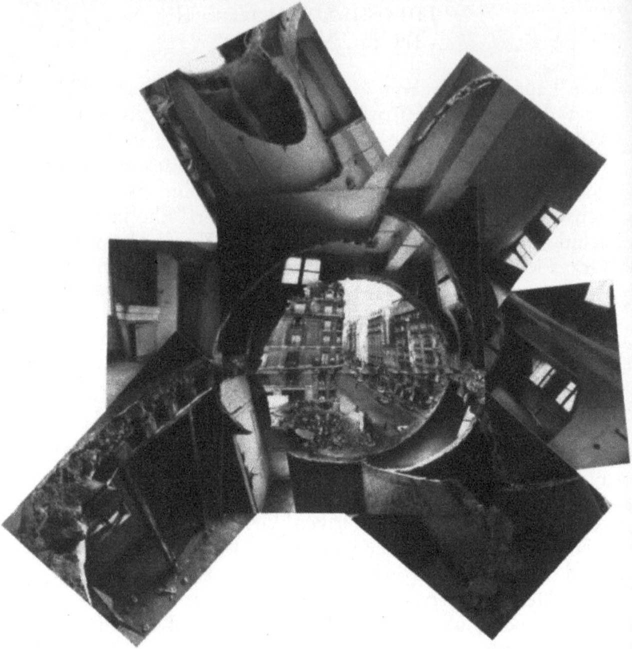

Gordon Matta-Clark: »Conical Intersect«, 1975
Collage

GORDON MATTA-CLARK: »Conical Intersect«

Kunst war nicht länger mehr das, was in Museen und Galerien auf Podesten präsentiert wurde und an den Wänden hing. Aktuelle Kunst, das waren seit den 1960er Jahren vor allem Ereignisse: *happenings*, *actions*, *performances*. So bestrich am 9. März 1960 Yves Klein unter Begleitung eines Streicherensembles in einer Pariser Galerie die Körper nackter Frauen mit seinem International Klein Blue, um mit ihnen anschließend riesige Farbdrucke herzustellen. Im Mai 1974 verbrachte Joseph Beuys in New York drei Tage und drei Nächte mit einem Kojoten zusammen in einem Käfig. Dass wir von diesen Ereignissen wissen, verdanken wir manchmal nur den erhaltenen materiellen Spuren und Berichten von Zeitzeugen. Vor allem aber sind es die Fotografien, die ihnen den Status von kunstgeschichtlichen Ereignissen verliehen haben. Auch die wichtigsten Arbeiten des jung verstorbenen Amerikaners Gordon Matta-Clark (1943–1978) existieren heute nur noch indirekt, über Filme und Fotografien, die er davon hergestellt hat. Anlässlich der Biennale in Paris 1975 konnte Matta-Clark eine seiner großen Raumarbeiten realisieren, die er selbst in einer Verbindung von *architecture* und *anarchy* als »anarchitecture« bezeichnete. Den Konturen eines riesigen imaginären Kegels entlang ließ er in einem zum Abbruch bestimmten Haus im Marais-Quartier einen Hohlraum herausschneiden. Dieser brach die Trennmauern, Wände und Böden zwischen den einzelnen kubischen Wohnräumen mit kreisförmigen und elliptischen Schnitten auf und hob so die Grenzen zwischen den von Individuen bewohnten Innenräumen und dem sozialen Außenraum auf. Die Fotografien, Filme und Collagen, die Matta-Clark von seiner ephemeren Intervention hergestellt hat, haben diese paradoxerweise wieder in klassische Kunstwerke transformiert, die nach den überkommenen Regeln ausgestellt, publiziert und vermarktet werden können.

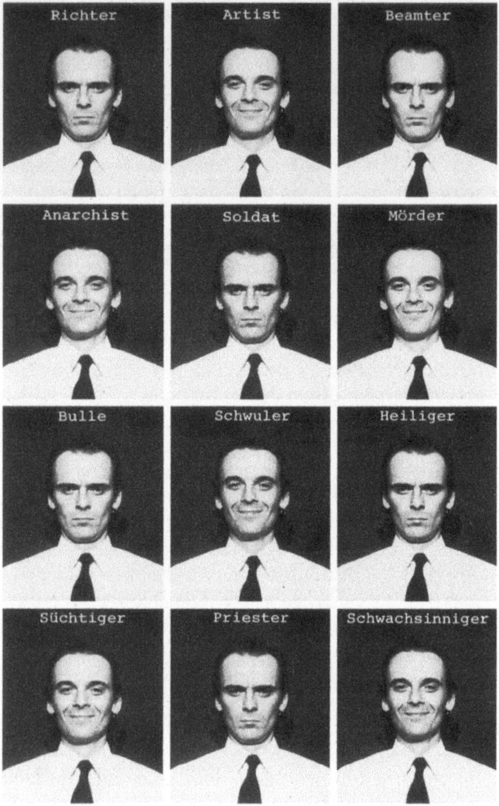

Jürgen Klauke: Das menschliche Antlitz
im Spiegel soziologisch-nervöser Prozesse, 1976/77
12teiliges Fototableau, je 60 × 50 cm

Jürgen Klauke: Das menschliche Antlitz im Spiegel soziologisch-nervöser Prozesse

Auf der Startseite des Webauftritts von Jürgen Klauke (* 1943) erscheint eines seiner bekanntesten Werke, eine Fotoarbeit von 1976/77. Der Name des Künstler-Fotografen »JÜRGEN KLAUKE« ist dabei an die Stelle des ursprünglichen Titels *Das menschliche Antlitz im Spiegel soziologisch-nervöser Prozesse* getreten. Das 12teilige Fotomosaik verteilt in der Art eines Schachbretts im systematischen Wechsel zwei Selbstporträts: Klauke einmal mit forciert-fröhlichem, einmal mit finster-verkniffenem Ausdruck. Die beiden Porträttypen sind jedoch mit zwölf unterschiedlichen, in Schreibmaschinenschrift gesetzten Begriffen überschrieben, die besonders prägnante soziale Typen und Berufsgruppen bezeichnen. Durch die Bild-Text-Bezüge werden die gesellschaftlichen Stereotypen in ironischer Weise gleichzeitig bekräftigt und in Frage gestellt: Die finster blickenden Gesichter sind konsequent mit den Namen der sozial positiv gewerteten Berufe »Richter, Beamter, Soldat, Bulle, Heiliger, Priester« überschrieben, die fröhlichen Gesichter mit den Namen der gesellschaftlichen Außenseitertypen »Artist, Anarchist, Mörder, Schwuler, Süchtiger, Schwachsinniger«.

Das im vorliegenden Werk aufgeführte Rollenspiel ist charakteristisch für Klaukes übrige künstlerische Arbeiten, die unter dem Begriff ›konzeptuelle Fotografie‹ subsumiert werden können. In größeren Werkserien, die Titel wie »Sehnsuchtsbefall«, »Entscheidungsnotstand« und »Annäherungsakrobatik« tragen, hat der Künstler – auch hier meist unter Einsatz seines eigenen Körpers – in sorgfältig kalkulierten Posen menschliche Extremzustände ausgelotet. Zahlreiche seiner Werkgruppen hinterfragen in der Tradition der Bodyart die Geschlechteridentität als soziales Zuweisungssystem. Jürgen Klauke tritt seit 1975 auch regelmäßig in Live-Performances auf.

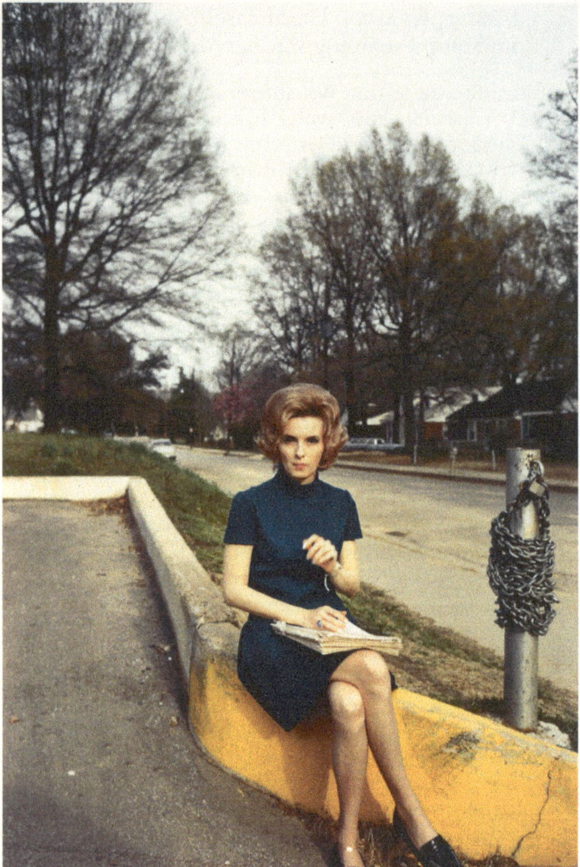

William Eggleston: Memphis, 1969–71

WILLIAM EGGLESTON: Memphis

Die farbige Fotografie, der Versuch, die Welt in ihrer ganzen optischen Vielfalt wiederzugeben, hat eine lange Geschichte. Bereits die Daguerreotypien, dann die Papierkopien wurden regelmäßig koloriert. 1905 stellten die Brüder Auguste und Louis Lumière das Autochrome-Verfahren vor, mit dem die Welt als farbige Erscheinung ohne handwerkliche Eingriffe festgehalten werden konnte. Als zu Beginn der 1930er Jahre die Illustrierten in Farbe gedruckt wurden, stieg der Bedarf an entsprechenden Vorlagen. Der Siegeszug der Farbfotografie setzte aber erst zwischen 1936 und 1939 ein, als Agfa und Kodak ihre Farbfilme auf den Markt brachten. Wenn wir den vorliegenden Band mit Farbabbildungen beschließen, die *nach* 1976 entstanden sind, so hat dies seinen Grund. Als in jenem Jahr das Museum of Modern Art die farbigen Fotografien von William Eggleston (*1939) ausstellte, war dies ein Schock. Die Mehrzahl der Kritiker äußerte, dass die knallbunten Bilder nicht auf eine Museumswand gehören. Das fotografische Medium war in seiner handwerklich gepflegten und künstlerischen Form damals noch eine in sich geschlossene unbunte Parallelwelt. Die dokumentarische Fotografie blieb sogar bis in die jüngere Zeit hinein mehrheitlich schwarzweiß, da die Farbe den Wahrheitsgehalt der Fotografie paradoxerweise zu untergraben schien. Auch Eggleston setzt in seinen Farbaufnahmen auf den Verfremdungseffekt der Farbe, wobei ihm das Dye-Transfer-Verfahren erlaubt, bestimmte Töne hervorzuheben. So führt im Porträt mit der Dame beim Dossierstudium am Straßenrand der Kontrast zwischen dem dunklen Blau ihres eleganten Kleides und dem warmen Gelb des Mauerstreifens, auf dem der Fotograf sie hat Platz nehmen lassen, ein merkwürdiges, durch den Metallpfosten mit der silbergrauen Kette unterstütztes Eigenleben. In Egglestons bunter Alltagswelt tendiert das Banale dazu, ins Hinterhältige umzukippen.

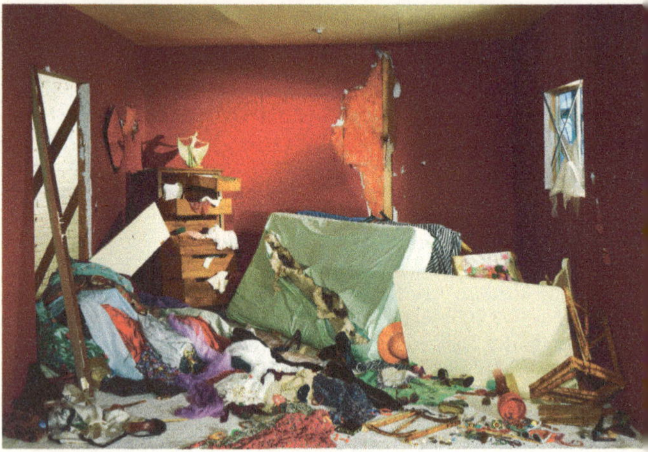

Jeff Wall: Das zerstörte Zimmer
(»The Destroyed Room«), 1978
Großbilddia im Leuchtkasten, 159 × 234 cm

JEFF WALL:
Das zerstörte Zimmer

The Destroyed Room ist das erste einer Reihe von sorgfältig inszenierten fotografischen Werken, in denen der kanadische Künstler Jeff Wall (* 1946) die für die Werbung entwickelte Technik des von hinten mit Neonröhren beleuchteten Großbilddias für künstlerische Zwecke einsetzt. Dank des unüblich großen Formats und der räumlichen Präsenz treten Walls Arbeiten gleichberechtigt neben die klassischen Werke der abendländischen Malerei, auf die der Künstler im Modus der Paraphrase auch gerne Bezug nimmt. Die vorliegende Arbeit bezieht sich nach Walls eigenen Angaben auf das Gemälde *Der Tod des Sardanapal* von Eugène Delacroix im Louvre, in dem die Geschichte des assyrischen Herrschers dargestellt wird, der seiner Armee nach einer vernichtenden Niederlage den Befehl gab, all seine Besitztümer zu zerstören und ihn selbst und sein gesamtes Gefolge zu töten. Jeff Wall setzt Delacroix' chaotisch bewegtes Historiengemälde in ein riesiges Stillleben um, eine *nature morte*, die eine ganze Guckkastenbühne mit seinem kalkulierten Durcheinander in einer sturzbachartigen Bewegung von links nach rechts ausfüllt. Die Akteure haben die Bühne verlassen. Zurückgeblieben sind wie in einer von Einbrechern verwüsteten Wohnung einzig die Spuren der Gewalt, die jedoch ebenso stark wirken wie die direkte Darstellung des Massakers im Gemälde. Die Übersetzung in ein anderes Medium und in eine andere Gattung – vom gemalten Historienbild ins fotografierte Stillleben – macht den Widerspruch sichtbar, der sich im Werk des romantischen Malers zwischen der sinnenfreudigen Farbigkeit und der archaischen Gewalt des Themas auftut. Auch Jeff Walls fotografische Komposition ist durch diesen Widerspruch bestimmt, bezieht ihn aber auf den Zusammenprall von Gewalt und Luxus in seiner eigenen Gegenwart.

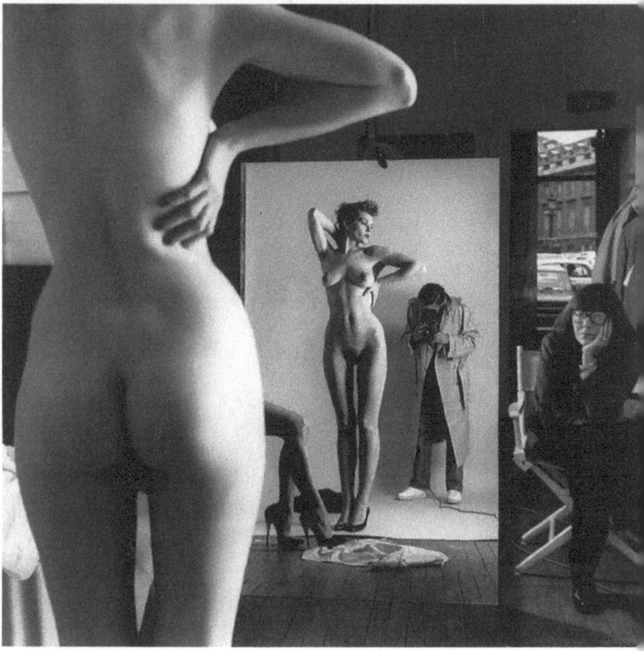

Helmut Newton: Selbstporträt mit June und Models, 1981

Helmut Newton: Selbstporträt mit June und Models

Es scheint, als habe sich Helmut Newton (1920–2004) hier in einen Wettbewerb mit dem spanischen Hofmaler Velázquez begeben. Wollte er mit seiner selbstreflexiven Aktaufnahme ein Gegenbild zu den *Meninas* schaffen? Die Elemente sind im Wesentlichen die gleichen: Ein Spiegel im Bildgrund, der die zu porträtierende Figur reflektiert, der Autor (Helmut Newton), der sich bei der Produktion seines Werkes zusammen mit den Modellen (seinen Models) darstellt, eine Besucherin (Newtons Ehefrau June), die dem Meister bei der Arbeit zuschaut, das Fenster neben dem Spiegel, das den Atelierraum auf die Welt (die Stadt Paris) hin öffnet. Alles erscheint sehr klug und stringent komponiert: Das stehende Model, in Rückenansicht als Torso vom quadratischen Format beschnitten, ist im hochrechteckigen Spiegel – das scheinbare Bild eines geplanten Bildes – vollständig und von vorn zu sehen. Die beschuhten Beine eines weiteren, sitzenden Models unterstreichen vorerst die Differenz zwischen wirklichem und gespiegeltem Akt, doch dann werden Wirklichkeit und Spiegelbild wieder zusammengeführt: Die Linien, die den realen Rückenakt und den gespiegelten Akt verbinden, treffen sich im großen Auge der Kamera, hinter der sich Newton, mit einem Regenmantel bekleidet, versteckt. Eine umfassende kritische Reflexion über den Status und die Entstehungsbedingungen des Bildes ist dabei freilich – anders als beim großen Vorbild – nicht entstanden. Die Darstellung ist zirkulär: Sie beginnt und endet bei dem sich selbst (be)spiegelnden Fotografen. Die Rolle des Betrachters und Voyeurs, für den es geschaffen wurde, kann von Newtons Gattin am Bildrand nicht ausgefüllt werden. Nach deren eigener Aussage wartete diese im Atelier darauf, dass Newton seine Arbeit abschloss. Dabei integrierte er sie unbemerkt in die Bildkomposition.

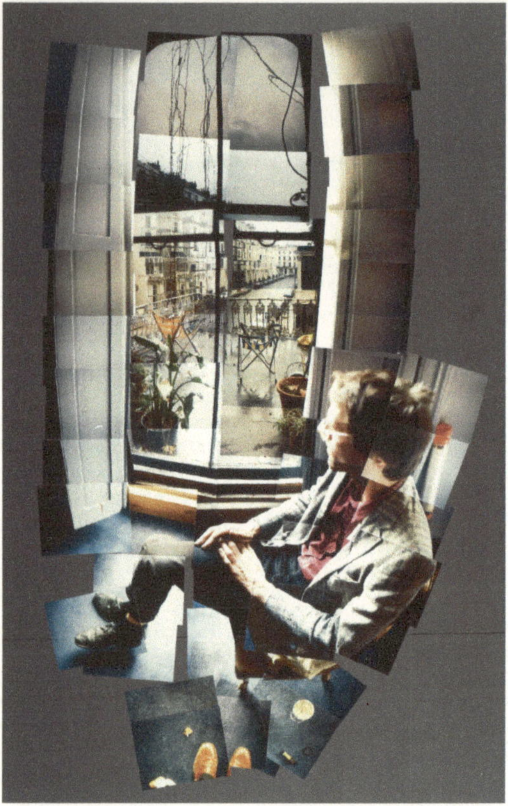

David Hockney: David Graves blickt auf Bayswater London
(»David Graves Looking at Bayswater London«), 1982
Fotografische Collage, 123 × 79 cm
New York, Metropolitan Museum of Art

David Hockney:
David Graves blickt auf Bayswater London

Zu den interessantesten Werken des englischen Malers David Hockney (* 1937) gehören die zwischen 1970 und 1986 geschaffenen Fotoarbeiten. In einer ersten Gruppe, den *grids*, sind zahlreiche, meist als Polaroids produzierte quadratische Einzelbilder, mit denen das Objekt eingefangen wurde, so zusammengestellt, dass zwischen ihnen ein regelmäßiger Abstand bleibt. In einer zweiten Gruppe, den *jointers*, sind die Einzelaufnahmen collageartig aneinandergefügt. Da sich der Künstler und/oder die Darstellungsgegenstände während der einzelnen Aufnahmen bewegt haben, ergibt sich in beiden Fällen das gleiche Resultat: ein irritierend unstabiler Bildraum. Hockney hat seine Fotoarbeiten als Kritik an der traditionellen Fotografie verstanden, die in der Darstellung von Zeit und Raum zu beschränkt sei. Ob die aus Einzelbildern collagierten Werke aber tatsächlich etwas mit der Ästhetik des analytischen Kubismus zu tun haben, auf den sich der Maler in seinen Kommentaren bezieht, mag dahingestellt bleiben. Auf alle Fälle jedoch eröffnet Hockney der Fotografie mit diesen Arbeiten einen von der Fluchtpunktperspektive unabhängigen, neuen Blick auf die Welt und überantwortet dem Betrachter eine besonders aktive Rolle. Das Nebeneinander der in sich abgeschlossenen quadratischen Teilbilder zwingt ihn, den Bildraum und damit den dargestellten Raum sukzessive zu erobern und gedanklich zu synthetisieren. Das abgebildete Beispiel ist deshalb besonders interessant, weil der dargestellte Blick aus dem Fenster dem Sehraum des Porträtierten gleichkommt, und weil Hockney ganz unten die beiden Spitzen seiner hellbraunen Schuhe in das Werk mit einbezogen hat, so wie einst Ernst Mach in seiner berühmten Illustration aus der *Analyse der Empfindungen* von 1885 die dargestellte Welt und ihren Zeichner miteinander kurzgeschlossen hat.

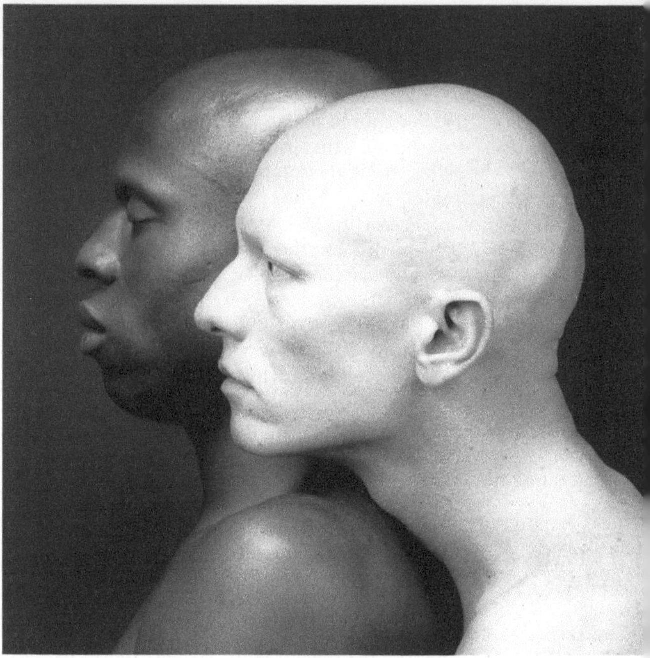

Robert Mapplethorpe: Ken Moody und Robert Sherman, 1984

Robert Mapplethorpe: Ken Moody und Robert Sherman

Die Aufnahme zeigt mehr als das, was der Titel *Ken Moody und Robert Sherman* bezeichnet. Wir sehen die Köpfe zweier Männer im Profil, beide kahl. Vorne die Büste eines weißen Mannes, sehr hell, quasi weiß, hinten jene eines schwarzen Mannes, sehr dunkel, quasi schwarz. Es ist technisch eine Schwarzweiß-Fotografie, doch im Grunde ist es auch eine Farbaufnahme. Denn die wiedergegebenen Farben ›stimmen‹: Dargestellt sind ein Schwarzer und ein Weißer. Die beiden Profilköpfe sind dabei so gegeneinander geführt, wie bereits Albrecht Dürer in einer Zeichnung des Berliner Kupferstichkabinetts Profilköpfe gegeneinander geführt hat. Anders aber als Dürer, der beim idealen Kopf Apollos beginnend eine Kaskade von Profilen entwickelt, um diese im karikaturhaft überzeichneten Kopf eines Schwarzen enden zu lassen, verzichtet Robert Mapplethorpe (1946–1989) auf Zwischenglieder. Seine Aufnahme erinnert mehr an die Silhouetten-Scherenschnitte des Physiognomikers Johann Kaspar Lavater. Das Neben- und Hintereinandersetzen der beiden Köpfe bringt uns dazu, die scharf sich abzeichnenden Profillinien der beiden Männer einzeln und im Kontrast zueinander zu verfolgen. Auch der unterschiedliche Blick der beiden unterstreicht ihre je eigene Persönlichkeit. Das Doppelporträt *Ken Moody und Robert Sherman* von Robert Mapplethorpe ist eine ästhetisch attraktive, aber auch eine intelligente Fotografie. Sie ruft zwar alle Stereotypen und Schemata des vorgewussten Sehens auf, arbeitet aber gleichzeitig gegen sie. Schließlich zeigt die fotografische Komposition genau das, was der Titel mit den beiden Eigennamen bezeichnet: zwei individuelle Menschen. Dass der eine von schwarzer, der andere von weißer Hautfarbe ist, erweist sich bei näherem Hinschauen als Nebensache.

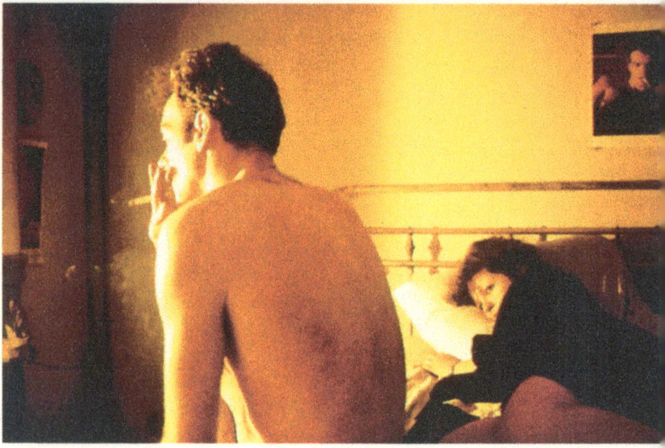

Nan Goldin: Nan und Brian im Bett, 1983

NAN GOLDIN: Nan und Brian im Bett

Die Aufnahme stammt aus dem 1986 publizierten Band *The Ballad of Sexual Dependancy*, ursprünglich eine von Musik begleitete Diashow. Die in einem Vorort von Boston aufgewachsene Fotografin Nan Goldin (* 1953) hatte die Arbeit ein Jahr zuvor an der Whitney-Biennale erstmals gezeigt. Die Aufnahmen waren seit 1978 im New Yorker Drogenmilieu entstanden, in das Goldin selbst abgedriftet war. Mit ihren Fotografien wollte Goldin ein Protokoll des realen Lebens, »a record of real life«, geben. Die für die damalige Zeit ungewöhnlich intimen Aufnahmen wirken wie ein öffentlich gemachtes privates Tagebuch, das um Liebe, Genderidentität, Sexualität und Drogen kreist. Unter den Aufnahmen sind auch zahlreiche Selbstporträts, wie diese im warmen künstlichen Licht vermutlich mit einem Drahtfernauslöser gemachte Aufnahme. Sie drückt in einer einzigartigen Weise Intimität und Distanz zwischen den Geschlechtern aus. Gegen die vom Titel suggerierte Aussage zeigt die Aufnahme das ›Danach‹. Der Mann sitzt nackt auf der Bettkante und raucht – von der Partnerin abgewandt – eine Zigarette, während sie, im Bett liegend, zu ihm hinüberblickt. Das frontale, über dem Bett angebrachte Porträt des ebenfalls zigarettenrauchenden Mannes wirkt dabei wie ein inneres Bild der Frau und verstärkt den Effekt der Distanzierung. Die Aufnahme wurde von Goldin als Umschlagbild für ihr Album ausgewählt. Emblematisch steht sie für die Aussage des Titels *Die Ballade von der sexuellen Hörigkeit*, der Brechts Dreigroschenoper entlehnt ist.

Nan Goldins frühe Aufnahmen aus der Welt der New Yorker Subkultur vor der AIDS-Epidemie haben ein neues, offeneres Verhältnis im Dreieck Autor – Werk – Publikum begründet und die fotografische Welt auch außerhalb der von Goldin praktizierten Gattung des intimen fotografischen Tagebuches nachhaltig geprägt.

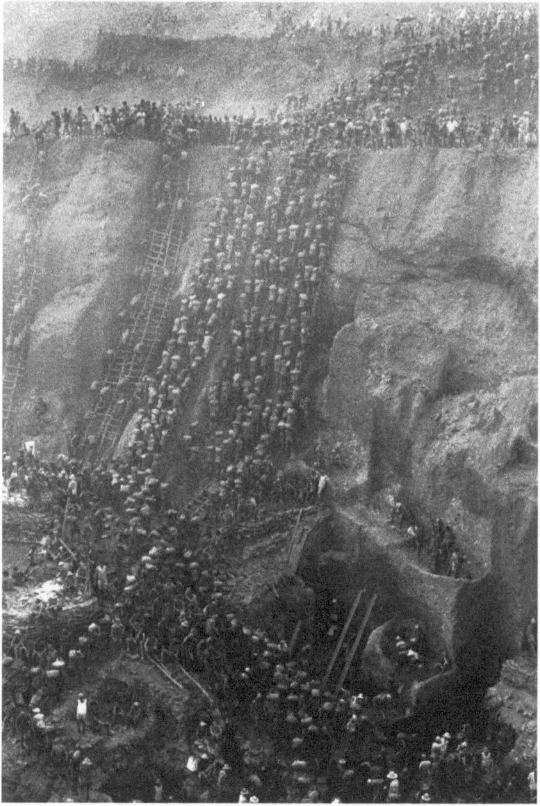

Sebastião Salgado: Goldmine
von Serra Pelada, 1986

SEBASTIÃO SALGADO: Goldmine von Serra Pelada

Die Arbeiten des Brasilianers Sebastião Salgado (*1944) stehen in der Tradition des klassischen Fotojournalismus. In thematisch angelegten Langzeitprojekten hat Salgado unter anderem die Hungernden in der Sahelzone, die Minenopfer in Kambodscha und das Schicksal der Arbeiter in der dritten Welt dokumentiert. Entstanden sind eindrückliche Serien von Aufnahmen, die – zuerst in Zeitungen publiziert, dann in Bildbänden gedruckt und in Ausstellungen gezeigt – die Weltöffentlichkeit aufgeschreckt haben. Die Aufnahmen sind ausschließlich in Schwarzweiß, da nach Salgado die Farbe »vom Gegenstand ablenken« würde. Sebastião Salgado, der vielfach mit den ikonographischen Formeln des Christentums und strengen Kompositionsschemata operiert, wurde »sentimentaler Voyeurismus« und Ästhetizismus vorgeworfen. Doch der als Wirtschaftswissenschaftler ausgebildete Salgado, der erst spät zur Fotografie kam, kennt auch den Blick des distanzierten analytischen Beobachters. Dies belegt die hier wiedergegebene Aufnahme, die 1986 bei Serra Pelada im brasilianischen Amazonas, dem Schauplatz des größten Goldrausches der jüngeren Geschichte, entstand. Sie zeigt, wie Zehntausende von Männern, ursprünglich Bauern, unter Duldung und Schutz der Regierung die stark goldhaltige Erde mit einfachsten Mitteln abbauen. In langen Reihen steigen die *garimpeiros* – wörtlich »Schlammschweine« – die schweren Säcke geschultert auf langen, steilen Holzleitern hinaus aus der Grube, die sieben Jahre nach ihrer Entdeckung bereits eine beachtliche Tiefe angenommen hat. Aus der Distanz betrachtet schließen sich die Individuen zu einer regelmäßig bewegten, ornamental verknüpften Masse zusammen. Man könnte an die geknechteten Sklavenheere der Antike denken, wenn man nicht wüsste, dass es die Hoffnung auf Gewinn war, die die Männer dazu gebracht hat, sich in einer Art von Ameisenstaat mit eigenen Regeln zu organisieren.

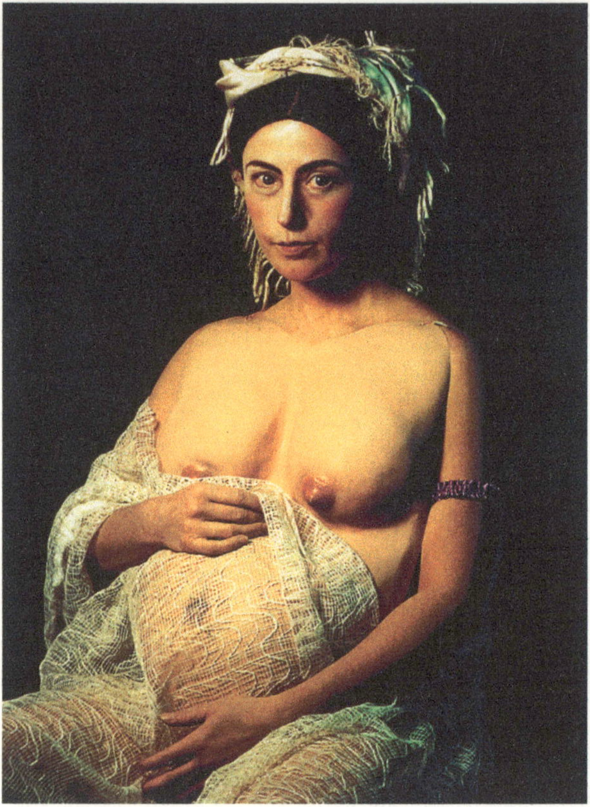

Cindy Sherman: Ohne Titel # 205, 1988

Cindy Sherman: Ohne Titel # 205

Ihren fulminanten Start in der Kunstwelt hatte Cindy Sherman (* 1954) mit den *Filmstills*, einer nach 1973 in mehreren Phasen entstandenen Serie von 69 Schwarzweiß-Aufnahmen. In ihnen hat sich die amerikanische Künstlerin in charakteristischen Posen und anspielungsreichen Dekors, die an bekannte Filme erinnern, selbst dargestellt. Es sind raffiniert kalkulierte Aufnahmen, die – wie es der Serientitel bezeichnet – nicht das Medium Film direkt zitieren, sondern jene für Werbezwecke von Fotografen hergestellten Bilder, in denen die Hauptdarsteller und Hauptdarstellerinnen als Stars in einer für den jeweiligen Film repräsentativen Szene wiedergegeben sind. Die *Filmstills* von Cindy Sherman spielen mit dieser Gattung. Wie alle ihre späteren Werkserien verfolgen die fotografischen Selbstinszenierungen das Ziel, Gender-Stereotypen sichtbar zu machen und damit zu hinterfragen.

Ein besonders raffiniertes intermediales Rollenspiel führt Sherman in einer Personalunion von Schauspielerin, Regisseurin und Fotografin nach 1988 in der farbig realisierten Serie der *History Portraits* auf. Hier sind es nicht mehr Fotografien, sondern Beispiele der klassischen europäischen Malerei, die der Künstlerin als Referenzgröße dienen. Evoziert werden meist bekannte Porträts, aber auch traditionelle Bildformeln, die zum imaginären Museum westlicher Museumsbesucher und Kunstfreunde gehören. Besonders deutlich wird das Verfahren der medialen Transposition in *Untitled # 205*, einem Werk, in dem Sherman in einer komplexen Geste des sich Aussetzens und sich Verbergens Raffaels *Fornarina*, das angebliche Porträt der Geliebten des Malers, quasi wieder zum Leben erweckt. Durch den Einsatz einer verfremdenden, ins Groteske abgleitenden Kostümierung vollzieht die Fotografin eine exorzistische Geste, welche die auf den voyeuristischen männlichen Blick hin kalkulierte Pose der malerischen Vorlage entlarvt.

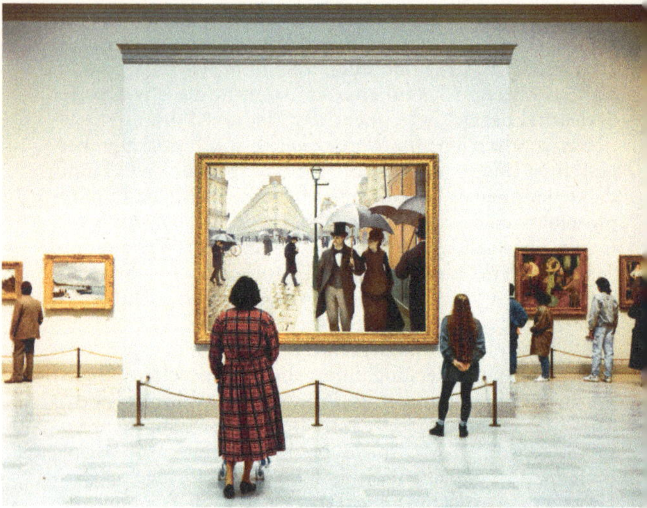

Thomas Struth: Art Institute of Chicago II, 1990
219 × 184 cm

THOMAS STRUTH: Art Institute of Chicago II

Die Museumsfotografien von Thomas Struth (* 1954) sind mittlerweile zum Markenzeichen des Fotografen geworden, der an der Düsseldorfer Akademie die Malklasse von Gerhard Richter besuchte, bevor er in die Fotoklasse von Bernd und Hilla Becher wechselte. Die Kuratoren und Kritiker lieben diese Bilder, die den Kunstbetrieb, von dem sie leben, reflektieren. In Struths Museumsbildern wird der alte Paragonestreit zwischen zwei Bildmedien ausgefochten. Dabei steht die Fotografie als Siegerin von vorneherein fest. Denn nur sie kann als Metamedium die Malerei als Bild im Bild adäquat in sich aufnehmen. Eigentlicher Gegenstand von Struths Museumsfotografien aber ist die Rezeption des gemalten Bildes: Die Museumsgänger stehen isoliert oder in Gruppen mit Vorliebe vor Gemälden, in denen Figuren agieren. Struths Fotografien zeigen, wie die Besucher nicht mit den Kunstwerken, sondern mit den darin dargestellten Figuren in Kommunikation treten, beziehungsweise deren Angebot zur Kommunikation verweigern.

In kaum einem anderen der Museumsbilder sind Bild und Besucher in einen so engen Bezug zueinander gesetzt wie in *Art Institute Chicago II*. Zwei Frauen stehen vor Caillebottes *Straße in Paris, Regentag*, aus dem ihnen die beiden lebensgroßen Figuren unter dem Regenschirm entgegenzukommen scheinen, während eine vom rechten Bildrand angeschnittene Rückenfigur sie im Bild vertritt. Eng geführt sind aber auch das fotografische und das gemalte Bild, das exakt die Mitte der Fotografie einnimmt. Doch vergessen wir die Betrachter nicht, *uns*, die wir vor Struths Großfotografie stehen: Beim Betrachten nehmen wir wahr, wie wir unsere Stellvertreter im fotografierten Museumssaal betrachten, während sie die Figuren in der gemalten Stadt betrachten ... Ein mächtiger fotografischer Trichter droht uns aufzusaugen.

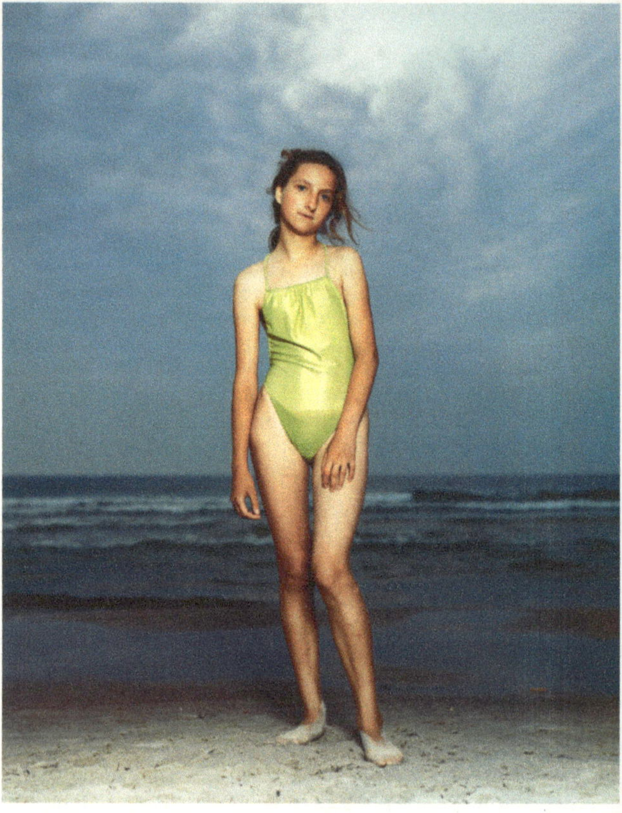

Rineke Dijkstra: Kolobrzeg, Polen, 1992

Rineke Dijkstra: Kolobrzeg, Polen

Im Zusammenhang mit der »Beaches«-Serie von 1992/93, einer Folge von zwanzig Ganzfigurenporträts, die Heranwachsende in Badeanzügen vor dem offenen Meer an den Stränden Osteuropas und der Vereinigten Staaten zeigen, hat die holländische Fotografin Rineke Dijkstra (*1959) auf die Arbeiten von Diane Arbus verwiesen. Doch Dijkstras Porträtaufnahmen unterscheiden sich deutlich von denen ihres amerikanischen Vorbildes, dies nicht nur durch das fast lebensgroße Format und die Farbe. Verschieden ist vor allem die Haltung der Fotografin den jungen Mädchen und Burschen gegenüber, die sie in selbst gewählten Posen vor die Kamera treten ließ mit der Bitte, sich für die Aufnahme zu »konzentrieren«. Dennoch dominiert bei ihnen die Unsicherheit, ein Gefühl des Ausgesetztseins, das durch die weite Kadrierung und das offene Meer in ihrem Rücken noch verstärkt wird. Die Fotografin hat mit der Großbildkamera und dem zusätzlichen Blitzlicht zwar die technischen Mittel eingesetzt, wie wir sie aus der Modefotografie kennen, gleichzeitig aber auf die normierte Schönheit von Models verzichtet. Bei der vorliegenden Aufnahme wird das Besondere, Ungelenke der Dargestellten durch die Ähnlichkeit ihrer Pose mit jener der antiken Göttin in Botticellis *Geburt der Venus* noch verstärkt. Diese Ähnlichkeit ist nicht das Resultat eines Arrangements und wurde von Dijkstra auch erst nachträglich erkannt. An das Gemälde erinnern der geneigte Kopf, die Kontrapoststellung der Beine und die welligen strähnigen Haare der anonymen Porträtierten, aber auch die Tatsache, dass sie ebenfalls vor dem Meer, dem sie entstiegen ist, dargestellt ist. Der Vergleich mit der Renaissance-Göttin betont umgekehrt die Individualität des polnischen Mädchens in seinem noch nassen gelbgrünen Badeanzug.

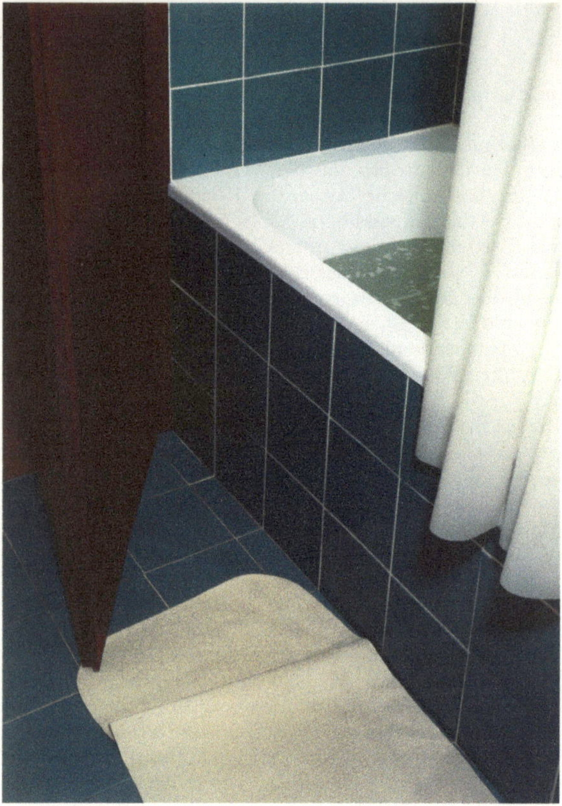

Thomas Demand: Badezimmer, 1997
160 × 122 cm

Thomas Demand: Badezimmer

Auf den ersten Blick erkennen wir das Bild eines uns allen vertrauten Ortes. Doch je länger wir hinschauen, desto deutlicher wird der Widerspruch zwischen der großformatigen, detailscharfen Aufnahme und dem dargestellten Sachverhalt. Die weißen Emailflächen der Badewanne, die sich gegenseitig spiegelnden blauen Kacheln, die offenstehende Holztür, der zurückgeschobene Plastikvorhang, die verschobene Fußmatte, die Schaumreste auf dem trüben Wasser: alles scheint zwar benutzt, aber merkwürdig clean, ohne echte Spuren des Gebrauchs. Für diesen irritierenden Effekt gibt es einen Grund: Das Bild ist das Resultat einer zweifachen medialen Umsetzung. Am Anfang stand eine ganzseitige Schwarzweiß-Aufnahme, die die Illustrierte *Stern* im Oktober 1987 publizierte. Sie zeigte den in einen Skandal verwickelten deutschen Politiker Uwe Barschel tot in der Badewanne eines Genfer Hotelzimmers. Den Tatort allein ohne das Opfer hat Thomas Demand (* 1964) dann in einem wirklichkeitsgroßen Modell aus farbigem Papier nachgebildet. Dieses hat er anschließend fotografiert und wieder zerstört, ein Verfahren, das der als Bildhauer ausgebildete Demand auch auf andere Tatorte angewandt hat: etwa auf den nach dem Attentat auf Hitler zerstörten Kommandoraum auf der Wolfsschanze. Das vorliegende Bild trägt den einfachen Titel *Badewanne*. Ob der Betrachter über das Hintergrundwissen um die Barschel-Affäre verfügt oder nicht, ist nicht entscheidend. Die Aufnahme bezieht ihre unheimliche Wirkung aus ihrer eigenen Widersprüchlichkeit, daraus, dass Demand die ›reale‹ Welt durch das gebaute Modell gedoppelt hat. In Demands Fotoarbeiten wird die alte These von der angeblichen Indexikalität des fotografischen Bildes, ihres direkten Bezugs zur Welt, grundsätzlich in Frage gestellt. Nicht »So ist es gewesen« sagen diese Fotografien, sondern: »Schaut genauer hin, ich bin gemacht.«

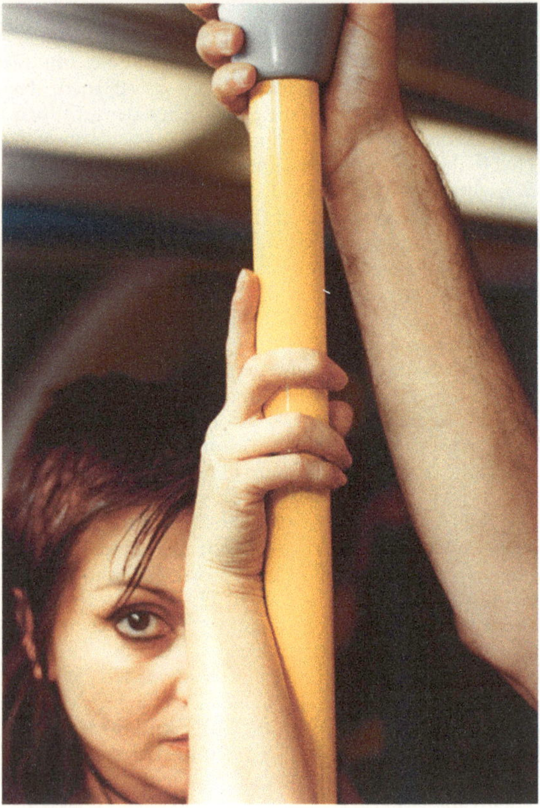

Wolfgang Tillmans: Picadilly Line, 2000

Wolfgang Tillmans: Picadilly Line

Im Jahre 2000 hat Wolfgang Tillmans (*1968) in der Londoner Untergrundbahn, fasziniert von der überraschenden körperlichen Nähe zwischen Menschen, die sich nicht kennen – offenbar mit versteckter Kamera wie Walker Evans vor ihm in New York – die paradoxe soziale Situation in eindringlichen Bildern festgehalten. Eines davon zeigt die maskenhafte Hälfte des Gesichts einer Frau, die uns, während sie sich im Gedränge mit der rechten Hand an einer Haltestange festhält, mit einem aufgerissenen Auge direkt und zugleich wie abwesend entgegenblickt. An der gleichen Stange hängt, gegenüber, ein behaarter nackter Männerarm. Die fragmentierte Komposition zeigt, wie die erzwungene körperliche Nähe mit der Waffe psychischer Distanzierung überspielt wird. Die Aufnahme ist mit ihrer Verbindung von Spontaneität und kalkulierter Strenge charakteristisch für Tillmans Werk. Es kann dieses jedoch allein nicht adäquat repräsentieren. Das Einzelbild ist bei Wolfgang Tillmans Teil eines großen, einem Gattungssystem ähnlich geordneten fotografischen Universums. Entsprechend werden in Tillmans sorgfältig geplanten Ausstellungsinszenierungen die einzelnen Bilder jeweils in einem präzise kalkulierten Gefüge präsentiert. Zwei Strategien des Bildarrangements kommen dabei zum Einsatz: Zum einen liebt es Tillmans, unter dem Titel *Truth study center* xerokopierte Zeitungsausschnitte zu aktuellen sozialpolitischen Themen auf Tischen auszulegen; zum anderen werden eigene Fotografien in unterschiedlichen Formaten und Präsentationsformen – gerahmt und ungerahmt, einzeln oder zu Serien gruppiert – in raffiniert kalkulierten Hängungen an die Wände geheftet. Das einzelne Bild kann nur im Verbund mit jeweils anderen, eigenen und fremden Bildern den Anspruch erheben, die Welt in ihrer Vielfalt adäquat einzufangen.

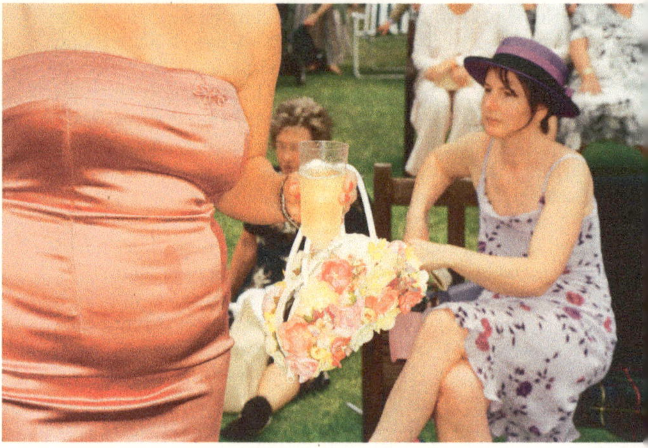

Martin Parr: Ascot, 2003

MARTIN PARR: Ascot

Dass es im Hinblick auf die Aufnahme von Martin Parr (* 1952) in der Agentur Magnum zu einem Disput gekommen ist, überrascht bei seiner schrillen, an der Postmoderne geschulten Ästhetik nicht. Parr kombiniert die starke Farbigkeit eines William Eggleston mit dem surreal verfremdenden Blick eines Robert Doisneau, besitzt jedoch einen ganz eigenen, unverwechselbaren Stil. Dieser definiert sich weniger über die ästhetische Erscheinung als über das Verhältnis zu den Phänomenen der modernen Gesellschaft. Zentral für viele Arbeiten Parrs ist das Ausspielen der Welt der Objekte gegen jene der Akteure, die sie manipulieren. Die ausgewählte, bei einem der großen Events der britischen High Society, dem Pferderennen von Ascot, entstandene Aufnahme steht exemplarisch für dieses Verfahren: Angelpunkt des fotografischen Arrangements sind in der Bildmitte, von der gleichen Hand gehalten, ein Glas mit einem zitronengelben Drink und eine Handtasche, die dessen Farbe wieder aufnimmt. Das Blumenmuster der Tasche aber verweist gleichzeitig in zwei gegenläufige Richtungen: Rechts findet es sein Echo in den dunkler gefärbten Rosen des lila Kleides der sitzenden Dame mit dem violetten Cannotier. Links wird das gleiche Muster in der Farbe des Kleids der Taschenbesitzerin wieder aufgenommen. Bei ihrer etwas fülligen Statur drängt sich der hellrosa Satinstoff mit seinem kecken Fleck und der neckischen Rüsche indiskret in den Vordergrund. Der Kopf ist abgeschnitten, was die Kommunikationslosigkeit zwischen den beiden Frauen, die der Fotograf zusammen sieht, noch unterstreicht. Das von Parr aufgespannte Netz von ›unmöglichen‹ Bezügen zwischen den Dingen und ihren Trägerinnen, die wir als Folge der sozialen Zensur zu übersehen gelernt haben, wirkt als ein leicht hinterhältiger, ironischer Kommentar zum Spiel der distinguierten gesellschaftlichen Umgangsformen.

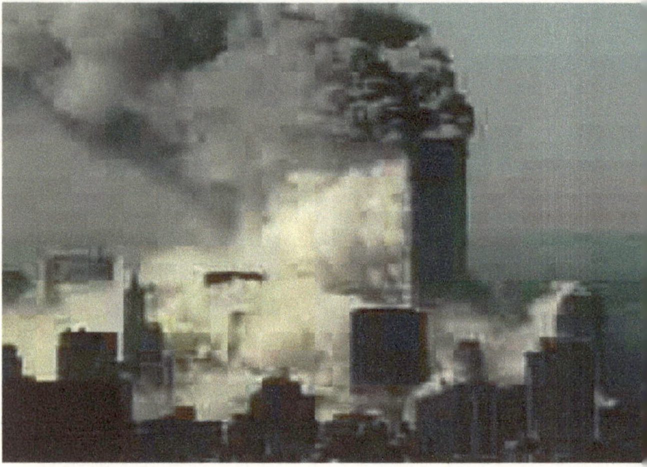

Thomas Ruff: jpeg ny02, 2004
269 × 364 cm

Thomas Ruff: jpeg ny02

Millionen von Menschen haben dieses Bild (oder ein ähnliches) am 11. September 2001 auf ihren Fernsehschirmen gesehen, als – nach dem Aufprall der ersten Passagiermaschine in einen Turm des World Trade Center – die Kameras der amerikanischen Fernsehstationen auf Lower Manhattan gerichtet waren. Ein zweites Flugzeug traf den zweiten Turm während der Direktübertragung, und dann sah man, wie der erste, in eine riesige weiße Rauchwolke gehüllt, in sich zusammenfiel. Der unerwartete Einsturz ist in dieser fotografischen Arbeit – nachdem dies auch die Tageszeitungen getan hatten – aus dem Strom der bewegten Bilder herausgelöst, immobilisiert und in einen neuen Kontext gestellt. Thomas Ruff (* 1958) geht mit dieser Arbeit aus seiner drei Jahre nach dem Ereignis entstandenen *jpeg*-Serie der Frage nach, welches die Leistung des unkommentierten Einzelbildes gegenüber der erinnerten Bilderflut und der erinnerten Geschichte sein kann. Das von Ruff bearbeitete, grob pixelisierte Bild entwickelt mit seinen Kontrasten zwischen den schwarzen Rechteckflächen der Hochhäuser und den weißen und dunkelgrauen Rauchschwaden ein ästhetisches Eigenleben von ›Schönheit‹, das wir mit unserer Wahrnehmung des Ereignisses und unserem Geschichtswissen nicht vermitteln können.

Thomas Ruff ist jener Vertreter der Düsseldorfer Schule, der in der vorliegenden Fotografie und auch in seinen übrigen Werkgruppen konsequent neue Domänen erobert, indem er vorgegebene Bilder im intermedialen Transfer ihrer ursprünglichen Funktion entfremdet. Dies geschieht etwa in der *Substrat*-Serie, in der die japanischen Manga-Comics in farbenfrohe, von jeder Referenz gelöste Bildplasmen verwandelt werden, und in den auf Porno-Material aus dem Internet beruhenden *Nudes*, die in ihrer Unschärfe mit der Erwartungshaltung des Betrachters spielen.

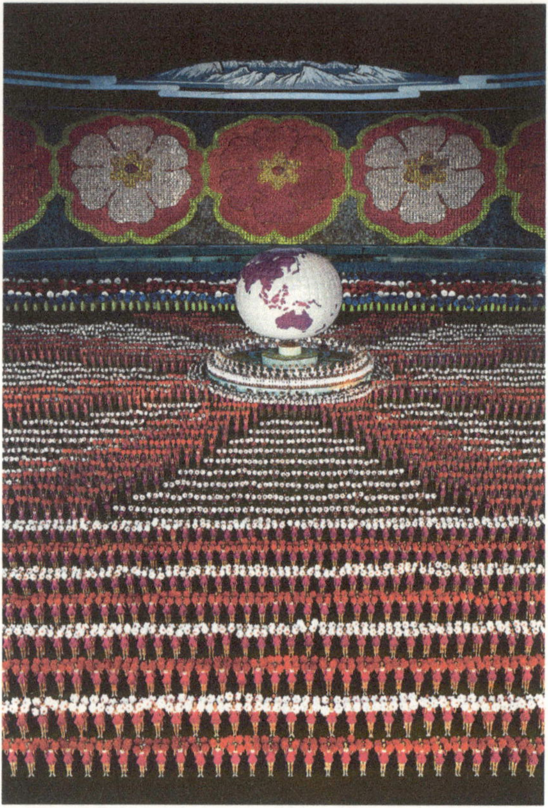

Andreas Gursky: Pyongyang I, 2007

Andreas Gursky: Pyongyang I

Viele der großformatigen Fotoarbeiten von Andreas Gursky (* 1955) loten das Thema ›Masse in der modernen Gesellschaft‹ aus. Durch die nachträgliche digitale Bearbeitung der mit einer Studiokamera aufgenommenen Rohaufnahmen steigert Gursky die Ansammlungen von Menschen oder Waren ins Unüberblickbare, die Bauten werden zu babylonischen Gehäusen, die, von den Bildrändern abgeschnitten, sich ins Unendliche auszudehnen scheinen. Besonders eindrücklich hat Gursky das Phänomen ›Masse‹ in der *Pyongyang*-Serie von 2007 dargestellt. Sie beruht auf Material, das der Fotograf beim Arirang-Festival desselben Jahres aufgenommen hat, bei dem über 100 000 Menschen zu lauter Blasmusik ein Massenspektakel zu Ehren des koreanischen Diktators Kim Il-sung aufführten. Neben den Tänzern in der Arena waren 20 000 Schulkinder auf den Tribünen, die – wie Pixel eingesetzt – auf Kommando Bücher mit unterschiedlich eingefärbten Doppelseiten öffneten und damit abwechselnd Blumen, revolutionäre Szenen und Landschaften ›malten‹. Gursky hat das Ausgangsmaterial collagierend überhöht und in riesigen symmetrischen Ornamenten stillgestellt. Entstanden ist das »perfekte Bild des totalen Staates«. Fast alle Arbeiten Gurskys appellieren an die ›Elastizität‹ des Betrachterblicks: In der Möglichkeit für das wahrnehmende Auge, zwischen dem kleinsten, messerscharfen Detail und der ornamentalen Großstruktur hin und her zu pendeln, liegt ihre besondere Attraktivität.

Andreas Gursky ist der erfolgreichste Vertreter der sogenannten Düsseldorfer Schule. Im Februar 2007 wurde das Diptychon *99 Cent II*, das die Warenwelt einer amerikanischen Billigkette visuell übersteigert, als bislang teuerste fotografische Arbeit aller Zeiten für 3 346 456 Dollar versteigert. Wahrlich ein seltsamer Kontrast, der sich hier zwischen dem Wert der dargestellten Gegenstände und jenen des darstellenden Gegenstands aufgetan hat.

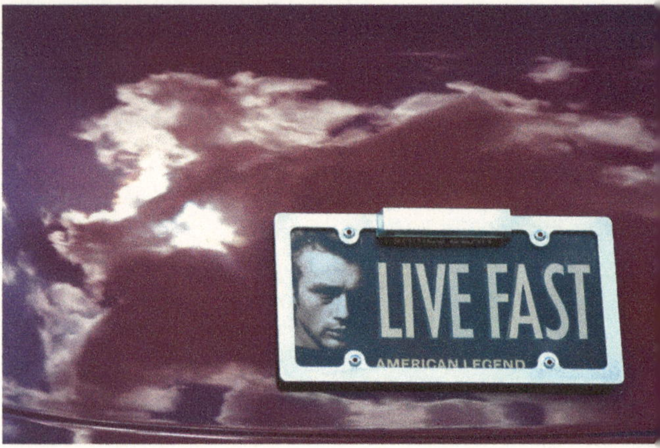

Dennis Stock: Sammlerauto, Sarasota, Florida, 2009

Dennis Stock: Sammlerauto, Sarasota, Florida

Am 22. Juni 2009 berichteten die Zeitungen, dass die Produktion von Kodachrome, des erfolgreichsten, seit 74 Jahren produzierten Farbfilms zugunsten digitaler Produkte, die mittlerweile 70 Prozent des Umsatzkonzerns ausmachen, eingestellt worden sei. Diese Nachricht klingt wie eine nachträgliche Bestätigung der These, die William J. Mitchell im Buch *The Reconfigured Eye* von 1992 dargelegt hat. Nach Mitchell wurde 1989, 150 Jahre nach der Erfindung der Fotografie, mit dem Siegeszug digitaler Technologien eine »nach-fotografische Ära« eingeläutet. Die neuen Technologien hätten, so Mitchell, weitreichende Konsequenzen: Da das digitale Bild aus diskreten Einheiten zusammengesetzt ist, sei es bereits auf eine spätere Bearbeitung hin angelegt. »Der Referent haftet dem Bild nicht mehr an.« Diese These ist von der Forschung entweder zurückgewiesen oder zumindest relativiert worden. So hat etwa Lev Manovich darauf hingewiesen, dass die Digitalisierung erst den Begriff des ›analogen Bildes‹ hervorgebracht und damit stabilisiert habe.

Wir sehen es den Bildern meist nicht an, ob sie analog oder digital produziert worden sind. So hat Dennis Stock (1928–2010), der Autor der nebenstehenden Fotografie eines Sammlerautos, auf Nachfrage hin mitgeteilt, dass diese nicht mit einem Film, sondern digital hergestellt worden sei. Ob (und falls ja, wie) er das Bild nachträglich bearbeitet hat, hat der Autor nicht verraten. So mag es Zufall sein oder nicht, wenn die Wolkenspiegelung links die Kontur des amerikanischen Kontinents annimmt. Zum Kopf von James Dean jedenfalls, der das falsche Nummernschild ziert, passt der Befund. Wir sehen immer das, das wir sehen wollen.

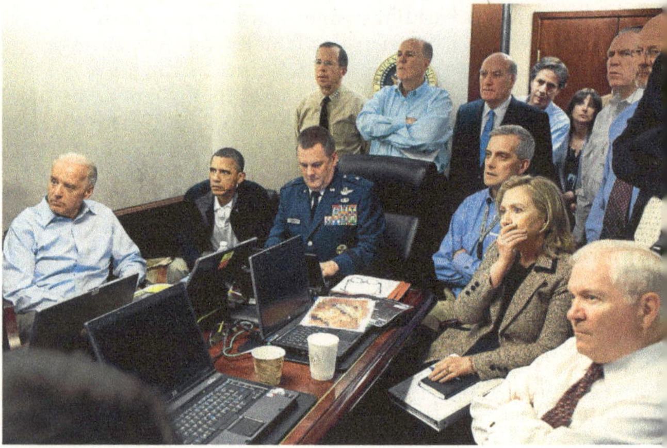

Pete Souza: Situation Room, 1.5.2011

Pete Souza: Situation Room

›Wir sehen was, was ihr nicht seht‹, könnte man unter diese bereits legendär gewordene Aufnahme schreiben. Sie zeigt die Macht der Mächtigen als eine Macht, die ihre Größe aus unserer Ohnmacht bezieht. Ort der Handlung ist der sogenannte Situation Room im Weißen Haus. Hier traf sich am 1. Mai 2011 das US-Sicherheitskabinett, um per Echtzeitvideo einem der amerikanischen Bevölkerung lange versprochenen Racheakt beizuwohnen: der Tötung von Osama bin Laden, des für die koordinierten Anschläge vom 11. September 2001 Hauptverantwortlichen. Alleiniger Handelnder im Raum ist Marshall B. Webb, stellvertretender Oberbefehlshaber der Armee, der anscheinend über seinen PC seinen Leuten im fernen Pakistan Befehle erteilt, während alle Übrigen die Aktion gespannt auf einem Bildschirm verfolgen. Dass von den zahlreichen Aufnahmen, die der Pressefotograf Pete Souza (*1954) an jenem Tag geschossen hatte, gerade diese veröffentlicht wurde, mag mit der ihr eingeschriebenen Dramatik zu tun haben. Hillary Clinton, damals Außenministerin, führt ihre rechte Hand so zum Mund, als sei sie über das Gesehene erschrocken. Nachträgliche Erklärung: Die Aufnahme sei gerade in dem Augenblick entstanden, als einer der an der Aktion beteiligten Helikopter abstürzte.

Einer der besten Kommentare zu diesem Bild ist kein Text; es ist die ebenso einfache wie konzeptuell klare Installation »May 1, 2011« des chilenischen Künstlers Alfredo Jaar: An der Wand hängen nebeneinander zwei gleich große Bildschirme. Der rechte zeigt (begleitet von einer Legende, die alle Akteure identifiziert) Souzas Fotografie, der linke (begleitet von einem unbedruckten Blatt Papier) eine leere weiße Fläche. Der leere Schirm steht für jenes Bild, auf das die Mächtigen gerade blicken und von dem sie wollten, dass wir es nicht zu Gesicht bekommen.

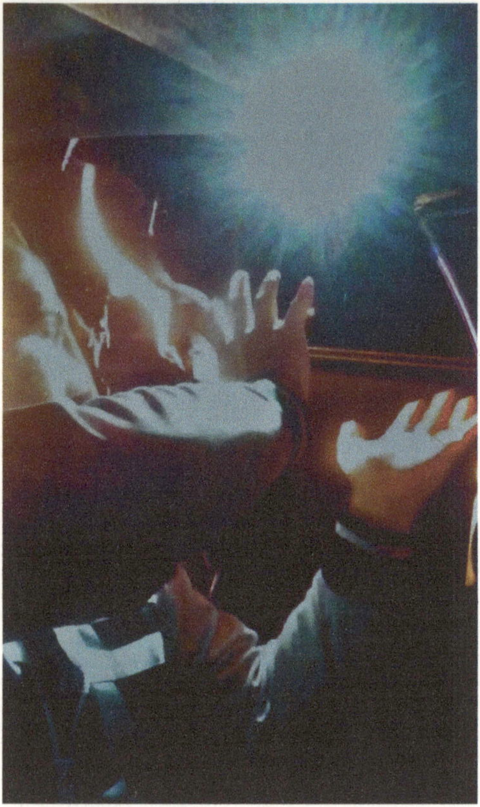

Doug Rickard: HJnUc (aus der Serie N.A.), 2015

Doug Rickard: HJnUc (aus der Serie N.A., 2015)

›Found Footage‹, lautet die Zauberformel, der sich zahlreiche Fotoarbeiten der letzten Jahre verdanken. Eigentlich stammt der Begriff aus dem Bereich des Films – er bezeichnet dort Arbeiten, die aus ›gefundenem‹ Material bestehen. Das Auffinden, Überarbeiten und Neumontieren zumeist im Netz verfügbarer Bilder ist heute ein ästhetisches Produktionsprinzip. Einer der Pioniere dieser Kunstform ist der Amerikaner Doug Rickard (1968–2021), der per Google Street View und YouTube auf Bildersuche geht und aus dem Gefundenen klar konzipierte Serien zusammenstellt. Für sein Buch *A New American Picture* (2010) ›reiste‹ er am Bildschirm durchs Land – eine ernüchternde Bestandsaufnahme Amerikas. Aus über 10000 von ihm angefertigten Bildern wählte er 80 aus: so etwas wie Robert Franks *The Americans* im digitalen Zeitalter. Für die Serie N.A. griff er auf YouTube-Bildmaterial zurück, verwandelte Filme in Fotos, in Film Stills. N.A. steht für ›National Anthem‹, aber auch für ›Not Applicable‹. Rickard gab erst Städtenamen als Suchbefehle ein und schaute sich die hochgeladenen Amateurfilme an, die unterschiedliche Formen von Gewalt zeigen. Suchbefehle wie ›Hood Fight‹, ›Crackheads Gone Wild‹, ›Passed Out White Girl‹, ›Gangstalking‹, ›Sideshow‹, ›Racial Profiling‹, ›Illegal Search‹ oder ›Police Brutality‹ führten dann zu zahllosen weiteren Filmen; aus ihnen zog er einzelne Bilder heraus, die für sich genommen eine Geschichte zu erzählen scheinen.

Hier verwandelt sich das Blitzlicht in eine Sonne, die das Innere eines Autos erleuchtet. Doch die Parole ›Brüder, zur Sonne, zur Freiheit‹ wäre hier fehl am Platz. Es sind vielmehr Ansichten von Gewalt und Not, Verwahrlosung und Brutalität, die ohne Rettung zu sein scheinen.

Raumsonde Cassini: Das letzte Bild, 15. 9. 2017

Raumsonde Cassini: Das letzte Bild

»Es waren schöne 19 Jahre, aber jetzt muss Cassini sterben«, ließ am 14. September 2017 die amerikanische Raumfahrtbehörde NASA verlauten. Am darauffolgenden Tag, exakt um 7:55:46 a. m. EDT (Eastern Daylight Time), war es soweit: Die Raumsonde Cassini verglühte im Innern des Saturn, nachdem sie 13 Jahre um diesen gekreist war und neben reichen wissenschaftlichen Ergebnissen spektakuläre Bilder zur Erde geschickt hatte. Etwa jene von neu entdeckten Monden, die den Himmelskörper umkreisen. Bevor die Sonde verglühte, hatte sie ein letztes Bild senden können. Es ist ein anrührendes Abschiedsbild: Viel ist nicht zu sehen. Die Kamera ist auf die Nachtseite des Planeten gerichtet, der durch das von seinem Ring reflektierte Licht erleuchtet ist. Mit dem unscharfen Übergang zwischen dem hellen, ausschnittweise sichtbaren Himmelskörper und dem darunter sich öffnenden schwarzen Raum erinnert die Aufnahme an die Arbeiten des japanischen Fotografen Hiroshi Sugimoto, der mit seinen Langzeitbelichtungen vergleichbare Bildwirkungen erreicht (vgl. S. 285).

Die Raumsonde war nach Giovanni Domenico Cassini benannt: Der italienische Astronom wurde 1669 unter Ludwig XIV. an die Pariser Akademie der Wissenschaften berufen. Per genaue Beobachtung durch das Teleskop gelangen ihm wichtige Entdeckungen. So konnte er aus dem regelmäßigen Umlauf des Jupitermondes Io den Umfang des Längengrades ableiten. Der Forscher Cassini verwandelte die Bilder der beobachteten Himmelskörper in Daten – die NASA verfährt mit Blick auf die Geldgeber gerne auch umgekehrt: Mit Hilfe der von ihren Satelliten gesendeten Signale generiert sie laufend neue spektakuläre Bilder. Darunter ist natürlich auch immer wieder eines, das das letzte war.

Literaturhinweise

Geschichte der Fotografie

Beaumont Newhall: Geschichte der Photographie. München 1989.
Naomi Rosenblum: World History of Photography. New York [3]1997.
Michel Frizot (Hrsg.): Neue Geschichte der Fotografie. Köln 1998.
Mary Warner Marien: Photography. A Cultural History. London 2002.
Martin Parr / Gerry Badger: The Photobook. A History. 3 Bde. London 2004–14.
Wolfgang Kemp: Geschichte der Fotografie. Von Daguerre bis Gursky. München [2]2014.
Quentin Bajac (Hrsg.): Die große Geschichte der Photographie. 3 Bde. München 2017.
Therese Mulligan / David Wooters (Hrsg.): Geschichte der Fotografie. Von 1839 bis heute. Köln 2017.

Theorie der Fotografie

Wolfgang Kemp / Hubertus von Amelunxen (Hrsg.): Theorie der Fotografie I–IV. München (1979–2000) [2]2006.
Bernd Stiegler: Theoriegeschichte der Photographie. München/Paderborn 2006.
– (Hrsg.): Texte zur Theorie der Fotografie. Stuttgart 2010.

Literatur zu den ausgewählten Fotografinnen und Fotografen

Adams, Ansel Andrea G. Stillman (Hrsg.): Ansel Adams. 400 photographs. New York 2007.
Adams, Eddie Alyssa Adams / Hal Buell (Hrsg.): Eddie Adams. Vietnam. New York 2008.
Albin-Guillot Christian Bouqueret: Laure Albin-Guillot ou la volonté d'art. Paris 1986.
Alinari Monica Maffioli: Fratelli Alinari. Photographers in Florence. Florenz 2003.

Anderson Dorothea Ritter: Rom 1846–1870. James Anderson und die Maler-Fotografen. Sammlung Siegert. [Heidelberg] 2005.

Annan Thomas Annan: Photographs of the Old Closes and Streets of Glasgow 1868/77. New York 1977.

[Anonym] Robert Flynn Johnson: Anonymus. Rätselhafte Bilder von unbekannten Fotografen. Göttingen 2005.

Arbus Sandra S. Philipps (Hrsg.): Diane Arbus – revelations. New York 2003.

Atget Hans Christian Adam (Hrsg.): Paris. Eugène Atget, 1857–1927. Köln 2000.

Atkins Larry J. Schaaf: Sun gardens. Victorian photograms by Anna Atkins. New York 1985.

Avedon Richard Avedon. Photographies 1946–2004. Stuttgart 2008.

Baldus Malcolm Daniel: The photographs of Edouard Baldus. New York 1994.

Baraduc Clément Chéroux [u. a.] (Hrsg.): The Perfect Medium. Photography and the Occult. Yale 2005.

Barnard Keith F. Davis: George N. Barnard. Photographer of Sherman's Campaign. Kansas City 1990.

Barraud Herbert Rose Barraud: Men and Women of the Day. A Picture Gallery of Contemporary Portraiture. London 1888.

Bayard André Jammes: Hippolyte Bayard. Ein verkannter Erfinder und Meister der Photographie. Luzern 1975.

Becher, Bernd und Hilla Armin Zweite (Hrsg.): Bernd und Hilla Becher. Typologien industrieller Bauten. München 2003.

Biow Enno Kaufhold: »Hermann Biow (1804–1850) und Carl Ferdinand Stelzner (1805–1894) in Hamburg«. In: Bodo von Dewitz und Reinhard Matz (Hrsg.): Silber und Salz. Zur Frühzeit der Photographie im deutschen Sprachraum. 1839–60. Köln 1989.

Bisson, Louis-Auguste und Auguste-Rosalie Milan Chlumsky: Die Brüder Bisson. Aufstieg und Fall eines Fotografenunternehmens im 19. Jahrhundert. Amsterdam 1999.

Blossfeldt Karl Blossfeldt: Urformen der Kunst – Wundergarten der Natur. Das fotografische Werk in einem Band. Mit einem Text von Gert Mattenklott. München 1994.

Blumenfeld William A. Ewing: Blumenfeld. A Fetish for Beauty. London 1996.

Bonfils Remembrances of the Near East. The Photographs of

Bonfils (1867–1907) from the Collections of the International Museum of Photography at George Eastman House and the Harvard Semitic Museum. Rochester 1980.

Bourne Ulrich Pohlmann / Dietmar Siegert (Hrsg.): Samuel Bourne – Sieben Jahre Indien. Photographien und Reiseberichte 1863–1870. München 2001.

Brassaï Alain Sayag [u. a.] (Hrsg.): Brassaï – The Monograph. Boston [u. a.] 2000.

Braun Ulrich Pohlmann / Paul Mellenthien (Hrsg.): Adolphe Braun. Ein europäisches Photographie-Unternehmen und die Bildkünste im 19. Jahrhundert. München 2018.

Bravo Manuel Alvarez Bravo. Photopoetry. London 2008.

Burri Hans-Michael Koetzle (Hrsg.): René Burri. Fotografien. Berlin 2004.

Cahun Heike Ander (Hrsg.): Claude Cahun. Bilder. München 1997.

Callahan Harry Callahan. New York 1999.

Cameron Julian Cox / Colin Ford: Julia Margaret Cameron. The Complete Photographs. Los Angeles 2003.

Capa Laure Beaumont-Maillet (Hrsg.): Robert Capa. Retrospektive. Berlin 2005.

Carjat Étienne Carjat. 1828–1906. Paris 1982.

Carroll Douglas Nickel: Dreaming in Pictures. The photography of Lewis Carroll. New Haven 2002.

Cartier-Bresson Wer sind Sie, Henri Cartier-Bresson? Das Lebenswerk in 602 Bildern. München 2002.

Chaldej Ernst Volland / Heinz Krimmer (Hrsg.): Jewgeni Chaldej. Der bedeutende Augenblick. Eine Retrospektive. Leipzig 2008.

Coburn Karl Steinorth (Hrsg.): Alvin Langdon Coburn. Fotografien 1900–1924. Zürich / New York 1998.

Corot Gravure ou Photographie? Une curiosité artistique – le cliché-verre. Arras 2007.

Curtis Edward S. Curtis. Die Indianer. Köln 2003.

Cuvelier In the Forest of Fontainebleau. Painters and Photographers from Corot to Monet. New Haven 2008.

Daguerre Georges Pontonniée: Histoire de la découverte de la photographie et Daguerre, peintre et décorateur. Paris 1990.

Davidson Bruce Davidson: East 100th street. Cambridge (Mass.) 1970.

Day Pam Roberts: Fred Holland Day. Zwolle 2000.
Demand Beatriz Colomina (Hrsg.): Thomas Demand. London/ München 2006.
Dijkstra Hripsimé Visser / Urs Stahel (Hrsg.): Rineke Dijkstra. Portraits. München 2004.
Doisneau Brigitte Ollier (Hrsg.): Robert Doisneau. Paris 1996.
Drtikol Vladimír Birgus: František Drtikol. Prag 2000.
Dubreuil Tom Jacobson (Hrsg.): Pierre Dubreuil. Photographs 1896–1935. San Diego 1987.
Du Camp Bodo von Dewitz / Karin Schuller-Procopovici: Die Reise zum Nil. Maxime Du Camp und Gustave Flaubert in Ägypten, Palästina und Syrien. Göttingen 1997.
Duchenne de Boulogne G.-B. Duchenne de Boulogne: The Mechanism of Human Facial Expression. Hrsg. und übers. von R. Andrew Cuthbertson. Cambridge 1990.
Durieu Christophe Leribault: Delacroix et la photographie. Paris 2008.
Egderton Stopping Time. Die Fotografie von Harald Edgerton. Schaffhausen 1988.
Eggleston Elisabeth Sussman / Thomas Weski (Hrsg.): William Eggleston – Democratic Camera. Photographs and Video, 1961–2008. New Haven 2008.
Emerson Christian A. Peterson: Peter Henry Emerson and American Naturalistic Photography. Minneapolis 2008.
Erwitt Elliott Erwitt: Snaps. London 2001.
Ettingshausen Anna Auer: »Andreas Ritter von Ettingshausen (1796–1878)«. In: Rückblende. 150 Jahre Photographie in Österreich. Ausstellungskatalog Photographische Gesellschaft in Wien. Wien 1989. S. 33–43.
Eugene Ulrich Pohlmann: Frank Eugene. The Dream of Beauty. Berlin 1995.
Evans Gilles Mora / John T. Hill: Walker Evans. The Hungry Eye. London 2004.
Feininger Thomas Buchsteiner (Hrsg.): Andreas Feininger. That's photography. Ostfildern-Ruit 2004.
Fenton Richard Pare (Hrsg.): Roger Fenton. New York 1987.
Frank Sarah Greenough / Philip Brookman (Hrsg.): Robert Frank. Zürich 1995.
Freed William A. Ewing (Hrsg.): Leonard Freed. World View. Göttingen 2007.

Friedlander Peter Galassi (Hrsg.): Friedlander. New York 2005.
Frith Douglas R. Nickel: Francis Frith in Egypt and Palestine. A Victorian photographer abroad. Princeton 2004.
Galton Nicholas W. Gillham: A Life of Sir Francis Galton. From African Exploration to the Birth of Eugenics. Oxford 2001.
Gardner D. Mark Katz: Witness to an Era. The Life and Photographs of Alexander Gardner. The Civil War, Lincoln and the West. New York 1991.
Giacomelli Alistair Crawford (Hrsg.): Mario Giacomelli. London 2001.
Goldin John Jenkinson / Valérie Massadian (Hrsg.): Luzifers Garten. Nan Goldin. Berlin 2003.
Gursky Thomas Weski (Hrsg.): Andreas Gursky. Köln 2007.
Halsman Jans Halsman Bello / Steve Bello (Hrsg.): Philippe Halsman – eine Retrospektive. Thalwil/Zürich 1998.
Hawarden Virginia Dodier (Hrsg.): Clementina, Lady Hawarden. Studies from Life 1857–1864. New York 1999.
Heartfield Sabine T. Kriebel: Revolutionary Beauty. The Radical Photomontages of John Heartfield. Berkeley 2014.
Hill/Adamson Bodo von Dewitz (Hrsg.): David Octavius Hill und Robert Adamson. Von den Anfängen der künstlerischen Photographie im 19. Jahrhundert. Göttingen 2000.
Hockney Lawrence Weschler (Hrsg.): David Hockney. Cameraworks. München 1984.
Howlett David White: »The Light Shone and Was Spent: Robert Howlett and the Power of Photography«. In: Photo Histories, 4. Dez. 2009. [http://www.photohistories.com/Photo-Histories/51/robert-howlett-and-the-power-of-photography]
Jäger Gottfried Jäger: Abstrakte, konkrete und generative Fotografie. Gesammelte Schriften. Paderborn 2016.
Joly-Grangedor Monique Le Pelley Fonteny: Adolphe & Georges Giraudon. Paris 2005.
Jones Sean Sexten / Robert Flynn Johnson: Das wundersame Pflanzenreich des Charles Jones. München 1999.
Keïta André Magnin (Hrsg.): Seydou Keïta. Zürich 1997.
Kertész Sara Greenough (Hrsg.): André Kertész. Princeton 2005.
Klauke Peter Weibel (Hrsg.): Jürgen Klauke – Absolute Windstille. Das fotografische Werk. Ostfildern-Ruit 2001.
Klein William Klein. Paris 2005.

Kotzsch August Kotzsch 1836–1910. Pionier der deutschen Photographie. Stuttgart 1992.
Krull Kim Sichel: Avantgarde als Abenteuer. Leben und Werk der Photographin Germaine Krull. München 1999.
Kühn Monika Faber / Astrid Mahler (Hrsg.): Heinrich Kühn. Die vollkommene Fotografie. Ostfildern 2010.
Lange Dorothea Lange. With an essay by Christopher Cox. New York 1987.
Le Gray Sylvie Aubenas (Hrsg.): Gustave Le Gray 1820–1884. Los Angeles 2002.
Lerski Florian Ebner: Metamorphosen des Gesichts. Die »Verwandlungen durch Licht« von Helmar Lerski. Göttingen 2002.
Le Secq Eugenia Parry: Henri Le Secq – photographe de 1850 à 1860. Catalogue raisonné de la collection de la Bibliothèque des arts decoratifs. Paris 1986.
Lumière, Antoine, Auguste und Louis Guy et Marjorie Borgé: Les Lumière. Lausanne 1985.
Man Ray Arturo Schwarz: Man Ray. München 1980.
Mapplethorpe Arthur Danto: Playing with the edge. The photographic achievement of Robert Mapplethorpe. Berkeley 1996.
Marey Marta Braun: Picturing Time. The Work of Étienne-Jules Marey (1830–1904). Chicago 1992.
Martin Maren Gröning / Monika Faber (Hrsg.): Inkunabeln einer neuen Zeit. Pioniere der Daguerreotypie in Österreich 1839–1850. Wien 2006.
Matta-Clark Corinne Dieserens (Hrsg.): Gordon Matta-Clark. London 2003.
Michals Marco Linvingstone (Hrsg.): The essential Duane Michals. London 1997.
Moegle Gerda Breuer: Willi Moegle. Die Sachfotografie. Ostfildern-Ruit 2004.
Moholy-Nagy Krisztina Passuth: Moholy-Nagy. Weingarten 1986.
Montizón Nina Root: »Victorian England's Hippomania«. In: Natural History 102 (1993) S. 34–39.
Moses Ulrich Pohlmann (Hrsg.): Stefan Moses. Die Monographie. München 2002.
Mulas Germano Celant: Ugo Mulas. Mailand 1990.
Muybridge Paul Hill: Eadweard Muybridge. Paris 2001.
Nadar Bernd Stiegler: Nadar. Bilder der Moderne. Köln 2019.

Nègre Françoise Heilbrun: Charles Nègre 1820–1880. Das photographische Werk. München 1988.
Newton June Newton (Hrsg.): Helmut Newton. Work. Köln 2000.
Niépce Jean-Louis Marignier: Niépce. L'invention de la photographie. Paris 1999.
Parr Val Williams (Hrsg.): Martin Parr. Berlin 2004.
Peterhans Walter Peterhans, Fotografien 1927–38. Essen 1993.
Pia Peter Geimer: »L'autorité de la photographie«. In: Études photographiques, Nr. 6, Mai 1999. [http://etudesphotographiques.revues.org/index189.html]
Pierson Abigail Solomon-Godeau: »Die Beine der Gräfin«. In: Liliane Weissberg (Hrsg.): Weiblichkeit als Maskerade. Frankfurt a. M. 1994, S. 90–147.
Rainer Jutta Schütt: Arnulf Rainer. Überarbeitungen. Berlin 1994.
Raumsonde Cassini www.cnet.com/news/nasa-cassini-saturn-spacecraft-orbiter-grand-finale/
Rejlander Oscar G. Rejlander: Artist Photographer. Ottawa 2018.
Renger-Patzsch Ann und Jürgen Wilde / Thomas Weski (Hrsg.): Albert Renger-Patzsch. Meisterwerke. Mit einem Text von Thomas Janzen. München 1997.
Rickard Jackie Higgins: The World Atlas of Street Photography. New Haven 2014. Doug Rickard: N.A. Dortmund / New York 2014.
Riis Alexander Alland: Jacob A. Riis. Photographer & Citizen. Mit einem Vorwort von Ansel Adams. New York 1974.
Robinson Margaret F. Harker: Henry Peach Robinson. Master of Photographic Art. 1830–1901. Oxford 1988.
Rodtschenko Alexander Rodtschenko: Schwarz und weiß. Gesammelte Schriften zur Photographie. München 2011.
Röntgen Otto Glasser: Wilhelm Conrad Röntgen und die Geschichte der Röntgenstrahlen. Berlin [3]1995.
Rothier Monique Le Pelley Fonteny: Adolphe & Georges Giraudon. Paris 2005.
Ruff Thomas Ruff: Fotografien 1979–2011. München 2012.
Ruscha Margit Rowell: Ed Ruscha photographer. Göttingen 2006.
Rutherfurd »Lewis M. Rutherfurd: Pioneer Astronomical Photo-

grapher and Spectroscopist«. In: Technology and Culture 12/2 (April 1971) S. 190–216.

Salgado Eduardo Galeano / Fred Ritchin (Hrsg.): An Uncertain Grace. Photographs by Sebastião Salgado. London 1990.

Salomon Janos Frecot (Hrsg.): Erich Salomon – »mit Frack und Linse durch Politik und Gesellschaft«. Photographien 1928–1938. München 2004.

Salzmann Françoise Heilbrun: »Photographies de la Terre Sainte par Auguste Salzmann«. In: Félix de Saulcy (1807–1880) et la Terre Sainte. Paris 1982. S. 114–182.

Sander August Sander. Menschen des 20. Jahrhunderts. Studienband, hrsg. von der Photographischen Sammlung / SK Stiftung Kultur. Köln/München 2001.

Sherman Régis Durand (Hrsg.): Cindy Sherman. Paris 2006.

Siskind Aaron Siskind 100. New York 2003.

Sommer Giorgio Sommer (1834–1914). Photographien aus Italien. Linz [um 1985].

Southworth Grant B. Romer / Brian Wallis: Young America. The Daguerreotype of Southworth & Hawes. Ausstellungskatalog George Eastman House und International Museum of Photography, Rochester. Göttingen 2005.

Souza Michael Kauppert / Irene Leser (Hrsg.): Hillarys Hand. Zur politischen Ikonographie der Gegenwart. Bielefeld 2014.

Steichen Allan Douglas Coleman / Todd Brandow (Hrsg.): Edward Steichen. Ein Leben für die Fotografie. Ostfildern 2007.

Steinert Ute Eskildsen (Hrsg.): Der Fotograf Otto Steinert. Göttingen 1999.

Stieglitz Sarah Greenough / Juan Hamilton (Hrsg.): Alfred Stieglitz. Photographs & Writings. Washington 1999.

Stock Dennis Stock: James Dean. Bilder einer Legende. München 2005.

Strand Paul Strand. Sixty Years of Photographs. New York 1976.

Strindberg Olle Granath: August Strindberg. Painter, Photographer, Writer. London 2005.

Struth Charles Wylie (Hrsg.): Thomas Struth 1977–2002. München 2002.

Sudek Gerard Hadders (Hrsg.): Josef Sudek. Das stille Leben der Dinge. Fotografien von 1940–1970 aus der Moravská-Galerie, Brně. Ostfildern-Ruit 1998.

Sugimoto Kerry Brougher / Pia Müller-Tamm (Hrsg.): Hiroshi Sugimoto. Ostfildern-Ruit 2007.
Sutton Alan Greene: »Sutton, Thomas«. In: John Hannavy (Hrsg.): Encyclopedia of Nineteenth-Century Photography, vol. 2. New York / London 2008.
Talbot Gail Buckland: Fox Talbot and the Invention of Photography. London 1980.
Thomson Stephen White: John Thomson. Window to the Orient. Albuquerque 1985.
Tillmans Daniel Birnbaum (Hrsg.): Wolfgang Tillmans. Lighter. Ostfildern 2008.
Tomatsu Leo Rubinfien [u. a.] (Hrsg.): Shomei Tomatsu – Skin of the Nation. San Francisco 2004.
Wall Jeff Wall: The Complete Edition. London 2009.
Wedgwood Larry J. Schaaf: »Nr. 43«. In: The Quillan Collection of Nineteenth and Twentieth Century Photographs. Auktionskatalog Sotheby's New York. 7. April 2008.
Weegee John Coplans: Weegee. Täter und Opfer. München 1984.
Weston Manfred Heiting (Hrsg.): Edward Weston. Köln 1999.
White Clarence H. White. Mit einem Text von Maynard P. White. New York 1979.
Winogrand Winogrand. Figments from the Real World. Ausstellungskatalog Museum of Modern Art. New York 1988.

Abbildungsnachweis

The Estate of Diane Arbus / Courtesy Robert Miller Gallery, NY: 258 – Les archives départementales du Cher: 94 – The Associated Press Ltd.: 274 – Bauhaus-Archiv Berlin © Nachlass Walter Peterhans / Museum Folkwang, Essen: 190 – Bernd und Hilla Becher, Düsseldorf: 280 – Philippe Berthé, CMN: 50 – Bibliothèque National de France, Paris: 102, 116 – bpk: 46 (The Metropolitan Museum of Art / Maxime Du Camp), 80 (The Metropolitan Museum of Art / Eugène Cuvelier), 192 (Erich Salomon), 252 (Willi Moegle) – © VG Bild-Kunst, Bonn 2025: 148, 168 (© Albert Renger-Patzsch Archiv / Ann und Jürgen Wilde, Zülpich), 170 (© Man Ray 2015 Trust), 180, 184 (© Die Photographische Sammlung / SK Stiftung Kultur – August Sander Archiv, Köln), 194 (© The Heartfield Community of Heirs), 272, 286, 288, 310, 316, 318 (© Andreas Gursky / Courtsey Sprüth Magers) – Harry Callahan / Photographs courtesy of Pace Wildenstein MacGill: 224 – Center for Creative Photography, Arizona Board of Regents: 174 – Départementales du Haut-Rhin, Musée d'Unterlinden, Colmar: 88 – Dover Publications, Inc.: 100 – Paris, Ecole nationale supérieure des beaux-arts: 138 – Eggleston Artistic Trust, Courtesy Cheim & Read Gallery, NY: 290 – © Estate of Edward Steichen: 150 – Andreas Feininger / Katz Pictures Limited: 232 – Agentur Focus: 250 (© William Klein), 302 (© Sebastiao Salgado / Amazonas Images) – Fraenkel Gallery, San Francisco, CA: 242, 268 – George Eastman House, Rochester, NY: 76, 90 – Getty Images: 214 (Weegee [Arthur Fellig] / International Center of Photography), 236 (Robert Doisneau), 264 (Bettmann) – Sammlung Ruth u. Peter Herzog: 108 – © David Hockney: 296 – Institut für Grenzgebiete der Psychologie und Psychohygiene, Freiburg im Breisgau, photos IGPP: 134 – Sammlung Israel Museum, Jerusalem. Schenkung von Michael S. Sachs, Westport, CT: 144 – Seydou Keïta, 1997: 234 – Ružená Knotková-Boková: 178 – Nachlass Heinrich Kühn: 160 – Library of Congress, Washington D.C., Sammlung Louise Imogen Guine: 142 – © Magnum Photos / Agentur Focus: 202 (© Robert Capa © International Center of Photography), 210 (© Henri Cartier-Bresson), 222 (© Werner Bischof), 226 (© Philippe Halsman), 254 (© René Burri), 260 (© Leonard Freed), 266 (© Elliott Erwitt), 278 (© Bruce Davidson), 314 (© Martin Parr), 320 (© Dennis Stock) –

© The Robert Mapplethorpe Foundation. Courtesy Art + Commerce: 298 – Matthew Marks Gallery: 300 – Ministère de la Culture, France: 186 – Stefan Moses, München: 262 – Photo Ugo Mulas © Ugo Mulas Heirs. All rights reserved: 276 – Museo di Storia della Fotografia Fratelli Alinari, Firenze: 106 – Museum Folkwang, Essen: 176 (Nachlass Germaine Krull), 230 (Nachlass Otto Steinert) – Museum für Kunst und Gewerbe, Hamburg: 32 – Musée National d'Art Moderne Paris, CNAC / MNAM: 162 – NASA / JPL-Caltech / Space Science Institute: 326 – The Helmut Newton Foundation: 294 – Oakland Museum of California / Dorothea Lange Collection: 206 – Pace / Macgill Gallery: 246 – © Arnulf Rainer / Sammlung Albertina Museum, Wien: 282 – © Doug Rickard: 324 – The Royal Photographic Society, Bath: 28, 52, 66 – © Ed Ruscha. Courtesy Gagosian Gallery: 270 – Howard Schickler Fine Art, New York: 220 – Sammlung Marina Schinz, NY: 204 – Sammlung Dietmar Siegert: 110 – Societé Française de Photographie: 48 – © 2011 Thomas Struth: 306 – © Jeff Wall: 292 – Sammlung Wiegand: 114 – Wikimedia Commons / US federal government: 322.

Personenverzeichnis

Zu den Autoren

Bernd Stiegler ist Professor für Neuere deutsche Literatur mit Schwerpunkt 20. Jahrhundert im medialen Kontext an der Universität Konstanz. Arbeitsschwerpunkte sind die Geschichte und Theorie der Fotografie sowie die deutsche und französische Literatur des 19. und 20. Jahrhunderts. Zuletzt u.a. erschienen: *Belichtete Augen. Optogramme oder das Versprechen der Retina*, Frankfurt a.M. 2011; *Spuren, Elfen und andere Erscheinungen. Conan Doyle und die Photographie*, Frankfurt a.M. 2014; *Photographische Portraits*, Paderborn 2015; *Der montierte Mensch. Eine Figur der Moderne*, Paderborn 2016; *Nadar. Bilder der Moderne*, Köln 2019; *Konstruierte Wirklichkeiten. Die fotografische Montage 1839–1900*, Basel 2019 (zusammen mit Felix Thürlemann).

Felix Thürlemann war bis 2014 Professor für Kunstwissenschaft und Kunstgeschichte an der Universität Konstanz. Forschungsschwerpunkte sind die visuelle Semiotik als Bedeutungsanalyse der bildenden Kunst, die frühniederländische Malerei sowie die Theorie und Geschichte des »hyperimage«. Zuletzt erschienen: *Rom. Eine Stadt in Karten von der Antike bis heute*, Darmstadt 2009 (zusammen mit Steffen Bogen); *Mehr als ein Bild. Für eine Kunstgeschichte des hyperimage*, München 2013; *Das Haremsfenster. Zur fotografischen Eroberung Ägyptens im 19. Jahrhundert*, München 2016; *Konstruierte Wirklichkeiten. Die fotografische Montage 1839–1900*, Basel 2019 (zusammen mit Bernd Stiegler).